宇宙開発と国際政治

宇宙開発と国際政治

鈴木一人
Suzuki Kazuto

岩波書店

目　次

序章　国際政治における宇宙開発 …………………………………… 1
　1　「ハードパワー」としての宇宙システム　3
　　　宇宙開発におけるハードパワーとは何か／軍民両用技術と技術の陳腐化
　2　「ソフトパワー」としての宇宙システム　9
　　　宇宙開発におけるソフトパワーとは何か／最強のソフトパワー，有人宇宙飛行
　3　「社会インフラ」としての宇宙システム　13
　　　グローバルな公共財としての宇宙システム／GPSの両義性
　4　公共事業としての宇宙開発　15
　　　利益誘導型政治の対象としての宇宙開発／「軍産複合体」論は妥当か／市場の失敗／有人宇宙飛行という公共事業
　5　コモディティ化する宇宙システム　19
　　　取引される宇宙技術／取引上手な国々
　　まとめ　20

第Ⅰ部　宇宙開発国の政策目的 ────────── 25

第1章　アメリカ──技術的優位性の追求 ………………………… 26
　1　スプートニク・ショック　27
　　　宇宙開発に関心の低かったアメリカ／スプートニクによる大転換／さらなるショック
　2　ガガーリン・ショック　30
　　　「米ソ宇宙競争」の「新たなゲームのルール」／ケネディへの政権交代と新たな宇宙戦略
　3　人工衛星の開発による「ハードパワー」と「社会インフラ」の獲得　33
　　　通信衛星／地球観測衛星／測位衛星

目　次

  4　アポロ計画　42
   予算から見るアポロ計画／ニクソンへの政権交代とスカイラブ計画／アポロ計画とは何だったのか

  5　ポスト・アポロ計画　46
   複数あったポスト・アポロ計画／なぜスペースシャトルが選ばれたのか／意図せざるハードパワーとしてのスペースシャトル

  6　国際宇宙ステーション　50
   シャトルの目的地としての宇宙ステーション／トラブル続きの宇宙ステーション／宇宙ステーションとの決別

  7　冷戦の終焉と軍事宇宙開発　54
   SDIと宇宙開発／冷戦終焉のインパクト／「万能」ではない宇宙システム

  まとめ　59

第2章　欧州——政府間協力からの変容 …………………………………… 66

  1　ESROとELDO　66
   CERNの成功から生まれた欧州協力／異なる性格をもつ双子

  2　自律性を求めて　70
   商業化と独自のロケット／ESAの創設

  3　宇宙システムの商業化　73
   アリアンロケット／SPOT衛星／意図せざる「社会インフラ」化

  4　有人宇宙飛行と欧州　77
   スペースラブの教訓／自律性をもった宇宙ステーションへの参加／冷戦の終焉と財政的制約

  5　ポスト冷戦とグローバルな競争力の強化　81
   欧州航空産業の再編／欧州宇宙産業の再編／それでも強化された欧州の競争力／ポスト冷戦期の新しい「ゲームのルール」

  6　EUの参入　88
   EU参入の背景／ガリレオ計画／GMES／ESAとEUの関係

  まとめ　95

第3章　ロシア——冷戦時代からの遺産の活用 …………………………… 99

1　偶発的衛星打ち上げ　99
ドイツの技術者とコロリョフ／ソ連国内のスプートニク・ショック／ソ連の宇宙開発文化

2　人類初の有人宇宙飛行　103
チーフデザイナー，コロリョフ／軍を説得するためのガガーリンの飛行／有人宇宙飛行のインパクト／コロリョフ後のソ連の宇宙開発

3　軍主導の社会インフラ化　108
軍事インフラとしての宇宙システム／第9次五カ年計画の中の宇宙開発

4　長期宇宙滞在計画とその遺産　110
名誉挽回に向けて／長期有人宇宙滞在への挑戦／ソ連の崩壊と有人宇宙技術の行方

5　もう一つの遺産としてのロケット打ち上げ能力　115
国際商業市場への参入／21世紀のロケット事情

6　プーチンによる「強いロシア」の復活　119
プーチンの宇宙開発戦略／宇宙科学分野の復活を目指す

まとめ　122

第4章　中国——大国の証明 ……………………………………………… 126

1　マッカーシズムと銭学森の帰国　127
中国宇宙開発の父，銭学森／帰国後の銭学森

2　大躍進から文化大革命へ　130
大躍進の混乱／中ソ対立による独自路線の強化／文化大革命による再度の混乱

3　宇宙開発の再スタート　135
「社会インフラ」としての宇宙開発へ／FSWと通信衛星／商業打ち上げサービス市場への参入／ITAR-Free

4　有人宇宙飛行への野心　141
「社会インフラ」と有人宇宙事業のジレンマ／有人宇宙事業への邁進

5　対衛星攻撃実験と軍事宇宙システム　144
不透明な軍事宇宙利用／ASAT実験はなぜ実施されたか

目　次

　　　まとめ　147

第5章　インド――途上国としての戦略 …………………………………… 152

　　1　独立と宇宙開発　152
　　　　独立後のインド／「途上国の宇宙開発」という理念／インド宇宙開発の基礎となったサラバイの構想／「社会インフラ」路線の確立

　　2　インドのロケット開発　157
　　　　民生技術によるロケット開発／低軌道から静止軌道へ

　　3　「社会インフラ」としての宇宙開発　161
　　　　選択と集中が徹底した衛星開発／アプリケーション主導の宇宙開発／「社会インフラ」の商業化

　　4　大国としての宇宙開発――月探査と有人宇宙事業　165
　　　　「途上国」からの卒業／宇宙開発の拡大局面へ／アジアにおける「宇宙競争」？

　　5　大国としての宇宙開発――軍事宇宙利用　169
　　　　安全保障と不即不離の宇宙開発／ASATと宇宙システムの保護

　　　まとめ　172

第6章　日本――技術開発からの出発 ……………………………………… 175

　　1　学術研究としての宇宙開発とアメリカの介入　175
　　　　技術開発の制限と糸川英夫の功績／アメリカの懸念／アメリカからの「ギフト」と日本の対応

　　2　「平和利用原則」の確立　179
　　　　アメリカが求めた「平和利用」／日本では意識されなかった「平和利用」の問題／「平和利用原則」決議の採択

　　3　キャッチアップと「研究開発」への邁進　183
　　　　宇宙開発コミュニティの形成／キャッチアップ後の政策目標／「一般化原則」の導入／日米貿易摩擦と衛星調達合意

　　4　省庁再編とJAXAの発足　190
　　　　省庁再編前の政策決定システム／省庁再編と三機関統合

　　5　テポドン・ショック　192
　　　　情報収集衛星の導入／「平和利用原則」と衛星調達合意の間で

／情報収集衛星が抱える弊害

 6 宇宙基本法の制定 197

  河村懇話会の発足／「平和利用原則」の解釈見直しの背景／宇宙の「産業化」／宇宙基本法の制定

 まとめ 205

第Ⅱ部　グローバル・ガバナンスと宇宙技術 ── 209

第7章　地域協力──途上国開発への活用 …………………… 210

 1 商業サービスによる宇宙システムへのアクセス 211

  宇宙システムへのアクセスの必要性／商業サービスの段階的発展／民間主導型サービスの発達／小型衛星事業の展開

 2 アジアにおける中国と日本の覇権争い 218

  アジアにおける宇宙開発への関心／APRSAF の設立／APSCO の登場／APRSAF の方針転換

 3 ラテンアメリカ 226

  CEA の設立／CEA がもたらした効用／中国からのアプローチ

 4 宇宙開発に目覚めるアフリカ 231

  UNISPACE Ⅲ から広がった宇宙開発への関心／ALC の発足／欧州からのアプローチ／中国の参入

 まとめ 237

第8章　グローバル・コモンズとしての宇宙
  ──宇宙空間のガバナンス ……………………………… 241

 宇宙開発の大前提／「有限」の宇宙空間

 1 静止軌道のガバナンス 244

  周波数の割当と「ペーパー衛星」問題／ボゴタ宣言

 2 地球観測のガバナンス 248

  偵察衛星と「平和利用」／「リモートセンシングに関する原則」

 3 軌道上のガバナンス 250

  大規模に増加しているデブリ／デブリ抑制に向けての取り組み／デブリの除去と回避／アメリカの覇権と各国の対応／民間からの提案

4　宇宙の「兵器化(weaponization)」は止められるのか　258
　　　　ASATに対する規制／国連軍縮会議での議論／「宇宙空間における兵器」の定義をめぐる問題／EUの「行動規範」／「行動規範」に対する各国の反応
　　まとめ　　　264

終章　宇宙開発は国際政治に何をもたらすか
　　　　──グローバル化時代の宇宙開発 ……………………………………… 271
　　「ハードパワー」から「社会インフラ」へ／多様化していく宇宙開発／「ハードパワー」としての宇宙システムがもつ意味の変化
　　1　21世紀の宇宙政策をめぐる政策軸　274
　　　　有人宇宙事業 vs. 財政的制約／効率性 vs. 自律性／ハードパワー vs. 社会インフラ／ソフトパワー vs. 社会インフラ／国家利益 vs. グローバルな利益
　　2　グローバル化時代の宇宙開発　286
　　　　「社会インフラ」のオーナーシップとその責任／宇宙開発の転換期としての現在

　宇宙開発略年表　　291

　あとがき　　297

序章　国際政治における宇宙開発

　近年，宇宙開発が国際政治の話題に上ることが多くなっている．21世紀に入り，アメリカが軍事システムの近代化を目指した「軍事上の革命(Revolution in Military Affairs; RMA)」を進め，その中心に軍事通信衛星によるネットワーク化と軍事技術の情報技術(IT)化を置いたことで，宇宙システムが安全保障に決定的な役割を果たすことが認識されるようになってきた[1]．このような軍事システムの変化は，宇宙システムの高度化が現代の国際社会において，安全保障に大きな影響を与えていることを明らかにしている．さらに，2007年に中国が古くなった自国の人工衛星を破壊する「対衛星攻撃(Anti-Satellite; ASAT)」実験を行ったことは，中国が将来的にアメリカとの戦争に備えて，アメリカの軍事システムの中心にある宇宙システムを攻撃する能力を誇示することを目的にしていると理解されるようになり，宇宙空間が陸，海，空に次ぐ，「第四の戦場」として登場したのではないか，という懸念を高める結果となった．

　欧州においても，今世紀に入って宇宙開発が政治の場に登場している．欧州の宇宙開発は，これまで各国から構成される国際的な技術開発機関である欧州宇宙機関(European Space Agency; ESA)が中心となって行われてきたが，1990年代の後半からESAと欧州連合(EU)との関係が強化され，2009年に発効したリスボン条約では，第187条で「連合は欧州宇宙政策を策定する」ことが定められた．これにより，欧州における宇宙開発は技術的課題としてだけではなく，EUの場でも議論される政治的・政策的課題として位置づけられることになった．

　またロシアでは，ソ連時代の輝かしい宇宙開発の歴史が，ソ連崩壊に伴う財政不足と政治的支持の欠如により長らく停滞していたが，プーチン大統領／首相のイニシアチブの下，「強いロシア」の構築のためには宇宙開発を積極的に

進めるべきであるとして，予算を増加させている．さらに日本では，2008年に「宇宙基本法」が成立し，総理大臣を本部長とする宇宙開発戦略本部が設置されることで，これまで技術開発に重きを置いてきた日本の宇宙開発を，政治主導の宇宙開発に転換しようとしている．

　このように世界の大きな流れを見ていると，今世紀に入り，各国政治，そして国際政治の中で，宇宙開発の重要性が増しているように思われる．しかし，宇宙開発の歴史をさかのぼれば，宇宙開発は常に国際政治のダイナミクスとともに発展してきたことに気がつくであろう．現在，世界のロケット技術の基礎となっているのは，第二次世界大戦中にナチスドイツの下で，ヴェルナー・フォン・ブラウン(Wernher von Braun)によって開発されたV2ロケットである．これはナチスドイツが劣勢になる中で，ドーバー海峡を越えてイギリスを攻撃するために開発されたミサイルであり，ここで開発された技術が宇宙開発の基礎となるロケットの原型となったのである[2]．このときに開発に携わっていたドイツ人技術者の多くが，第二次世界大戦後，アメリカ，ソ連，フランス，イギリスに「引き取られる」形でロケット開発を継続し，1957年のスプートニクの打ち上げや，後のアポロ計画の中核的な役割を担うこととなった（フォン・ブラウン自身がアポロ計画の中心的な責任者となった）．また，現在，実用衛星として使われている通信衛星や気象衛星，地球観測衛星，測位衛星といった衛星技術には，いずれも米ソ冷戦時代に軍事技術として開発された技術が応用されており，冷戦構造がなければ，現在の我々の生活に不可欠となっているこれらの技術が生まれてくることは難しかったであろう．

　しばしば宇宙開発にかかわるニュースは，「未来のテクノロジー」「人類の夢」「新たな宇宙時代の始まり」といった見出しつきで報道され，あたかも宇宙開発が進めば，「新しい世界」が生まれるかのような印象を与えている．確かに宇宙は広大で，人類がまだ見知らぬ世界が広がっており，スタンレー・キューブリック(Stanley Kubrick)やアーサー・C．クラーク(Arthur C. Clarke)をはじめとする近未来小説や，『宇宙戦艦ヤマト』や『機動戦士ガンダム』のようなアニメーションを通じて，我々は想像力を働かせて宇宙を理解しようとしてきた．宇宙開発が進めば，国境の意味はなくなり，人類は「地球連邦」のようなものを作って一致団結する，というイメージも幅広く共有されている．しか

し，本書はそうした宇宙開発のイメージを排し，あくまでも宇宙開発を国際政治の一つの舞台として捉え，宇宙開発を進める国々がどのような意図と目的をもって，宇宙開発に投資し，宇宙システムを運用し，国際政治に影響を与えようとしてきたのかを分析する．「夢のない話をするな」というお叱りも受けようが，現実の政策の一つとして宇宙開発を捉えることで，「夢」や「希望」という表面的なイメージの裏に潜む，政治的な営みとしての宇宙開発を理解することが本書の目的であり，その結果，宇宙開発が国際政治の在り方に多少なりとも変化をもたらしていることを明らかにすることが本書の目指すところである．

　本書では，こうした分析を行うにあたって，国際政治における宇宙開発の分析枠組みとして，「ハードパワー」としての宇宙システム，「ソフトパワー」としての宇宙システム，「社会インフラ」としての宇宙システムという三つの概念を提示する．これらは，宇宙開発国がそれぞれの国家事業として宇宙開発を進めていくうえで，どのような意図と目的をもって宇宙開発を進め，それが国内外にどのように作用するかを分類するための枠組みである．ただし，これらの分類は大まかなものであり，これで各国の宇宙政策の意図と目的をすべて明らかにすることはできない．細かいことは各章における記述を見てほしいが，ここでは，上記の三つの概念を整理したのち，本書で用いるいくつかの補助概念として「公共事業としての宇宙開発」「コモディティ化（汎用化）する宇宙システム」についても，若干説明を加えておく．

1　「ハードパワー」としての宇宙システム

宇宙開発におけるハードパワーとは何か

　宇宙開発の分析枠組みとして第一に挙げられるのが，「ハードパワー」としての宇宙システムである．「ハードパワー」は，ジョセフ・ナイが「ソフトパワー」と区別して使ったことで一般的に用いられるようになったが，簡単に定義をすると「警察力や軍事力といった物理的強制手段と，資金援助や投資，資源といった経済的資源を活用して他者に特定の行動を強制する政治的な力」となるだろう[3]．この定義に従って宇宙システムをハードパワーとして見る場合，

いくつか注意をしておく点がある.

　第一に,宇宙システムを構成する要素は,主として①宇宙へのアクセス手段(ロケットやスペースシャトルなどの飛翔体),②地球軌道上の人工物(人工衛星や宇宙ステーション),③地上設備(衛星などの管制システムと電波の受信施設)であるが,これらは「物理的強制手段」という点から見ると,若干ニュアンスが異なってくる.①の宇宙へのアクセス手段には,地球の重力を脱し,宇宙空間に物体を運搬するロケットなどを用いるが,この技術は大陸間弾道弾のように,弾道軌道(放物線)を描いて飛ぶミサイルと共通する技術を多く含む.①は人工衛星を搭載している限り,宇宙空間に衛星を運ぶためのロケットとなるが,そのロケットに核弾頭などを搭載している場合はミサイルとして見ることができる.つまり,ロケットかミサイルかの判断は搭載物に依存し,何が搭載されているかわからない状態では,①の宇宙システムの要素はハードパワーとして見ることができる.

　ここで,やや詳しい話になるが,ロケット／ミサイルには二通りの推進剤が使われていることに言及しておく必要があるだろう.すでに述べたように,ロケットもミサイルも技術的には共通する部分が多いが,使われている推進剤を知ることで,ある程度,その飛翔体がロケットなのか,ミサイルなのかを判別することができる.通常,ミサイルを使用する場合,自国の安全保障が脅かされるような危機的な状況や,他国に対して不意をついた攻撃を計画していることが多く,そのため,ミサイルは常に発射可能な状態で保存し,必要な時が来たときには即座に発射することが求められる.そのための推進剤として適しているのは固体燃料である.固体燃料は長期保存が可能であり,着火後すぐに燃焼するという特性があるため,常に発射可能な状態を維持しながら,即応的に発射することができる.

　これに対し,ロケットには液体燃料が用いられることが多い.というのも,液体燃料の方が比推力(簡単に言えばロケットエンジンの燃焼効率のこと)が高く,重たい衛星を宇宙空間へ運ぶ能力が高いからである.現在,世界各国の主力ロケットはほとんどが液体燃料であり,ケロシン(灯油)と液体酸素や,ヒドラジンと液体酸素,液体水素と液体酸素といった推進剤の組み合わせが一般的である.液体燃料を推進剤として使う場合,燃料の注入に時間がかかることや,極

低温で保存しなければならず，扱いに注意を要する(有機化合物に触れると爆発する可能性がある)液体酸素などを使っていることから，長期保存をすることが難しい．そのため，液体燃料はミサイルには不向きである．したがって，推進剤が固体燃料か液体燃料かで，ある程度ミサイルとロケットを判別することができる．なお，北朝鮮が 1998 年や 2009 年に発射したテポドンと呼ばれる飛翔体は，液体燃料を用いているが，これがミサイルと見られているのは，北朝鮮が固体燃料技術を十分確立しておらず，また，核弾頭の小型化に成功していないため，重い核弾頭を打ち上げる必要があると推測されているからである．

このように，①の宇宙へのアクセス手段は軍事的強制手段となりうるため，ハードパワーとして見ることができるが，②と③は，通常，通信や偵察といった，直接攻撃をする兵器としての性格をもたないシステムであり，ロケット／ミサイルのような軍事的強制手段とは考えにくい．しかし最近，②と③についても，直接的な軍事的強制手段となりうる可能性が取り沙汰され，議論を呼んでいる．これは，宇宙空間に配置した攻撃型衛星による衛星破壊技術のためである．地球軌道を周回している衛星に他の衛星を激突させるにはランデブー技術が必要となるが，このランデブー技術とは，宇宙空間で宇宙ステーションを組み立てたり，補給機を宇宙ステーションにドッキングさせるものである．この技術を応用すると，地球を周回する軌道上を回る衛星に「寄生衛星」と呼ばれる別の衛星を近づけ，その「寄生衛星」が自爆したり，妨害電波を発することで，他国の衛星の機能を麻痺させることができる．このような行為が行われたという公開情報はないが，技術的には②や③を用いて他国の衛星を攻撃することができるため，ランデブー技術をもつ国は，直接の軍事的強制手段をもちうると考えられるようになっている[4]．なお現時点でランデブー技術をもつのは，宇宙ステーション組み立ての実績があるアメリカとロシア，宇宙ステーションに補給機を送った経験がある日本と欧州に限られているが，独自の有人宇宙飛行能力をもつ中国が 2011 年にドッキングに成功し，この技術を取得した．

ハードパワーとしての宇宙システムを理解するうえで注意すべき第二の点は，②と③に該当する宇宙システムが直接的な軍事的強制手段ではなくとも，冷戦の下で急速に発達したということである．冷戦期の宇宙開発と言えば，「米ソ宇宙競争」，とりわけアポロ計画に代表される，人類初の月面着陸を競う競争

に注目が集まるが，この時期には同時に，目立たない形で無人の人工衛星による通信，偵察(地球観測)，衛星測位といった，さまざまな宇宙技術を駆使した軍事システムが構築されていった．ただし，これらの衛星は，それ自体攻撃的な兵器として用いられるのではなく，あくまでも軍事的なインフラとして構築されたものである．こうした軍事目的の衛星システムが整備されていくことによって，その国の軍事的行動の効率性や有効性が高まるようになり，軍事的能力の向上が図られるようになった．つまり，軍事目的の衛星システムの開発は，直接的な攻撃能力とは言いがたいが，広い意味でのハードパワーに含まれるものと考えるべきである．

ハードパワーとしての宇宙システムを理解するうえで注意すべき第三の点は，1967年に発効した宇宙条約(Outer Space Treaty)によって，宇宙空間における軍事的強制手段の使用に一定の制限がかかっているという点である．詳細は第8章で論じるが，宇宙条約第4条では，月などの天体を軍事的に利用することは禁じられている一方で，地球を周回する軌道上には大量破壊兵器でない通常兵器なら配備することができる，という解釈が一般的になされる．宇宙条約を制定するプロセスで，軍事用の偵察衛星や通信衛星の開発で先行していたアメリカの能力を制限するため，ソ連は「一切の軍事利用を禁止した平和利用」を求めていた[5]．しかし，1960年代の前半から，ソ連国防部が軍事的目的の衛星開発を始め，1962年には国防部に所属する「科学衛星」を打ち上げることに成功したこともあり，ソ連は宇宙における「攻撃的な利用」は制限しつつも，「受動的な利用(通信や偵察など)」については認めるべきであるというアメリカの主張を容認し，結果的に上記のような解釈となった．いずれにしても，「ハードパワーとしての宇宙システム」には，一定の制限があるため，宇宙空間の軍事的利用は「受動的な利用」が中心となっているのが現状である．

軍民両用技術と技術の陳腐化

さて，ハードパワーには軍事的強制手段のほかに，経済力という側面もあるが，この点でも宇宙技術は重要な意味をもっている．ロケット／ミサイルについても述べたように，宇宙技術は総じて「軍民両用技術」，つまり同じ技術が軍事目的にも，民生目的(civilian purpose)にも用いられる両義的な性格をもって

いる.

　多くの人工衛星の機能，たとえば通信，偵察／地球観測，測位，気象，電波傍受，信号傍受，（ミサイル発射の）早期警戒といったものは，もともと軍事活動を支えるインフラとして次々と開発され，実用化されていった宇宙技術である．衛星通信は数機の衛星で全世界をカバーする通信を可能にし，衛星による偵察であれば，合法的に他国の上空を飛行し，画像を取得することが可能となった．測位衛星は無人のミサイルや航空機の航行を可能にし，「ピンポイント爆撃」のような正確な攻撃を可能にしただけでなく，密林の中でも砂漠でも自分の位置を見失うことなく行動することが可能となり，軍隊の戦闘能力は極めて高くなった．

　このように，宇宙システムの開発は，日本でしばしば語られるように「夢」や「希望」を原動力にして進んだものではなく，明確に軍事的な目的を達成するための手段として位置づけられ，派生する形で民生目的の利用が拡大している．この分野では，軍事予算から巨額の技術開発資金が投入され，継続的に技術革新が進み，目覚ましい技術進歩が見られる．しかしながら，重要なのは，技術進歩がこのように激しく進むということは，技術が陳腐化するのも早い，ということである．たとえばアメリカのGPS(Global Positioning System)に代表される衛星測位システムも，それが登場した1980年代にはアメリカの軍事能力を突出させるシステムとして見られていたが，現在では，ロシア，欧州，中国，日本，インドが衛星測位技術を保有しており，すでに一般化・普遍化された技術となっている．つまり，巨額の軍事予算を使って軍事的な目的として開発された技術も，一定の時間を経ると陳腐化することを理解しておくことは重要である．

　こうした技術の陳腐化の結果，宇宙技術の商業化とグローバルな拡散が生じる．軍事的に開発された技術は，ユーザーが軍であるという特徴を除けば，一般社会生活にも有益な情報やデータを収集・伝達する機能をもつ．軍事通信衛星で開発された技術は，通信の暗号化技術を除けば一般の通信に用いられるものであり，1960年代には民間に転用され，国際衛星放送や電話通信などに用いられた．また，偵察衛星で収集したデータは，撮影対象が軍事的な施設などでなければ，地形の変化の観察や地図作成，農産物の作付面積の変化や産業廃

棄物の不法投棄の監視などに用いることもできる[6]．軍事目的で開発された GPS は，いまや携帯電話やカーナビにも組み込まれ，国土地理院の電子基準点など，公的機関にとっても不可欠なサービスを提供している．要するに，宇宙技術はユーザーが軍であるか，一般市民や企業，行政機関であるかの違いによって，軍事／民生の区別がなされるものであり，技術の面においてはほとんど違いがない．一言でいえば，宇宙技術は「軍民両用技術」なのである．

　ゆえに軍事的な目的で開発された技術も，陳腐化が進むと，軍もその技術を秘匿する必然性を失い，機微技術指定の解除が進む．そうなると，技術開発に参加した企業は，それらの技術を用いて宇宙を商業的に利用するようになる．すでに現代社会は，こうした宇宙機器を使ったサービスの恩恵を受けており，社会生活に不可欠なインフラとなっている．すると宇宙技術を保有している国以外でも，宇宙システムから提供されるサービスを利用する需要が生まれてくる．宇宙システムから提供されるデータのうち，気象衛星データや被災地の画像データなど公共性の強いものは，国際機関などの公的機関を通じて宇宙技術をもたない国にも提供されるが，衛星通信や衛星放送はすでに市場経済を通じてサービスが提供されており，商業的にサービスを享受することが一般化している．そのため，宇宙技術をもつ国は，その技術を使って国外のユーザーに対して商業的にサービスを提供するという技術力・経済力を使ったハードパワーを行使することが可能になる．

　さらに，非宇宙開発国(宇宙技術をもたない国々)がこうしたサービスを継続的に提供しようとする際には，自力で宇宙技術を開発するか，それとも外国から衛星システムを購入し，外国のロケットで衛星を打ち上げるかを選択する．衛星の調達，打ち上げには多額の費用がかかるため，どの国でも自由に衛星を保有し，運用できるわけではないが，すでに自国が調達した衛星を運用している国々は 60 以上にのぼり，非宇宙開発国でも，宇宙利用が進んでいる[7]．その結果，宇宙技術をもつ国々は，衛星の製造・販売や打ち上げサービス(ロケットで衛星を打ち上げるサービス)を提供するという経済的なアドバンテージを得ることとなる．これも技術力・経済力を使ったハードパワーとして使われることがある．それが端的に現れるのが輸出管理の分野である．

　すでに述べたように，宇宙技術は「軍民両用技術」という性格が強いため，

宇宙技術をもつ国が宇宙システムを輸出する際も，誰にでも売っていいというわけにはいかなくなる．なぜなら輸出先の国で，その宇宙システムが軍事的に利用され，結果として当該国の軍事能力が高まり，国際秩序が不安定になる，という懸念が生まれるからである．したがって，宇宙システムは輸出管理の対象となる．輸出管理の中でもとりわけ重要な問題となるのが，ロケット技術の輸出であるが，これはロケットとミサイルの技術的共通点が多く，ロケット技術が大量破壊兵器に転用される可能性があるということからも明白であろう[8]．

さらに，衛星に関しても輸出管理が厳しくなっている．というのも，第一に，アメリカではRMAによって軍の近代化が進み，宇宙システムが軍事的に重要な役割を担っていることがあり，アメリカと同様に軍の近代化を進めようとしているロシアや中国，大量破壊兵器を開発しようとしているイランや北朝鮮が衛星を使って軍事的な能力を高めることに対して，強い懸念があるからである．第二に，宇宙技術をもつ国は，衛星の技術に多額の軍事研究開発資金を投入して開発しており，陳腐化・一般化したとはいえ，できるだけその技術の移転を妨げ，技術的・経済的に優位である時間を長くとることを目指す傾向にある．技術流出を止めることで，国内企業の競争力を高め，雇用を維持し，ハードパワーとしての影響力を維持することができるようになる．そのため，衛星の輸出に関しても輸出管理が重要となってくるのである．言い換えれば，宇宙開発国が自らの宇宙技術を輸出することは，その相手国との間に信頼関係があり（つまり軍事的能力が高まっても脅威ではないという相手であり），相手国の産業の技術力を高める結果になっても，それを受け入れる覚悟があることを示す．つまり，技術移転をすることで，相手の国に対してメッセージを伝え，信頼感を示すことができる．宇宙システムをハードパワーとして使う場合，こうした「飴（技術移転）」と「鞭（輸出管理）」を使い分けることで，他国に対する影響力を行使するのである．

2 「ソフトパワー」としての宇宙システム

宇宙開発におけるソフトパワーとは何か
政府が宇宙開発を進めるもう一つの論理として挙げられるのが，「ソフトパ

ワー」としての宇宙開発である．ソフトパワーとはジョセフ・ナイが提唱した概念であるが，簡単に定義すれば，「強制や経済的利益ではなく，魅力によって生み出される影響力」であり，その「魅力」には「文化，政治的理念，政策」などが含まれる[9]．ソフトパワーは，政治的プロパガンダというよりは，その国家がもつイメージや印象といった漠然としたものまで含まれる．ナイは，こうしたソフトパワーをハードパワー以上に重要な権力の要素として位置づけている．ソフトパワー論に対してはさまざまな批判があり[10]，ナイもその後，ソフトパワーとハードパワーの両方を賢く使いこなす「スマートパワー[11]」や，リーダーシップを強調した「リーダーパワー[12]」といった概念を提唱し，やや概念の混乱が見られる．ここでは，宇宙開発が国際政治におけるパワーとして機能することを分析するうえで，「ソフトパワー」という概念は有効であるとの立場から議論を進めていきたい．

　スプートニク打ち上げ以来，宇宙開発に関連する大きなイベントはすべからく新聞やメディアに取り上げられ，世界に対して強いメッセージを発することができる手段となっている．近年でも中国の有人宇宙飛行の成功や，ASAT実験の成功などは新聞の一面を飾るニュースとなるし，また，日本でもロケットの打ち上げや開発中の衛星の一般公開などは，ほぼ必ずといってよいほどメディアで取り上げられる．

　その背景には，宇宙開発そのものがグラマラスな事業分野であり，ニュースとしての価値が高く，自国の国家威信を示す絶好の機会であって，他国との差異化を図るうえで，極めて可視的なインパクトを与えるものという特性がある．それはすなわち，自国が宇宙開発に成功することで，他国より一段高みに立つ優越感を感じることができるということを意味する．ナショナリズムをくすぐり，国家的事業に容易に関心を集めることができるのは，宇宙開発という特殊な事業の特徴と言えよう．巨額の資金を必要とし，長期的な研究開発と優れた技術力が必要である宇宙開発に成功することは，一部の限られた国にのみ可能な事業を成し遂げたことを意味しており，それを成功させた政府の正当性や信頼感を高める効果をもつ．とりわけ新興国や途上国は，先進国による世界の大国クラブに入るための「入場券」として宇宙開発を見る傾向がある．実際，1970年代の「新興国」であった日本においても，アメリカのロケット技術を

導入するかどうかの判断を迫られた当時の佐藤栄作首相は,「ロケットの一つももてなければ一流国にはなれない[13]」として,アメリカのロケット技術の受け入れを決定した.

最強のソフトパワー,有人宇宙飛行

このような宇宙技術の中でもとりわけ重視されるのが,有人宇宙飛行の技術である.ロケットの打ち上げや衛星の製造・運用なども高度な技術を必要とするが,宇宙飛行士を乗せた輸送機を打ち上げ,水も空気も重力もなく,宇宙線と呼ばれる放射能が降り注ぎ,極端な高温／低温になる宇宙空間で無事に過ごし,大気圏突入時に1,500度にも上る摩擦熱を避けて帰還させるには,一分の隙もない精密な部品を作る工業力や,システムを組み立て,運用する技術,そして生命維持装置などの大規模な設備を宇宙空間に打ち上げる高い技術が必要となる.また有人宇宙飛行には,人命を危険にさらすことから,政治的リスクや覚悟も必要であり,そのような国家事業は国内外での注目度が高く,その政治的・社会的インパクトは非常に大きい.有人宇宙飛行の成功は諸外国からの評価も高く,国際社会からのリスペクトを得られるという点でも,政治的に重要な意味をもつ.これまで独力で有人宇宙飛行を実現したのは,冷戦時代に米ソ宇宙競争を繰り広げたアメリカとソ連(ロシア),そして新興国として新たに軍事的・経済的・技術的大国として台頭してきた中国だけである.日本や欧州など,国際宇宙ステーションなどのプロジェクトを通じて部分的に有人宇宙技術をもつ国々はあるが,ソフトパワーとして認知されるような有人宇宙活動を行っているのは米中ロの3カ国のみである.

ここで一つ注意しておきたいのは,有人宇宙飛行が国際的に注目を集め,国家の技術力を誇示する機会であるとはいえ,その「ハードパワー」としての価値は極めて限られており,「ソフトパワー」のツールとしての価値が圧倒的に高いということである.多くの人は宇宙に夢を抱き,人類の将来は宇宙への進出にあるとイメージしている.冷徹な調査報道で知られるジャーナリストの立花隆でさえ,サルが森から出てヒトになったときから,人間は宇宙に行く運命にある,という運命論的進化論を展開している[14].しかし,すでに述べたように,宇宙空間は人間が生活するには極めて不適切な空間である.また,人間が

生活するための資源が多少でも存在する可能性のある天体である月（月の極地帯には水が存在すると見られている）に到達するまで10日以上，最も近い惑星である火星まで最短でも片道10カ月かかる．地球から持ち出した食料と燃料を使って移動をするだけでも相当な忍耐を強いられる事業である．また，地球の重力を離れるために必要なエネルギー量は膨大であり，生命維持のための装置をふんだんに積んだ宇宙船を打ち上げるだけのエネルギーを生み出すロケットを作るコストも膨大なものがある．さらに，これだけの多大なコストとリスクをかけて宇宙飛行士を宇宙空間に送ったとしても，地球から持ち込んだ限られた資源と宇宙船という限られた空間でできることには制限があり，科学的にも，経済的にも，軍事的にも有用な活動を行うことはほぼ不可能である．もちろん，人間が宇宙空間にいることで得られる新たな発見は多々あるだろう．アメリカは月面に着陸した12人を含め300人以上，ロシアはソ連時代から数えても100人以上宇宙空間に送り出し，相当数の宇宙飛行士がソ連／ロシアのミール宇宙ステーション，アメリカのスペースシャトル，日本も参加している国際宇宙ステーションなどに長期滞在しており，宇宙空間で実績を上げ，相当程度のデータが蓄積されている．しかし，有人宇宙飛行によって，生命の神秘が解明されたとか，画期的な新素材が発見されたということは寡聞にして知らない．しばしばテフロン加工の技術や消臭素材の入った肌着などが有人飛行技術のスピンオフとして語られるが，これらはいずれも地上で開発されたものを宇宙に持って行ったものであり，「宇宙に行ったから生まれた」技術というよりは「宇宙に行くために作り出した」技術と言うべきであろう[15]．

　また，宇宙飛行士が宇宙空間で行うことができる行為もかなり限られている．科学の分野では，多くの場合，地球上で理論的に計算した実験を準備し，宇宙空間でそれを実証することが主たる活動になる（現在の国際宇宙ステーションで行われているのはほとんどがこれである）．ミール宇宙ステーションや国際宇宙ステーション建設時に期待されていた，微重力環境を利用した薬品の製造といった経済活動も，持ち込める素材の量が限られ，コストが膨大であるため，経済的な利益を出すことはほぼ不可能であることが明らかになっている．さらに，かつて軍事的なメリットとして，人間が宇宙空間から敵地を偵察したり，攻撃目標を目視するといったことに対する期待があったが，宇宙ステーションは低軌

道を周回するため，地球を約 90 分，時速 28,000 km のスピードで一周してしまい，地表の一地点を長期にわたって監視することができない．宇宙ステーションから写真を撮影するといったことは行われていても，それは人工衛星に搭載したカメラによる画像撮影より優れた情報収集の手段とは言えない．

このように，有人宇宙飛行は，膨大なコストがかかる割には科学的・経済的・軍事的見返りの少ない，極めて投資効率の悪い事業であることは明らかである．にもかかわらず，日本を含めて多くの国が有人宇宙飛行を熱望するのは，「ソフトパワー」の手段として世界にメッセージを発信し，自国のプライドを満足させ，国内のナショナリズムを喚起し，国内社会の統合や政権の正当性を強化することを目指しているためである．

3 「社会インフラ」としての宇宙システム

グローバルな公共財としての宇宙システム

ここまで概観してきた「ハードパワー」としての宇宙システム，「ソフトパワー」としての宇宙システムという概念は，あくまでも宇宙開発が国家によって主導され，国家中心的な事業として見るパースペクティブから引き出されたものであるが，宇宙開発の目的はそれだけに止まらない．地球を周回する衛星は，大きく分けると，地表から 350-1,400 km の距離で一日に地球を何度も周回する低軌道，1,400-20,000 km の範囲で地球を周回する中軌道，そして赤道上 36,000 km を周回し，地球の自転と同じスピードで移動するため，地球から見ると止まって見える静止軌道の三つの軌道を使用する．また，低軌道を使用する衛星には，地球を南北に周回し，北極と南極を通過する極軌道をとるものがある．低軌道(特に極軌道)を通る衛星は，地球を周回しながら地表をくまなくカバーし，静止軌道の衛星は，地球の 3 分の 1 程度の地域を常に視野に入れることができる．つまり，一国の地理的範囲を超えて宇宙システムはサービスを提供することができるのである．言い換えれば，宇宙システムは，地上のシステムにはない「広域性」と，多数に情報を発信できる「同報性」をもっており，この「広域性」と「同報性」によって，グローバルな公共財として社会的なインフラを提供することができる，という特性を備えているのである．

もちろんこうした特性は，宇宙システムが軍事的・商業的な通信や偵察に用いられる原因ともなっているが，同時に，通信，放送，気象，測位などのサービスは国境を越えて提供されており，自力で衛星を開発する能力がない国でも，これらの衛星を使ったサービスを受けることが可能となっている．たとえば，日本の「ひまわり」など，各国（日本のほか，米中ロ欧印）が保有する気象衛星から得られるデータは，世界気象機関（WMO）と国際学術連合会議（ICSU）が共同で進めている地球大気観測計画（GARP）を通じて，世界中の気象予測などに使われている．また，「国際災害チャーター」と呼ばれる国際協力枠組みでは，日本の「だいち」をはじめ，欧州（ESA），フランス，カナダ，インド，アメリカ，アルゼンチン，アルジェリア，ナイジェリア，イギリス，トルコ，中国が保有する地球観測衛星のデータを，大規模災害発生時に無償提供し，災害の調査や復興といった災害管理に貢献する仕組みが作られている．

GPSの両義性

こうした国際機関を通じたものでなくとも，グローバルな公共財となっている宇宙システムがある．それがアメリカのGPSと呼ばれる測位・航行・精密時刻（Positioning, Navigation, Timing; PNT）システムである．GPSはアメリカの軍事システムとして開発され，1980年代の初めには運用が開始されていたが，当初GPSの信号を利用できるのは軍だけであった．しかし，1983年にシベリア沖で大韓航空機がソ連の戦闘機に撃墜された事件を受けて，軍以外のユーザーも利用できるよう，精度を落としてGPSの信号を民間に開放することを決定した．その結果，現在ではカーナビゲーションや携帯電話のGPS機能だけでなく，金融決済に使われる精密時刻もGPSの信号を利用しており，日常生活に不可欠なインフラとなっている．しかし，GPSを運用・管理しているのはアメリカ軍であり，有事の際にはGPSの信号が平時と同様に提供されるという保証はない．そのため，グローバルな社会インフラとして利用されているGPSが，その公共財としての性格を捨て，アメリカ軍の私有財（アメリカ軍は公的な存在ではあるが，グローバルな場では財の私的な所有者）として用いられ，アメリカの「ハードパワー」としての宇宙システムの一つとなってしまう恐れは常につきまとっている．

このように，宇宙システムはグローバルな公共財としての性格をもちうるものであり，グローバルな社会インフラと見ることができるが，その宇宙システムを提供するのが宇宙開発国である限り，特定の状況下では，その宇宙開発国の「私有財」となってしまう可能性がある．逆に，宇宙開発国が，「私有財」である気象衛星や地球観測衛星をGARPや国際災害チャーターといった国際的な協力枠組みに提供し，グローバルな公共財としての利用に供することもある．それゆえ，「社会インフラ」としての宇宙システムは，「ハードパワー」や「ソフトパワー」というカテゴリーに当てはめることが難しく，独立した分析概念として扱われるべきである．

4　公共事業としての宇宙開発

利益誘導型政治の対象としての宇宙開発

これまで「ハードパワー」としての宇宙システム，「ソフトパワー」としての宇宙システム，「社会インフラ」としての宇宙システムという三つの分析概念について概観してきたが，ここからは各国の宇宙開発の在り方を見るうえで重要な，いくつかの補助概念を説明していきたい．その第一は「公共事業としての宇宙開発」である．

これまで述べてきたように，宇宙開発国は「ハードパワー」「ソフトパワー」そして「社会インフラ」を獲得するために宇宙開発を進め，こうしたパワーとインフラを手に入れると同時に，国内政治的な関心と利害を追求することも行ってきた．というのも，宇宙開発にかかる巨額の投資は，対外的なパワーや社会インフラを獲得するというだけでは十分正当化することが難しいこともあり，その投資を国内の産業育成ないしは雇用の維持に振り向けることも正当化の要因となっていた．また，そうして生まれた産業や雇用を維持しなければ，宇宙開発の基盤が揺らぎ，国内的な批判も高まってくる可能性が生まれるからである．つまり，宇宙開発も産業を維持し，雇用を生む政府の事業の一つと見るべきであり，こうした「利益誘導型」の政治の側面もあることは無視できない．

「軍産複合体」論は妥当か

しばしば，こうした側面は宇宙開発における「軍産複合体」論として展開されることがある[16]．確かに多くの国で，宇宙開発に携わるのは，防衛，航空分野の事業を手がけている企業が多く，一般に「軍需産業」と呼ばれる企業群の一部をなしている．アメリカであれば，ボーイングやロッキード・マーチンといった兵器産業企業が宇宙部門をもち，日本でも，宇宙開発の中心的な企業として知られるのは三菱重工業やIHI，三菱電機やNECなどであり，これらの企業は防衛装備の受注も多い．また，宇宙開発は国家主導で進められることが多いため，企業にとっては防衛同様，「政府が唯一の顧客となる事業」としての性格をもつ．民間資金による宇宙事業が徐々に現れているとはいえ，ほとんどの宇宙開発事業は国家によってファイナンスされ，国家によって実行されており，宇宙企業から見れば国家が一番のお得意様である．この点で宇宙開発事業は，防衛産業との共通性が高いと言える．

しかしながら，本書では，宇宙開発が「軍産複合体」化しているという立場はとらない．その理由は，宇宙産業界には，「軍産複合体」に必要ないくつかの要素が欠如しているからである．宇宙開発を「軍産複合体」論から批判する議論の多くは，アイゼンハワーの退任演説で指摘された「軍産複合体」批判[17]から出発するが，そこでは，兵器を調達する主体が国家であることから，企業と国家の排他的な関係が生まれ，それが単に政府と産業の癒着に止まらず，国家や社会に過剰な影響力を行使し，議会や行政府の政治的・経済的・軍事的な決定において正当ならざる権力をもつようになっている，という点を問題にする．しかし宇宙開発だけを見る限り，このような強大な影響力をもっているとはなかなか言いがたい．確かに宇宙開発を行っている企業は，「軍産複合体」の主役とも言える企業であるが，宇宙開発のために政府や議会に過剰な影響力を及ぼしていることを実証することは難しい．むしろ宇宙開発は，その初期の米ソ宇宙競争時代を除けば，常に予算削減の圧力にさらされ，自ら影響力を行使するというよりは，政府や議会の影響力をかわすことに必死になっている姿の方が目立つ．本書の第I部で描かれる各国の宇宙開発の歴史を見ても明らかなように，宇宙開発においては，「軍産複合体」論が論じるような，産業界が宇宙開発機関や軍と一緒になって政府や議会を動かしている姿を見ることはで

序章　国際政治における宇宙開発

きず，また日本や欧州，インドなど防衛・軍事予算に依存せずに宇宙開発を展開してきた国も多い．

市場の失敗

　むしろ，政府と宇宙産業の関係は，「公共事業」として位置づける方が，より現実的な分析に適していると考えるべきであろう．というのも，宇宙開発は典型的な「市場の失敗」のケースだからである．「市場の失敗」とは，商業的な価値のある活動であれば，市場において民間資本が参入し，利益を生み出すための投資を自ら行う(たとえば自動車メーカーがF1レースに投資するケース)のに対し，市場に放任しているだけでは投資が生まれず技術革新がなされないケースを指す[18]．宇宙機器は開発，製造に巨額の費用がかかるだけでなく，いったん宇宙空間に打ち上げてしまえば，事故や不具合が起こった場合，それを回収して修理するコストが莫大となるため，宇宙開発事業は非常にリスクが高い．したがって，民間企業が商業的な利益を追求して事業を行うことが期待できないため，「市場の失敗」が起こる．すでに商業資本が参入している衛星放送，衛星通信も，政府による技術開発(多くの場合軍事的な研究開発)によって生み出された技術を転用しているため，研究開発のコストとリスクが抑えられていることでやっと成り立っている事業である．また，近年話題になっている宇宙旅行(正確には弾道飛行による擬似宇宙旅行体験)にも商業資本が参入しようとしているが，これは将来的な市場の成長を見越したベンチャー事業であり，技術的にも事業的にもリスクの高いものとして見られている．

有人宇宙飛行という公共事業

　このように，「市場の失敗」が明白な宇宙産業において，宇宙が「公共事業」化していった一つの理由は，宇宙開発が冷戦の産物だったからである．アポロ計画に代表される「米ソ宇宙競争」は，1957年のスプートニク打ち上げによって，アメリカが「宇宙技術の優位性＝軍事(ミサイル)技術の優位性」という政策決定の方程式を確立させ，宇宙開発を進めることを安全保障上，重要な政策にしてしまったことがある．その後，ソ連が有人宇宙飛行に成功すると，その安全保障上の価値を吟味することなく(ただし，すでに述べたように，人間が

宇宙に行くよりも，機械を宇宙で活動させる方が安全保障上の意味は大きい），「有人宇宙事業の成功＝軍事技術の優位性」という方程式に改変され，それに則ってアメリカも有人宇宙飛行の遅れを取り戻すべく，巨額の予算を使ってソ連に対抗した．

　しかし，このような巨額の投資は，対抗すべき相手が存在しなくなると，その根拠を失い，批判の対象となる．アポロ計画が成功し，ソ連に先んじて人類初の月面着陸を成功させるという目標が達成されると，科学者たちが描いていた月探査や月面滞在といったプロジェクトは政治的支持を失い，国家航空宇宙局（NASA）は破綻の危機に直面した．そこでNASAは「ポスト・アポロ計画」を推し進め，スペースシャトル，国際宇宙ステーション計画を進めたが，これは科学的目的や人類にとっての新たな発見を目指したというよりは，むしろNASAの組織を維持し，「ベスト＆ブライテスト」と言われた宇宙開発関連の科学者や技術者を失業させないための方策であったと言えよう．また，月競争に敗れたソ連がミール宇宙ステーションを使って長期有人宇宙滞在に挑戦していたため，それに対抗するための国際宇宙ステーション計画は政治的な支持を得やすかった．

　しかし，冷戦が終焉し，ミール宇宙ステーションと競争する必要のなくなった国際宇宙ステーション計画は，何度となく予算の削減やプロジェクトの中止や遅延に苦しむこととなり，計画が発表されてから30年近くたった2011年にやっと完成することとなった．しかし，その完成と同時に，「公共事業」としての性格が強かったスペースシャトルや国際宇宙ステーションはその役目を終え，スペースシャトルは2011年で退役し，国際宇宙ステーションもブッシュ（子）政権が発表した計画では2016年で運用を停止することになっている．ところが，公共事業がいったん走り出すと止められないように，スペースシャトルや国際宇宙ステーションの運用を停止することになると，それらの事業に関連して職を得ていた技術者やその家族が失業に直面することとなるため，すぐに取り止めることは困難であった．そのため，オバマ政権になってから，国際宇宙ステーションの運用を2020年まで延長することが決定され，スペースシャトルの退役に伴う失業対策として5,000人規模の雇用を維持するための特別措置法が米議会で可決された．

有人宇宙事業は「ソフトパワー」としての性格が強いと同時に,国内的には「公共事業」としての性格が強い事業であるが,それ以外の宇宙開発分野であっても,公共事業としての性格をもつものは少なくない.本書では,宇宙開発が政府の事業の一環である以上,こうした雇用や政権への支持といった観点から宇宙開発が行われていることを「公共事業としての宇宙開発」として捉えていく.

5 コモディティ化する宇宙システム

取引される宇宙技術

宇宙開発の黎明期には,宇宙技術はほとんどがアメリカとソ連に独占され,日本や欧州が追い上げていた.宇宙開発は限られた「エリート国家」のみに許された事業と位置づけられ,「宇宙開発を行うこと＝世界の一流国家」とのイメージが作られていった.宇宙開発国は,そうした特権的な立場を利用し,宇宙技術を他国に移転したり,打ち上げや衛星通信などのサービスを提供したりすることで「ハードパワー」としての宇宙システムの力を活用していった.たとえば,1960年代の終わりに,アメリカが日本に対して技術的な優位を誇示するとともに,日本が独自のロケット技術を開発することでミサイル開発への道を開くことを避けるために,アメリカの旧式ロケット技術(ただし日本がもっていない技術)を提供した例が挙げられる.1960年代の後半は,中国の核実験(1964年)や佐藤栄作首相の核保有発言があり,アメリカ国内では,日本の急速な経済発展と技術革新に対して懸念がもたれていた時期であった.このように宇宙技術は,外交上の「コモディティ(取引される汎用品)」として扱われ,他国の行動を変化させる手段として用いられることがしばしばである.

というのも,宇宙技術には相当な技術開発投資が必要であり,技術供与を受けることによって技術開発への投資を最小限にすることができることは,宇宙技術を発展させようとする国にとって魅力的だからである.事実,日本は独自の技術開発を継続しつつも,アメリカの技術も全面的に導入し,独自のミサイル開発は行わなかった(もっとも,アメリカの技術導入がなくとも,日本は独自のミサイル開発はしなかったと思われる).

取引上手な国々

このような宇宙技術を「コモディティ」として活用するのはアメリカばかりではない．近年では中国も主要な役割を演じている．中国は 2003 年に有人宇宙飛行に成功したことを契機に，宇宙大国としての地位を確立しただけでなく，アジア太平洋宇宙協力機構（Asia-Pacific Space Cooperation Organization; APSCO）を立ち上げ，これまで宇宙技術に接することが難しかった途上国に対し，中国の宇宙技術とロケット打ち上げの機会を提供することで，これらの国々に対するリーダーシップを確立しようとしている．APSCO には，イランやパキスタンといった，ミサイルや核技術の拡散が懸念されている国々が含まれている．これらの国々は，アメリカをはじめとする宇宙先進諸国から技術供与を受けることができなかった．しかし，中国がこれらの国々と宇宙開発の協力関係を結ぶことで，彼らにも宇宙技術を習得する機会が与えられ，場合によってはその技術が軍事転用される可能性もあると懸念されている．

また中国は，自国で開発した衛星を廉価で打ち上げ，軌道上で引き渡す形で諸外国に提供する取引も行っている．2007 年にはナイジェリア，2008 年にはベネズエラの通信衛星を打ち上げ，2009 年にはインドネシアの衛星を打ち上げた（軌道投入には失敗した）．また，ブラジルと共同で開発した地球観測衛星を中国のロケットで打ち上げている．これらの国々に共通するのは，天然資源を豊富に保有しており，かつ，アメリカなどの宇宙先進国からさまざまな理由で技術供与を受けることが期待できないという点である．つまり，中国は先進国が手をつけてこなかった市場に参入し，これらの国々に衛星というハードウェアと，そこから生まれるサービスを提供する代わりに，それらの国々にある資源へのアクセスを確保することを目指していると考えられている．

このように「コモディティ化」した宇宙技術は，さらなる「公共財化」の様相を強めている．これは，宇宙開発がもはや特定のエリート国家によって独占されるものではなくなったことを意味している．

まとめ

本章で見てきたように，「ハードパワー」としての宇宙システム，「ソフトパ

ワー」としての宇宙システムを展開していくと，次第に宇宙技術は「コモディティ化」していき，グローバルな「社会インフラ」としての宇宙システムとしての役割を強めていくようになる．これが示すことは，第一に技術は時間とともに陳腐化し，越境し，拡散していくものであり，宇宙技術のように軍事的な目的で開発されるものであっても，社会的有用性が高い技術の越境を防ぐことは極めて難しい，ということである．もちろん，最新の技術は軍事機密として保護されることが多く，また民生用の技術として開発されても知的財産として保護されるため，すぐには拡散しない．しかし技術というものは，一定の時間を経ると陳腐化し，不可避的に越境していくのである．

　第二に，宇宙技術は本質的に越境的なサービスを提供するということである．衛星放送サービスが普及し始めた1980年代，西欧向けにテレビ番組を放送していた衛星の電波を，当時共産主義政権が支配していた東欧の国々で受信することが可能となっていた．衛星からの電波に対しては，地上波のように電波妨害をすることができなかったため，東欧諸国の市民は西側の情報に衛星放送を通じて接することが可能となり，東西の物質的豊かさの違いに強いショックを受けた．こうした衛星を通じた情報が一般市民にまで広がったことが，ベルリンの壁の崩壊に象徴される1989年の民主化革命を同時多発的に進めたきっかけとなった．

　第三に，宇宙空間は必然的に「公共財化」せざるをえない物理的法則によって支配されている．2007年の中国によるASAT実験は世界に衝撃を与え，中国の軍事大国としての野心に対する警戒が強まったが，実は中国はASAT実験の直後，国連軍縮会議(Conference on Disarmament; CD)の「宇宙空間における軍備競争防止委員会(Prevention of an Arms Race in Outer Space; PAROS)」において，宇宙の「兵器化(weaponization)」を禁止する条約を提出し，宇宙空間で軍事的な行動が起きないようなルール作りを求めるようになった．この一見したところ矛盾した行動は，実は宇宙空間における物理を理解すれば納得できるものである．中国は，当初アメリカによる宇宙空間の支配に脅威を覚え，ミサイル防衛をはじめとする宇宙配備の兵器によって中国の安全保障が脅かされると認識していた．それゆえ，ASAT実験を成功させることで，アメリカが宇宙空間で自由に行動できないようにすることを意図していた．しかし，実際

に衛星を破壊すると，数千を超える破片が広範な範囲に飛び散り，これらが軌道上にあるほかの衛星や宇宙ステーションなどにぶつかって大きな損害を出す可能性が高まったのである．中国が積極的に宇宙利用を進め，有人宇宙機を打ち上げている国である以上，宇宙デブリ（debris．ごみ）が拡散することは，中国がもつ衛星や宇宙船にもデブリが衝突し，機能不全になる可能性があることを理解したのである．つまり，中国が一国の利益のために衛星を破壊したとしても，その影響は中国のものを含むすべての宇宙システムに影響を与え，結局，宇宙という「公共空間」の秩序を維持しなければ自国の利益も失われてしまう，ということが明らかになったのである．

このように，宇宙技術がもつ「越境性」は，旧来の主権国家をベースにした「パワーとしての宇宙システム」の基盤を掘り崩し，新しい政治のインフラストラクチャーを提供している．衛星から発せられる電波，衛星が周回する軌道，デブリが飛び交う宇宙空間は，自国と他国の区別を一切せず，軍事用と民生用の区別も全くしない．物理の法則だけが唯一のルールである世界であり，国家や国境といった，人間が勝手に作った仕組みなど歯牙にもかからない，絶対的な公共空間なのである．

本書では，まず第Ⅰ部で，本章で論じた分析枠組みである「ハードパワー」としての宇宙システム，「ソフトパワー」としての宇宙システム，「社会インフラ」としての宇宙システムに加え，「公共事業としての宇宙開発」と「コモディティ化する宇宙システム」という概念を用いて，アメリカ，欧州，ロシア，中国，インド，日本の宇宙開発の発展過程を分析し，これらの国々が何を意図し，どのような目的で宇宙開発を始め，現在どのような段階にあるのかを分析する．また第Ⅱ部では，宇宙開発国ではない国々が地域的な枠組みを設けて宇宙利用を始めている状況を分析し，それらを取り巻く宇宙空間のガバナンスの問題を取り上げる．こうした分析を通じて，現在の宇宙開発が，国際政治の場において「ハードパワー」として使われているのか，「ソフトパワー」としての役割を担っているのか，それとも「社会インフラ」としての機能を果たしているのかを確認し，宇宙開発が国際政治に果たす役割の本質を見ていくとともに，国際的な公共空間である宇宙空間と，国際公共財として使われる宇宙システムの存在が，国際政治の在り方にどのような影響を与えているのかを論じる．

注

1) RMA における宇宙システムの役割について論じたものは多いが，代表的なものとして Michael E. O'Hanlon, *Neither Star Wars Nor Sanctuary: Constraining the Military Uses of Space*, Brookings Iustitution Press, 2004 を参照．
2) 第二次世界大戦中のドイツ人技術者が大戦後の宇宙開発にどうかかわっていったかを詳細に記述したものとして，マシュー・ブレジンスキー（野中香方子訳）『レッドムーン・ショック——スプートニクと宇宙時代のはじまり』(NHK 出版，2009 年)がある．
3) ナイが提示する「ハードパワー」「ソフトパワー」という概念は Joseph S. Nye, *The Paradox of American Power: Why the World's Only Superpower Can't Go It Alone*, Oxford University Press, 2002 で広く知られるようになったが，これらの概念の萌芽は 1990 年に発表された論文に見られる．Joseph S. Nye, Jr., "Soft Power", *Foreign Policy*, no. 80, Autumn 1990, pp. 153-171.
4) アメリカでは 1980 年代からこうした ASAT についての研究が進んでおり，「寄生衛星」の問題についても SDI（通称スターウォーズ計画）の研究の中で検討されていた．United States Office of Technology Assessment, Anti-satellite Weapons, Countermeasures, and Arms Control, U. S. Government Printing Office, September 1985.
5) 青木節子『宇宙の軍事利用を規律する国際法の現状と課題』慶應義塾大学総合政策学ワーキングペーパーシリーズ，No. 67, 2005 年 4 月．
6) この点については John C. Baker, Kevin M. O'Connell, and Ray A. Williamson (eds.), *Commercial Observation Satellites: At the Leading Edge of Global Transparency*, RAND/ASPRS Publications, 2001 などが詳しい．
7) Nicolas Peter, "The Changing Geopolitics of Space Activities", *Space Policy*, vol. 22, no. 2, 2006, pp. 100-109.
8) Dinshaw Mistry, *Containing Missile Proliferation: Strategic Technology, Security Regimes, and International Cooperation in Arms Control*, University of Washington Press, 2003.
9) Nye, *The Paradox of American Power*.
10) ソフトパワーを批判する議論は数多くあるが，中でも正面から批判しているものとして Matthew Fraser, *Weapons of Mass Distraction: Soft Power and American Empire*, Key Porter Books, 2003 が挙げられる．
11) Richard L. Armitage and Joseph S. Nye Jr., *CSIS Commission on Smart Power: A Smarter, More Secure America*, Center for Strategic and International Studies (CSIS), 2007.
12) Joseph S. Nye Jr., *The Powers to Lead*, Oxford University Press, 2008.
13) 大沢弘之監修『日本ロケット物語』三田出版会，1996 年．

14) 立花隆は宇宙飛行士との対話集を何冊か出版し，その中で一貫して，この進化論的運命論を展開している．立花隆『宇宙からの帰還』中公文庫，1985年，立花隆・秋山豊寛『宇宙よ』文藝春秋，1992年，立花隆『宇宙を語るⅠ 宇宙飛行士との対話』中公文庫，2007年，同『宇宙を語るⅡ 人類と宇宙の未来』中公文庫，2007年．
15) 有人宇宙事業に関連するスピンオフも含め，宇宙開発から生まれたさまざまな技術を紹介したものとして，宇宙航空研究開発機構(JAXA)『宇宙をつかう くらしが変わる 宇宙利用ビジネス最前線 日本の宇宙産業 Vol.2』(日経BPコンサルティング，2010年)がある．
16) たとえば，ヘレン・カルディコット，クレイグ・アイゼンドラス(植田那美・益岡賢訳)『宇宙開発戦争──〈ミサイル防衛〉と〈宇宙ビジネス〉の最前線』(作品社，2009年)や藤岡惇『グローバリゼーションと戦争──宇宙と核の覇権めざすアメリカ』(大月書店，2004年)などがこうした議論の代表と言えよう．
17) アイゼンハワー大統領の退任スピーチは http://www.eisenhowermemorial.org/speeches/19610117%20farewell%20address.htm で閲覧できる．
18) 市場の失敗については，たとえば惣宇利紀男『公共部門の経済学──政府の失敗』(阿吽社，2003年)などを参照．

第Ⅰ部
宇宙開発国の政策目的

第1章　アメリカ——技術的優位性の追求

　言うまでもなくアメリカは，世界の宇宙開発を牽引し，自他ともに認める宇宙開発大国である．1950年代の宇宙開発の黎明期においては，ソ連に先を越されていたが，膨大な額の予算と「ベスト＆ブライテスト」と呼ばれる理科系の秀才を結集し，アポロ計画を成功させ，世界における宇宙開発のリーダーとしての地位を不動のものとした．

　多くの場合，アメリカの宇宙開発の注目を集めるのは国家航空宇宙局(NASA)の活動であるが，アメリカの宇宙開発はNASAだけで行われているわけではない．時代によって違いはあるが，1970年代以降のアメリカの宇宙開発予算のうちNASAの宇宙開発予算とほぼ同等の予算が戦略空軍を中心とするアメリカ軍の宇宙開発に当てられており，それ以外にも国家海洋大気局(NOAA)や地質調査所(USGS)にも，NASAよりも小さい規模ではあるが，世界的に見ればかなりの規模の予算が割り当てられている．つまりアメリカは，NASAを中心とした民生(civilian)の科学技術における研究開発事業や「ソフトパワー」の獲得を目指した有人宇宙開発事業と同程度に，「ハードパワー」としての軍事的な宇宙開発を推進しており，さらに，全体から見れば一部ではあるが，「社会インフラ」としての宇宙開発をNOAAやUSGSといったユーザー官庁を通じて行っているのである．

　本章では，こうしたアメリカの宇宙開発の全体像を捉えつつ，アメリカがどのような意図と目的をもって宇宙開発を進めてきたのかを論じてみたい．その際，アメリカが国際政治の場で宇宙開発をどのように活用してきたか，ということだけでなく，アメリカの国内政治的要因によっても宇宙開発の在り方が大きく変化していることに着目しつつ，アメリカの宇宙開発のダイナミクスを論じていく．

第1章　アメリカ

1　スプートニク・ショック

宇宙開発に関心の低かったアメリカ

　アメリカの宇宙開発は最初から世界のリーダーシップを目指したわけでも，「ソフトパワー」としての権力を得るためのものでもなかった．むしろ，1950年代，アイゼンハワー政権のアメリカは宇宙開発に十分な関心を示していなかったという方が適切であろう[1]．実際，アイゼンハワーにとって宇宙開発は「他国が何をしようとも，アメリカが恥ずかしくないように宇宙開発で着実な進歩を遂げなければならない[2]」という程度の認識しかもっておらず，他国に後れをとらない程度に宇宙開発を進めることに主眼が置かれていた．第二次世界大戦でナチスドイツのV2ロケットを開発したヴェルナー・フォン・ブラウン(Werneher von Braun)をはじめとするロケット技術者たちは，戦後アメリカに移住し，アメリカ軍が開発するロケットの技術者として迎えられていた(フォン・ブラウンらは陸軍の弾道ミサイル局(ABMA)に所属していた)．アメリカがミサイル開発を進めるためにドイツから強制的に連行したというよりは，フォン・ブラウンたちが将来にわたってロケット開発を続けるために，資金が豊富で，自由に研究開発ができるのはアメリカだと見込んで移住したのである．しかし，政権が宇宙開発に関心をもたなかったため，フォン・ブラウンらドイツ人ロケット技術者たちは，スプートニクの打ち上げまでは十分な予算も与えられず，不遇の日々を送っていた．アイゼンハワーは「大量報復戦略」を掲げ，大量の核兵器によってソ連の攻撃能力の向上に対抗し，通常兵器の削減を進めて軍事費を減らし，財政再建を進めることを目指していた[3]．しかし，陸軍・海軍に分散されたミサイル開発のプログラムは，結果的に非効率的な資源の分散となり，陸海軍とも十分な成果をあげることはできなかった．

スプートニクによる大転換

　このロケット開発への関心の低さとミサイル開発の不振は，1957年10月4日のスプートニク打ち上げによって大転換を遂げることとなる．スプートニクが1957年に打ち上げられたのは偶然ではない．実は1957年は，米ソをはじめ

第 I 部　宇宙開発国の政策目的

多くの国が参加する国際学術連合会議(ICSU)が「国際地球観測年(IGY)」に定めており，ロケットを使って成層圏や宇宙空間から地球を観測し，科学的なデータを国際的に共有することになっていた．IGY はあくまでも科学観測を目的としており，軍事的なニュアンスは原則として含まれていなかった．しかしながら，アメリカとソ連はともに，IGY の「科学的」「平和的」なロケット開発を建前にしつつ，ミサイルに転用可能な技術を開発していた．

　スプートニクが打ち上げられた当初，アイゼンハワー政権内では，これが即座にアメリカの安全保障を脅かすものにはならないとの認識もあった[4]．アイゼンハワー自身も，スプートニク打ち上げの翌日にゴルフに出かけたほどであった[5]．しかし，アメリカを含む国際世論はスプートニクの打ち上げに対して激しく反応した．人類初の宇宙空間への到達，アメリカの敗北，そしてソ連製の物体がアメリカの頭上を遮られることなく通過しているという現実．これらすべてがマッカーシズムをきっかけに高揚していた反共産主義ムードと混ざり合って，ヒステリックなまでの反応を引き起こした．また，現実問題として，技術的に劣っていると考えられていたソ連が，アメリカでさえ実現させることができなかったロケット開発を成功させたことは，ソ連が，数少ない核弾頭であっても，防御することがほとんど不可能なミサイルで攻撃してくる可能性を示唆しており，アメリカの安全保障が危機的な状況を迎えたとの認識が高まった．いわゆる「ミサイルギャップ」論の始まりである[6]．さらに，スプートニクが一般に受信可能な信号を発信していたことによって，宇宙から世界中のソ連軍やスパイネットワークに向けて何らかの暗号を伝えているのではないか，という疑心暗鬼にも駆られることとなった[7]．つまり，人工衛星の打ち上げは，単にソ連がミサイル技術を保有する証拠になるだけでなく，世界中でスパイ活動を容易にすることで，その軍事的能力を格段に高めたとの認識が生まれたのである．さらに，スプートニクの打ち上げは，ソ連の同盟国である中国や東欧諸国，さらにはソ連との関係を深めていた第三世界諸国にも少なからぬインパクトを与えた．ソ連が軍事的にも技術的にも優位に立ったことで，第三世界で繰り広げられている米ソの覇権争いの流れが変わっていくと見られるようになったのである[8]．

第 1 章　アメリカ

さらなるショック

　さらにアメリカをショックに追い込んだのは，スプートニクが打ち上げられてから 1 カ月後の 1957 年 11 月 3 日に，スプートニク 2 号が打ち上げられたことであった．そこには雑種のイヌが搭載され，地球を周回した後，大気圏に再突入した．この実験がアメリカに衝撃を与えたのは，第一に，500 kg を超えるペイロード(搭載物)を搭載したロケットの打ち上げに成功したことである．これだけ重いペイロードを打ち上げることができるということは，ソ連が 1953 年に開発に成功した水爆をも搭載できることを意味しており，アメリカは，ソ連のロケット／ミサイル技術が本格的にアメリカの脅威であることを実感したからである．第二に，1 カ月のうちに二度も打ち上げに成功するということは，ソ連はロケット／ミサイルを大量生産することが可能であり，短期間に大量にアメリカに向かってミサイル攻撃を仕掛けるのが可能であることを示唆していた．第三に，生物をロケットに搭載し，宇宙空間に放出することができるということは，将来的に人間を搭載し，宇宙空間や月，火星などの天体をソ連が支配することになるという恐怖があった．

　この第二スプートニク・ショックに輪をかけたのが，アメリカ海軍が開発していたロケットであるヴァンガードの打ち上げが，1957 年 12 月 8 日にアメリカ国民の目の前で失敗したことであった．この失敗によって，ソ連がすでに 2 機のスプートニク打ち上げに成功しているのに対し，アメリカには全く見込みのないロケットしかない，という強烈な印象が植え付けられた．その後アメリカは，1958 年 1 月 31 日，カリフォルニア工科大学(Caltech)のジェット推進研究所(JPL)が開発し，フォン・ブラウンもかかわったジュノーロケットの打ち上げに成功するが，宇宙開発におけるアメリカの劣位は明白であり，国民のアイゼンハワー政権に対する視線も冷たくなっていった．これをきっかけに，国家航空宇宙諮問委員会(NACA. 1915 年設立)と ABMA，海軍調査研究所といったロケット開発部門などを統合して NASA を 1958 年 10 月に発足させ，アメリカの宇宙開発が一元化し，集中的な資源の投入ができるようになった[9]．

　スプートニク・ショックは，その後のアメリカの宇宙開発の方向性に決定的な影響を与えた．アメリカがソ連との技術競争に負けることは，アメリカの威信を失墜させ，人々を恐怖に陥れ，政権への支持を失うことを意味する．その

ため，宇宙開発の分野で技術的劣位に立つことは許されなくなり，ソ連の技術にキャッチアップすることが求められた．また，現実問題としての「ミサイルギャップ」は，アメリカの安全保障に決定的な欠陥と見られることとなり，その点からもロケット開発，宇宙開発を進めなければならないとの決意が生まれた．

2　ガーガリン・ショック

「米ソ宇宙競争」の新たな「ゲームのルール」

スプートニク・ショックも冷めやらぬ1961年4月，ソ連のユーリ・ガガーリン(Yuri Gagarin)を乗せたヴォストーク1号が地球の周回軌道を一周し，2時間弱の人類初の有人宇宙飛行を成功させた．二度のスプートニク・ショックですでに打ちひしがれていたアメリカのプライドは，有人宇宙飛行でもソ連に先を越されたことでずたずたに引き裂かれ，アメリカの科学者，技術者たちだけでなく，一般市民をも失意のどん底に陥れた．

ここで注目すべきは，ガガーリン・ショックによって，アメリカにおける宇宙開発の意味が大きく変わったことである．これまでの宇宙開発は，地球の重力から離れ，宇宙空間に行くための手段，つまりロケット開発を進め，宇宙空間へのアクセスを確保することが目的であった．それは同時に，ロケット開発を進めることでミサイル技術を手に入れることを意味しており，宇宙開発を推進することは「平和裏に行うミサイル開発」，すなわちソ連に対抗する軍事的な活動としての意味をもっていた．言い換えれば，宇宙開発は「ハードパワー」を獲得するための手段として位置づけられていたのである．

ところが，ガガーリン・ショックによって，宇宙開発の「ゲームのルール」が完全に変わってしまった．新たな「ゲームのルール」とは，ソ連が成功した有人宇宙飛行をアメリカも実現し，ソ連よりも1秒でも長く宇宙空間に滞在し，その「ゲーム」の最終目的は，単に宇宙空間に人類を送るだけでなく，別の天体(当面の目標は一番手近な月であり，将来的には火星)に到達することになった，ということである．この新たな「ゲームのルール」は，現在にまで続く，宇宙開発の基本的なルールとして認識されており，世界中の宇宙開発関係者だけで

なく，メディアでも一般社会でも，宇宙開発と言えば，将来的な人類の宇宙への進出というイメージが定着することとなった．つまり，軍事的な「ハードパワー」の獲得が最終目的ではなくなり，まだ見ぬ未来を想定し，未来における主要な交通手段としての技術を手に入れることで，自国の技術的優位性を証明するという「ソフトパワー」獲得を目指す「ゲームのルール」に変わったのである．

この転換は，ちょうどアメリカの大統領の交代と重なっていたことも重要なポイントである．アイゼンハワー大統領はソ連の技術力に懐疑的であり，スプートニク・ショックに対しても，その衝撃の大きさを見誤っていたうえに，1961年1月の退任演説では「軍産複合体」の台頭に警告を発したほど，軍需産業の影響力に警戒心をもっていた[10]．宇宙開発を担っていたのが陸軍と海軍であり，ほとんどすべての宇宙産業が兵器の開発・製造にもかかわっていたことから考えると，アイゼンハワーの疑念も理解できよう．

ケネディへの政権交代と新たな宇宙戦略

しかし，1960年の大統領選挙で初のアイルランド系として，また初のカトリック教徒の大統領に選出されたケネディは，宇宙開発を自らの政治戦略に取り込むしたたかさをもっていた．ケネディは，大統領に就任した直後の1961年4月のピッグス湾事件で苦境に立たされた．同じ月にガガーリン・ショックが起こり，1961年8月のベルリン危機や，1962年2月のキューバ全面禁輸など，冷戦の緊張が高まっていた．さらに1962年8月にはケネディとの恋仲がささやかれたマリリン・モンロー (Marilyn Monroe) が怪死し，暗殺の噂すら流れた．若く，ハンサムで人気が高かったケネディであったが，こうした危機に直面する中で，支持率を回復し，局面を打開する必要性に迫られていた[11]．その苦境を打開する起死回生の一撃が，有名な1962年9月12日のライス大学における演説での「我々がこの10年以内に月に行くことを選択したのは，それが容易ではなく困難であるからであり，この目標が我々のエネルギーや技術を組織し評価するのに有用だからだ[12]」という宣言であった．この歴史的な演説によって，ケネディは宇宙開発のビジョンをもつ偉大なリーダーとしてのイメージを作り上げ，宇宙開発に対して強力な政治的コミットメントとリーダーシップを

発揮したと見られるようになった．しかし，現在でも引用されることの多いこのケネディの演説と，宇宙開発へのコミットメントは，宇宙開発を推進する人々によって「神話化」され，偶像化されていると見るのが近年の宇宙開発史研究の評価である．ケネディの宇宙開発に対するリーダーシップは，彼自身の宇宙への関心というよりも，ガガーリン・ショックに反応し，冷戦に勝利することだけを目指していたことが明らかにされている[13]．つまり，ケネディが国民を鼓舞し，宇宙開発を国家プロジェクトとして位置づけ，人類の未来と夢を語ったのは，冷戦という政治的な理由に基づくものであったのである．

　ケネディはライス大学での演説後，1962年11月21日に，NASAのウェブ長官に対し，「私は宇宙には興味がない」と発言し，「[有人宇宙飛行の利点はさまざまあれど]我々がやろうとしていることは，ロシア人を打ち負かすことなのだ．すべては競争なのだ[14]」とライス大学での演説の趣旨を語っている．同時にケネディは，宇宙開発競争がすさまじい財政支出を伴い，ほかの国内政策を犠牲にしなければならないことも認識していた．このような多大な財政支出を伴う宇宙開発は，「ソ連を打ち負かす」という目的がなければ国民に正当化することができないことを痛切に感じていたのである．実際，ライス大学での演説では，「この計画は大変なお金がかかることは確かである．今年の宇宙予算は1961年の3倍となっており，過去8年の宇宙予算を合算したものよりも大きい．(中略)宇宙支出は国民一人当たり週40セントから週50セントに上がってしまう．しかし，このプログラムが信念やビジョンに基づくものであり，どのような便益をもたらしてくれるかわからないにもかかわらず，このプログラムに高い国家的優先度をつけた[15]」と，財政的な負担の増加とそこから得られる便益が不確定であることを自覚していた．結果として，アメリカ国民はケネディのイニシアチブに熱狂し，財政負担の問題は議会でも1970年代まで取り沙汰されなかったこともあり(計画開始直後の1963年予算では財政負担の大きさが問題とされたが，それ以降は大きな問題とはならなかった)，このケネディの不安は杞憂に終わっている．

　ガガーリン・ショックとキューバ危機直後のアメリカでは，ソ連がアメリカに対して技術的・戦略的な優位性をもっており，第三次世界大戦の恐怖が現実のものになる可能性が感じられていた．アメリカは，ガガーリンに遅れること

1カ月，1961年5月のマーキュリー3号でアラン・シェパードの弾道飛行（地球の周回軌道には乗らず，地球に帰還する飛行）を成功させ，1962年2月のマーキュリー6号（フレンドシップ7号）でジョン・グレンを初めて地球周回軌道に乗せることを成功させたが，それは，アメリカの技術的劣位を強調する結果にしかならず，ケネディの大統領としてのリーダーシップの欠如として受け止められていた．ゆえに同年9月のライス大学での演説は，こうした状況を一転させるための政治的な演説であり，結果としてケネディは，宇宙開発に積極的なリーダーシップを発揮せざるをえなくなったのである．

　ガガーリン・ショックは，アメリカの宇宙開発を「米ソ宇宙競争」へと駆り立て，アメリカのみならず，世界の宇宙開発の「ゲームのルール」を変え，現在に至るまで続く「宇宙開発＝宇宙飛行士をより遠くに送る」という図式を作った．ここで重要なのは，この「ゲームのルール」の転換が，有人宇宙飛行によって「ソフトパワー」を獲得することに転化してしまったことであろう．アメリカは二度のスプートニク・ショック，ガガーリン・ショックの中で，何とか自らのプライドを保ち，ソ連に追い付き，失われた政権への信頼と支持を回復するために有人宇宙事業に乗り出した．しかも，苦境に立たされていたケネディは，ライス大学での演説で10年以内に月に宇宙飛行士を送るという，乾坤一擲のギャンブルのような目標を設定し，それによって冷戦を勝ち抜こうとしたのである．ケネディの演説は結果的に国民的支持を得，宇宙開発のビジョンと信念を体現する歴史的スピーチとして宇宙開発の殿堂に入っているが，それは上述のように，「神話化」されたケネディの姿なのである．

3　人工衛星の開発による「ハードパワー」と「社会インフラ」の獲得

　アメリカの宇宙開発，とりわけ1960年代の宇宙開発は，スプートニク・ショックとガガーリン・ショック，そしてケネディ演説とアポロ計画に至る有人宇宙事業に彩られており，その陰で行われていた，さまざまな人工衛星の開発と運用についてはあまり知られていない．しかし，アメリカの宇宙開発を見ていくうえで重要なのは，むしろこの時代に急速に進んだ宇宙システムの構築，

第 I 部　宇宙開発国の政策目的

とりわけ軍事的な目的をもった人工衛星の開発であった.

通信衛星

　人工衛星を用いた通信は，SF 作家としても知られるアーサー・C. クラーク(Arthur C. Clarke)が 1945 年にアイディアを提唱しており[16]，理論的には宇宙空間まで電波を飛ばし，それを反射させて地上における長距離の通信を可能にすることは知られていた．アメリカはすでに 1960 年 8 月にはエコー 1 号を打ち上げており，金属板に電波を反射させる受動型通信衛星の実験に成功していた．また，1962 年 7 月には人工衛星で電波を受信し，その信号を増幅させて地上に送り返すという能動型通信衛星であるテルスター 1 号を打ち上げ，通信実験に成功している．この衛星は，興味深いことに，民間企業である AT&T とベル研究所が中心となって開発しており，NASA と英仏の郵政省が関与した最初の商業的衛星でもあり，最初の国際共同開発衛星でもあった．また同じく 1962 年に打ち上げられたリレー 1 号は，初の日米衛星中継を行った衛星であり，その伝送実験中にケネディ大統領の暗殺事件があり，事件の映像がオンタイムで伝えられたことでも知られている．さらにアメリカは，1964 年には静止軌道に通信衛星（シンコム 3 号）を投入し，固定されたアンテナで電波を送受信することができるようになっていた．このシンコム 3 号は，東京オリンピックの映像を世界に配信したことでも知られており，衛星通信の有用性が急速に認識されていくきっかけとなった．この技術はすぐに軍事的な目的にも応用され，暗号通信などの技術の発展を待って，1967 年に軍事通信衛星である DSCS(Defense Satellite Communications System) 1 号が打ち上げられた．

　アメリカはこうした急速な技術開発をリードし，将来的にも商業的・軍事的利用可能性の高い衛星通信技術を独占的に保持する戦略を展開するようになる．1964 年に創設された国際通信衛星機構（インテルサット）は，各国の通信業者（多くは国営）が出資して運営する特殊な国際機関であり，出資比率に応じた投票権が与えられる加重投票制をとる意思決定メカニズムをもっていた．インテルサットの投票権の過半数を一手に握っていたのは，アメリカの通信会社と宇宙機器メーカーが共同出資する COMSAT であった．さらに，この独占的地位を維持するため，アメリカは国際政治の舞台で宇宙技術を梃子に圧力をかけるよう

になってくる[17].アメリカは,1967年にフランスとドイツがシンフォニー通信衛星を開発した際,欧州に衛星を打ち上げるためのロケットがないことを見越して,彼らの衛星を「技術実証衛星」として打ち上げることを提案する.これはすなわち,仏独の衛星が「実用衛星」として通信サービスを始めると,アメリカの衛星通信の独占が崩れるため,実用化しないことを条件にシンフォニーを打ち上げる合意を取り付けた[18](第2章参照).また,独自の固体燃料ロケット開発をしていた日本に対しては,アメリカの旧式の液体燃料ロケット技術を提供すると提案し,日本のロケット開発の流れを変えるとともに,アメリカのロケット技術を提供する条件として,COMSATの独占を脅かさない,という条項を入れた[19](第6章参照).

このような通信衛星の独占は,日本や欧州が独自に通信衛星を開発し,1977年に欧州諸国が地域的通信衛星機構であるユーテルサットを設立することで終わりを告げるが,アメリカにとって通信衛星は,国際的な競争力をもつ商品であり,世界的な影響力をもつインフラの管理にかかわる問題として,政府が介入し続けた.その象徴的なケースが,1980年代の日米貿易摩擦を背景とした,日本の衛星の政府調達に対する圧力であった.詳細は第6章に譲るが,アメリカが日米貿易摩擦の激化に伴い,日本を不公正貿易国として名指しし,いわゆるスーパー301条の適用をちらつかせることで,日本の閉鎖的な政府調達市場にアメリカ企業が参入できるように政治的圧力をかけるようになった.そこで問題になったのが,日本の宇宙開発事業団(NASDA)が電電公社／NTTと協力して開発してきた通信衛星と放送衛星であった[20].結果的に日本は,1990年の日米合意によって通信・放送のみならず「実用衛星」の一般競争入札による調達を受け入れ,それ以降,通信・放送衛星は1機を除いてすべてアメリカ製の衛星を調達している.

このようにアメリカは,国際的な需要が高まり,商業的な利益を生み出す衛星通信事業を技術的な優位性を活かして「ハードパワー」として活用し,諸外国(とりわけ日本と欧州)に影響力を行使してきた.しかし同時に,衛星通信のインフラが整い,商業的なサービスを通じてその利用者が増えていくと,衛星通信ネットワークがグローバル社会における不可欠なインフラとなっていき,そのインフラを整備することで商業的な利益を得るようになっていく.第7章で

論じるように，1990年代に純粋な商業的衛星事業がアメリカの民間企業を中心に発展すると，アメリカ政府は市場への介入を停止し，インテルサットの民営化を認めるなど，「ハードパワー」として通信衛星を用いるのではなく，他国に「社会インフラ」としての通信衛星を売り込むようになっていった．

地球観測衛星

通信衛星と異なり，地球観測衛星は軍による開発が先行した．アメリカのロケット技術が十分に確立していない1950年代末には，ディスカヴァラー(Discoverer)計画やSAMOS計画と呼ばれる技術開発プログラムが組まれており，1959年6月にはフィルムカメラを搭載したディスカヴァラーの打ち上げに成功した．また，1960年に打ち上げた衛星が宇宙で撮影し，大気圏突入の際に放出したフィルムを回収することに成功した．ここから人工衛星を用いた偵察がアメリカの軍事戦略に不可欠な要素となっていく．1962年からは本格的な衛星による偵察プログラムとしてコロナ計画がスタートし，KH(Key Hole)シリーズと呼ばれる衛星群を1972年まで運用した．その後，回収するフィルムが他国に奪われるリスクがあるため，フィルム回収衛星であるコロナ計画は終了し，衛星から電波で画像を送信するシステムが採用されるようになっていく（しかし，アメリカの偵察衛星は今でもKHと名づけられている[21]）．

このように，軍事目的によって開発された地球観測衛星であるが，宇宙から地球を俯瞰する機能は，軍事目的以外にもさまざまな用途があることがすぐに認識され，NASAを中心に地球観測衛星の開発が進められた．当初ERTS (Earth Resources Technology Satellite)計画と呼ばれた民生向け地球観測衛星プロジェクトは，1960年代から研究が進んでいたが，1973年の石油ショックをきっかけに資源探査を宇宙から行うニーズが高まり，計画の実現に向けて開発のペースが早められた[22]．それがランドサット計画と呼ばれるもので，現在に至るまでランドサット衛星のシリーズは利用されており（最新のものはランドサット7号），農産物の作付調査や地図作成，地質調査，森林管理，土地利用といったさまざまな用途に用いられている．このランドサット衛星は，初号機が1972年に打ち上げられたが，その後，1979年に大統領令(PD-54)によってNASAからNOAAに移管され，ユーザーであるNOAAのニーズに合わせて

開発されていくようになる.

　ところが，このランドサット計画は1989年に危機を迎えることとなる．というのも，フランスがSPOTと呼ばれる地球観測衛星を開発し，1986年から運用し始めたため，ランドサットによる民生用地球観測衛星データの独占が崩れたこと，また，フランスがSPOTの画像を商業的に頒布し始めたことで，地球観測データの商業化の時代が訪れたからである(第2章参照)．そもそもランドサットがNASAで開発され，後にNOAAに移管されるといった「公的」な性格をもつ衛星であったため，ランドサットのデータは「科学への貢献」を行う「公共財」としての扱いであった．しかしフランスは，衛星の開発こそ政府が行うが，その運用は1982年に設立されたSPOT Imageという特殊な民間会社(フランス政府が30%以上の株式を保有している)が行っていた．SPOT Imageは，民間会社としてユーザーの開拓と消費者に使いやすいデータの提供をすることで，グローバルな規模で顧客を獲得し，ランドサットのシェアを下げていくこととなった．アメリカはそれに対抗して，1984年に「陸域地球観測商業法」という法律を制定し，ランドサット衛星を商業化することを目指した．そのため，NOAAはデータをEOSATと呼ばれる民間会社に販売し，そのEOSATが顧客に製品を販売するという体制が整えられた．

　しかしながら，この「陸域地球観測商業法」はEOSATに対し，非常に厳しい制限を設けていた．というのも地球観測衛星のデータは，アメリカにとって安全保障上重要なデータであり，むやみに外国や民間の顧客に販売することは望ましくないと考えられていたからである[23]．フランスは当時偵察衛星を保有しておらず，民生用の衛星として衛星を開発・運用していたため，SPOT ImageはEOSATよりも自由に顧客が選べた．そしてその顧客の多くは(公表されていないが)各国の防衛当局であったと考えられている[24]．地球観測衛星のデータはさまざまな用途があるとはいえ，航空写真などと比較すると価格が高く，また衛星の軌道や天気(ランドサットやSPOTは光学センサーを搭載しており，曇っていると地表が撮影できない)などによって撮影の機会が制限されるといった不利な点を抱えていた．そのような悪条件であっても積極的に衛星データを購入し，高額な支払いに耐えられるのは防衛関係の機関であるというのが一般的な見方である．また，欧州には欧州連合(EU)の執行機関である欧州委員会が

大口の顧客として存在している．欧州委員会は共通農業政策や共通環境政策など，地球観測データを政策執行に用いており，大量のデータを購入する顧客となっている．ゆえに，SPOT Image は幅広い顧客を相手に販売活動をしており，EOSAT よりも高い競争力をもっていた．

このような状況から，EOSAT は，顧客を獲得し，収益を上げることができなかったため，NOAA はランドサット衛星に予算を割くことをしぶるようになった．他の政府機関も予算を拠出することを拒んだため，1989 年にはランドサット計画に予算が全くつかなくなり，アメリカの民生用地球観測衛星事業は終焉するかと思われた．しかしアメリカ議会は，ランドサットを失うことはアメリカの損失であるとして緊急の予算をつけ，宇宙政策評議会(Space Policy Council)の議長であったクエール副大統領の支援もあり，ランドサットは何とか事業を継続することとなった．このような混乱から，1992 年にブッシュ(父)政権は「陸域地球観測政策法」を制定し，ランドサット計画執行委員会にランドサット 7 号を政府保有の衛星として製造することを命じたのである[25]．

しかし，ランドサットが何とか継続するようになったとはいえ，フランスの SPOT との競争がなくなったわけではなく，何らかの対応が求められる状況は変わらなかった．そこでクリントン政権は，1994 年に大胆な政策転換を試みる．それが大統領令 23 号(PDD-23)と呼ばれる地球観測データの規制緩和政策であった．これまでアメリカは，ランドサットのような分解能(解像度)の低い衛星データであっても，安全保障上の懸念から輸出を制限する政策をとっていたが，PDD-23 では，低分解能データは国防総省や国務省ではなく商務省が審査することとし，輸出を容易にした．また，分解能が 1 m 以下の高分解能データを取得する衛星は，これまで軍が独占的に保有していたが，民間が自己資本で衛星を開発・調達し，高分解能データを国内外に販売することを許可するようになった．ただ，民間企業が高分解能データを取り扱う際，アメリカ政府は，安全保障に支障をきたす場合は無条件で販売を停止できる「シャッター・コントロール」と呼ばれる介入が可能になっている[26]．さらに，フランスの SPOT 以外にも外国で商業的な地球観測衛星データ産業ができることを嫌い，地球観測衛星の拡散とデータの自由な流通を管理するようなグローバルな管理レジームを構築することを目指した[27]．だが，このようなアメリカの地球観測データ

の国際競争力の維持と，グローバルな技術とデータの管理は矛盾するものであり，結果としてグローバルな管理レジームが構築されることはなかった．逆にドイツやイタリアといった国々が商業的なデータ販売を始め，グローバルな競争は激化する一方である．PDD-23を受けて，鳴り物入りで設立されたアメリカの民間企業も，結果として販路を広げることができず，複数あった企業も経営難から合併を繰り返し，アメリカの防衛・諜報当局によるデータ調達によって企業が存続している状態にある．2001年9月11日の同時多発テロやアフガニスタンへの攻撃時には「シャッター・コントロール」が起動され，アメリカの民間企業はデータを販売することが制限されたが，アメリカの国防総省がこの間のデータをすべて買い上げ，売上のロスを補填するといったことも行われている[28]．

　このように，アメリカの地球観測衛星は軍事目的のために開発されたが，民生部門でも地球観測衛星の開発が進んだことで，2系統の衛星システムが存在することとなった．民生部門はフランスとの競争にさらされることで，アメリカの技術とデータの独占が崩れることを防ごうと，さまざまな手を打っていくが，安全保障上の懸念が常につきまとい，国際的な競争力を失っていった．1990年代の後半から進められた民間資金による地球観測事業も，結果として純粋なビジネスとしては成立しておらず，なかなか想定したようなアメリカの優位性を取り戻すことができない状況にある．ここから言えることは，アメリカの地球観測は「ハードパワー」としての側面が強く，欧州の商業的な活動が盛んになることで，国際社会における地球観測衛星の役割は「社会インフラ」としての宇宙システムという性格を強めていったにもかかわらず，アメリカだけが「ハードパワー」にこだわったことで，結果として商業的な場では苦戦を強いられている．とはいえ，地球観測衛星の技術の水準で言えば，アメリカは圧倒的な技術力をもっており，他の追随を許さない．アメリカ自身がいかに「ハードパワー」の呪縛から逃れられるかが，今後の地球観測衛星をめぐる国際的な関係を決めていくであろう．

測位衛星

　測位衛星とは，カーナビゲーションや携帯ナビなどに使われている，衛星に

よる測位を行うための電波を発する複数の衛星からなる宇宙システムである．人工衛星を用いた衛星測位は，宇宙開発の黎明期から有用性の高いシステムとして見られており，1958年から衛星の開発が進められていた．最初の実験機として1959年に打ち上げられたトランジット1B号を端緒として，アメリカは1996年までこのトランジット測位衛星システムを運用していた．このトランジット衛星を開発したのはアメリカ海軍であった．というのも，地上系の測位システムでは広大な海を動き回る潜水艦が自らの位置を把握することができないため，宇宙システムによる航法支援が必要だったからである．このトランジット衛星はUHFの電波を発信し，ドップラー効果(電波の発信源が移動するに伴い周波数が変化する現象)を利用して，衛星と自らの位置関係を計算し，自分の居場所の緯度・経度を測定する方式をとっていた．しかし，この方式では測位の精度が低く，また，移動しながらの測位が困難であるという欠点があった．そのため，海軍はTimation(TimeとNavigationを組み合わせた造語)という別の測位衛星システムを開発・運用し，空軍はMOSAIC(Mobile System for Accurate ICBM Control)というシステムを運用していた[29]．

このように複数の測位システムがバラバラに開発・運用される状況は無駄が多く，統合的なシステム構築が必要との認識が高まり，1973年に国防総省全体のシステムとしてGPSシステムを構築することが決定された．GPS衛星の実験機は1978年に打ち上げられ，測位に必要な24機が揃うのに1993年までかかった．このシステム構築の過程で，アメリカはさまざまな国際政治的な事件に直面する．その第一は1983年の大韓航空機撃墜事件である．シベリア沖で航路を外れた大韓航空機がソ連の領空を侵犯したと見なされ，ソ連のミグ戦闘機に撃墜された事件を受け，レーガン大統領は，構築中であったGPSで軍事専用の信号とは別に，精度の低い民生用の信号を発信することを決定した[30]．この決定があったことで，現在に至るまで，さまざまな民生用測位信号を使ったサービスや製品が生まれることとなり，GPSがグローバルな「社会インフラ」ないしは「国際公共財」としての性格を帯びることとなった．

もう一つの出来事が1991年の湾岸戦争である．「世界初のテレビゲーム戦争」と呼ばれた湾岸戦争では，パトリオットミサイルに代表されるハイテク兵器が大量に投入され，現代の戦争におけるハイテク技術の重要性を知らしめる

結果となった．その中で重要な役割を担ったのが GPS であった．トランジット衛星以来，衛星測位はナビゲーションを支援するものというイメージが強かったが，湾岸戦争では，精密誘導兵器や巡航ミサイル，パトリオットのような迎撃ミサイルなどで GPS 信号が使われており，精密で正確な攻撃を可能にしていた．

こうしたことから，衛星による測位は民生分野においても国際公共財としての重要性を増し，また軍事的にも，圧倒的な正確性をもつ兵器運用のために衛星測位が不可欠になるとの認識が高まっていった．その一方で，これほど軍事的にも民生分野でも重要となる衛星測位システムをアメリカが独占しており，しかも軍事システムとして運用されていることに，他の宇宙開発国，GPS 利用国は懸念をもつようになった．かつてアメリカの仮想敵国であったソ連（ロシア）は，独自の衛星測位システムをすでに構築し始めていたが，欧州や中国でも，衛星測位システムが将来の軍事システムの中核となることを認識したのである（第2章，第4章参照）．また，湾岸戦争に参加したアメリカ軍は十分な数の軍用 GPS 受信機がなかったため，民生用の受信機も大量に利用しており，そのため，湾岸戦争の期間中は例外的に民生用信号の精度を一時的に高くした．それが，世界各国の民生用 GPS ユーザーの利便性を高めたが，湾岸戦争後にまた元の精度に戻ったため，アメリカの「私有財」としての GPS という印象を強めることとなった．

その結果，ロシア，欧州，中国で独自の衛星測位システムの計画が立ち上がり，日本でも準天頂衛星システムと呼ばれる地域的なシステムを構築する計画が立てられた．ここにきて，アメリカの測位システムの独占が崩れることが，アメリカ国内で懸念されるようになった．特に欧州の衛星測位システムであるガリレオ計画では，GPS よりも高い精度の信号を民生用に提供し，その信号提供サービスを商業的な事業とすることになっていたため，GPS のユーザーがガリレオに流れるだけでなく，アメリカが世界の測位システムを管理できない状況が生まれることに対する不安が強まった[31]．GPS は有事の際は民生用信号を停波ないしは劣化させることが想定されており，アメリカ軍と同盟国軍だけが軍事用 GPS 信号を受信できるように設計されているが，欧州のガリレオが有事の際でも精度の高い信号を発していれば，測位情報を交戦相手に利用さ

れるという可能性があった．また，GPSが事実上の「国際公共財」として利用されている状況は，アメリカにとって強力な「ハードパワー」のツールを提供していた．なぜなら，アメリカとの関係が悪化した国に対して，GPSのサービスを劣化させるという形で制裁を加える可能性を示唆して相手に脅威を与えることができるからである．しかし，ガリレオが現実に運用されるようになれば，アメリカの独占は崩れ，GPSを梃子とした「ハードパワー」が失われると懸念された．ゆえにアメリカは，欧州のガリレオ計画を頓挫させるために，2000年に民生用信号の精度を落としていたSA（Selected Availability）を解除し，ガリレオが想定するのと同様の高精度の信号を民生向けに発信することを決定した．しかしながら，第2章で論じるように，欧州はガリレオ計画を中止することなく，そのまま遂行している．

　測位衛星も地球観測衛星と同様，軍事目的で開発され，軍によって運用されているにもかかわらず，1983年の大韓航空機事件をきっかけとして民生分野での利用が増え，グローバルな社会で不可欠なインフラとなってきている．しかし，GPSはあくまでも国防総省が管理する軍事システムであり，アメリカの「ハードパワー」を構成する重要な役割を担っている．そうであるがゆえに，欧州などは「社会インフラ」としてのGPSが，アメリカの「ハードパワー」のツールとして恣意的に運用されることを問題視し，独自の衛星測位システムであるガリレオ計画を進めたのである．その結果，アメリカの独占は崩れ，「ハードパワー」としての効果が薄くなってきている．現在では，アメリカも現状に適応した戦略の組み直しを進めており，欧州のガリレオとGPSとの共通性を高め，相互に運用調整をするような仕組みを作り始めてきている．

4　アポロ計画

予算から見るアポロ計画

　さて，ガガーリン・ショックを受け，「米ソ宇宙競争」へと突き進んだアメリカは，ケネディが宣言したとおり，巨額の資金をつぎ込んで「10年以内に月に到達する」という目標を実現しようとしていた．図1はNASAの予算が連邦予算全体に占める割合であるが，これを見てもわかるように，アポロ計画

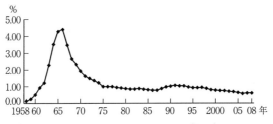

出典：U. S. Office of Management and Budget (OMB), European Space Directory.

図1　連邦予算に占める NASA 予算の割合

のピーク時には連邦予算の 4.4% が NASA に投入され，文字通り国家事業として遂行されたことがわかる．また，図2は 2007 年のドルの貨幣価値に換算した NASA の予算であるが，これを見ても 1960 年代前半の急激な予算の伸びが明らかであろう．

　と同時に，図1，図2から 1970 年代に入ってからの急速な予算の減少も明確に読み取ることができよう．これはアポロ 11 号が人類初の月面着陸に成功した後，アポロ 17 号まで合計6回(アポロ 13 号はよく知られるように月に向かう途中で不具合が起き，月面着陸せずに帰還した)計 12 人の宇宙飛行士を月面に降り立たせた後，中止されたからである．アポロ計画がいかに偉大な計画で，人類史に足跡を残す大事業であったとしても，それはあくまでも「米ソ宇宙競争」の文脈の中で行われたものであり，ケネディがいみじくもつぶやいたように，アポロ計画はソ連に勝つために行ったものであった．したがって，ソ連に先んじて月面到着を成功させたことでその目的は達成され，アポロ計画を継続し，巨額の財政支出を正当化する論理を見出すことができなかったのである．事実，アポロ 11 号の月面着陸はアメリカのみならず，世界を興奮の渦に巻き込んだが，アポロ 12 号以降のミッションについての世論の関心は急速に薄れ，人々の関心は宇宙開発から離れていった．アポロ 11 号のニール・アームストロング(Neil Armstrong)船長の名前は多くの人が記憶しているが，アポロ 12 号の船長の名前(チャールズ・"ピート"・コンラッド Charles "Pete" Conrad)はアメリカの宇宙関係者でも思い出せないことが多い．アポロ 13 号の奇跡的な帰還も有人宇宙飛行のドラマとしては関心を集めたが，同時に宇宙空間に人類を送るリス

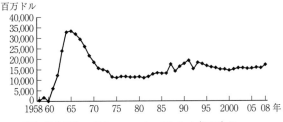

出典：U. S. Office of Management and Budget (OMB), European Space Directory.

図2　2007年の貨幣価値に換算したNASA予算の推移

クの高さを示していた．

　さらに言えば，アポロ11号が月面着陸した1969年は，ベトナム戦争が泥沼化し，アメリカ全土で反戦運動が巻き起こっていた真っ最中であり，人々の関心は，壮大な人類の未来よりも，いかにベトナム戦争から撤退し，安定した社会を取り戻すか，というところにあった．アメリカが技術力を誇示し，ソ連よりも先に月に行くよりも，ベトナムで共産主義者と戦うアメリカ兵が殺されている映像の方がはるかに現実的な問題として見られていたのである．宇宙競争で勝ってもベトナム戦争で負けているアメリカに，アポロ計画を続ける余裕はなかった．

ニクソンへの政権交代とスカイラブ計画

　1968年の大統領選挙に勝ち，大統領となったニクソンは，ケネディが始めたアポロ計画に対して極めて厳しい態度をとっていた（ニクソンは1960年の大統領選挙でケネディに敗れている）．ニクソンはアポロ計画の継続を求めるNASAや議会の要請をことごとく却下し，アメリカの宇宙開発を政治的に現実的な水準にまで下げる必要性を強調した[32]．アメリカの財政は，ベトナム戦争への支出とジョンソン大統領が進めた社会福祉政策（「偉大な社会」政策）によって極めて深刻な状況にあった．そのような中でも，アポロ計画を中止することは，NASAや宇宙産業に従事する大量の労働者を失業させることを意味しており，それほど大量の失業を生み出しては自分自身の再選が危うくなる，という意識をニクソンはもっていた[33]．そこで，いきなりアポロ計画を中止するのではな

く，当面計画されていたアポロ 20 号までの製造は継続し，アポロ 17 号以降の 3 回分をスカイラブと呼ばれる宇宙ステーションに振り向けることに同意した．

このスカイラブ計画は，アポロ宇宙船を改良した宇宙ステーションに宇宙飛行士を滞在させ，長期的な有人滞在を実現し，将来的には火星などの惑星間探査を実現していくための実験と位置づけられていた．しかしスカイラブ計画は，1973 年から 74 年にかけて 3 回に分けて宇宙飛行士が滞在したところで，アメリカ議会がその計画の目的や意義について疑問を呈し，結果的に 3 回の打ち上げで終わってしまった．しかし，それでも何とか有人宇宙飛行を継続しようとする NASA は，興味深い提案を用意していた．それがアポロ－ソユーズ・テスト計画である[34]．これは，すでにソ連が 1971 年に打ち上げに成功していた宇宙船のソユーズとアポロ宇宙船をドッキングさせ，米ソ間の緊張緩和を劇的に演出するという案であった．折しも「デタント」と呼ばれる米ソ間の緊張緩和が進み，国際社会に向かって米ソの関係が改善していることをアピールする手段として，「米ソ宇宙競争」から「米ソ宇宙協調」の時代への移行を象徴する計画としてアポロ－ソユーズ・テスト計画が進められた．この計画は 1972 年に始まり，最終的には 1975 年 7 月にドッキングに成功し，44 時間をともに過ごした．これを最後にアポロ計画として準備していたロケット（サタン V）の在庫がなくなったため，アポロ－ソユーズ・テスト計画は終了した．その後も米ソのデタントの象徴として有人宇宙飛行を継続する計画は続けられ，スペースシャトルとソユーズをドッキングさせる案が出されたが，1979 年のソ連のアフガニスタン侵攻によって「新冷戦」と呼ばれる時代に入り，この計画は頓挫した[35]．

アポロ計画とは何だったのか
アポロ計画はアメリカの宇宙政策の金字塔であり，人類史に燦然と輝く偉業であることは間違いない．しかし，それを実現するモチベーションはあくまでも「米ソ宇宙競争」に勝つということであり，それが達成されてしまうと，巨額の宇宙予算を正当化する論理を失い，国民的な支持を得られなくなっていった．その結果，NASA の予算は激減し，大規模なリストラを含む，宇宙開発の「構造転換」を余儀なくされた．激変緩和措置としてとられたスカイラブ計

画も結局持続的ではなく, アポロ–ソユーズ・テスト計画もデタントを演出したとはいえ, 国際政治の変動に耐えられず, 歴史の一ページを飾るに過ぎないエピソードとなってしまった. このような観点から見ると, アポロ計画は「ハードパワー」を追求したものでもなく, 「社会インフラ」を構築するものでもなく, ガガーリン・ショックを脱することを目的とし, 世界に向けてソ連に劣らないアメリカの技術力と偉大さを誇示する「ソフトパワー」を獲得するための事業であり, それに成功した事例であったと言える. その副産物として, アメリカは世界中の羨望と尊敬を集め, 多くの若者を工学部や理学部へ向かわせ, 「秀才=ロケット科学者」というイメージを確立することとなった. これ自体はアポロ計画の目的でも, 想定されていたことではなかった(事実, 宇宙船や月面からのテレビ中継は当初, 重要な問題として扱われてはいなかった[36]). しかし, NASAやアメリカ政府の予想をはるかに超える形でアメリカは「ソフトパワー」を獲得し, 宇宙開発における有人宇宙飛行の価値を飛躍的に高めることになったのである.

5　ポスト・アポロ計画

複数あったポスト・アポロ計画

スカイラブ計画とアポロ–ソユーズ・テスト計画の終了をもって, アポロ計画は完全に終焉することとなった. スプートニク・ショックによって創設され, ガガーリン・ショックによって予算が急激に膨張したNASAは, 直接雇用している職員だけでも3万6千人, NASAと直接契約していた産業界の従業員が51万人, その下請けと家族も含めれば, 100万人に近い巨大産業となった宇宙開発を, アポロ計画の終了と同時に止めることは, 社会的インパクトを考えても現実的ではなかった[37]. アポロ計画後のNASAの使命は, いかに予算を確保し, 雇用を維持するのか, というところに移っていったのである.

1968年頃からNASAの各部門において, ポスト・アポロ計画と呼ばれる, 月面着陸後の案が公式・非公式に検討されるようになり, 1969年にはポスト・アポロ計画の全容が練り上げられていった. その基本的な構想は, 宇宙空間に永続的な宇宙ステーションを建設し, スペースシャトルによって宇宙飛行士と

第1章　アメリカ

貨物を運び，大量の物資輸送を可能にするための原子力推進ロケットを開発し，人工衛星の打ち上げもスペースシャトルで低軌道まで運び，そこからスペースタグ（宇宙の牽引船）で静止軌道などの高い軌道に衛星を移動させる，というものであった．

　NASA にとって重要であったのは，ポスト・アポロ計画が有人計画である，という点であった．実際，NASA の中でもジェームス・ヴァン・アレン（James Van Allen．ヴァンアレン帯を発見した科学者）などの科学者グループは，リスクが大きく，活動範囲が強く制約され，コストも大きい有人プログラムよりは，ロボットや無人探査機などによる科学探査を充実させるべきだとの主張を展開した[38]．しかし NASA は，これまで蓄積してきた有人技術を放棄するわけにはいかず，また無人探査では国民的な支持を得ることができない，と主張した[39]．さらに，予算増加に消極的な議会への対策として，ポスト・アポロ計画を国際協力プログラムとし，国際的なコミットメントを担保として予算を確保する戦略を立てたのである．圧倒的な技術的優位を維持しながら，西側諸国を巻き込むことで，自由世界のリーダーとしての地位を明示的なものにし，同時に欧州や日本が求める技術開発を行う機会を提供することで，欧州や日本が進める独自技術の開発を躊躇させ，アメリカのライバルとして育つことを妨げることも目的とされていた[40]．

　日本は 1969 年に NASDA を設立し，アメリカの液体燃料ロケットを用いたロケット開発を始めたばかりであり，ポスト・アポロ計画に参加できるような段階になかったため，交渉は成立しなかったが，欧州の事情は多少異なっていた．欧州でも独自ロケットの開発を進めていたが，一向に成功しておらず（第2章参照），独自のロケットを開発するよりはスペースシャトル計画に参加することで確実に宇宙へのアクセスを確保できるというインセンティブを与えれば，欧州はアメリカの輸送システムに依存せざるをえなくなる，と NASA のペイン長官は考えていた[41]．

　しかし，こうした NASA の戦略も，宇宙開発に熱意を失った議会を説得するには十分ではなかった．ベトナム戦争終盤での戦費の増大によってアメリカの金準備が急速に減少し，1971 年には金＝ドル兌換停止の宣言を余儀なくされる状態となっていた．その結果，NASA は当初の計画を大幅に縮小し，何

とか議会の同意を得られる計画を練り直さなければならなかった．そしてたどり着いたのが，スペースシャトル単体の開発であった．

なぜスペースシャトルが選ばれたのか

宇宙ステーションやスペースタグではなく，スペースシャトルを選んだ理由は単純である．第一に，宇宙ステーションを建設するためには，物資や宇宙飛行士を運ぶ手段が必要であり，そのためには，既存のロケット(サタンV)では不十分であったからである．また，地上からスペースシャトルが打ち上げられる姿を見せることが，国民的なアピールを可能にし，世論を高めて議会を動かし，宇宙ステーションの建設への道筋ができると考えていた．第二に，アメリカ空軍がスペースシャトルに関心をもっていたからである．空軍はすでに軍事衛星の調達で宇宙開発に深くコミットしており，NASAが有人開発用の巨大ロケットを開発する一方で，それとは別に1960年から軍事衛星打ち上げ用のロケット開発を担っていた[42]．また，空軍は有人宇宙船から偵察を行うMOL(Manned Orbital Laboratory)計画を進めており(結果的に打ち上げることなく中止されたが)，偵察衛星では得られない，宇宙飛行士による宇宙からの直接観察の可能性を検討していた．そこから，NASAとの協力関係が生まれ，ポスト・アポロ計画の議論にも加わるようになっていた[43]．空軍はスペースシャトル開発の資金を提供する用意はなかったが，議会に対し，スペースシャトルを採用するよう働きかけるうえで重要な援軍となった[44]．第三に，スペースシャトルは，これまでの「使い捨て」ロケット，すなわち一度打ち上げてしまうと再利用できないロケットではなく，宇宙への往還機，つまり宇宙へ行ったり来たりすることができることで，大幅なコスト削減が可能だと期待されていた．同じ機体を繰り返し使うことができれば，初期コストが多少高くても，運用コストが劇的に低下するため，将来的に有人宇宙旅行や宇宙空間での科学実験などを廉価で行うことができ，新たなビジネスを生み出すことが期待されていたのである．

意図せざるハードパワーとしてのスペースシャトル

しかし，NASAは空軍の支援を受けるために，いくつか譲歩しなければな

らなかった．空軍がスペースシャトルに求めていたのは，大気圏突入後に滑空し，飛行機のように操縦できるものであった．アポロ時代の有人宇宙船はカプセル型であり，大気圏突入後はパラシュートで降下するものであったため，大気圏内では垂直方向の移動しかできなかった．しかし，空軍は効率的な運用をするため，どこからでも再突入が可能で，大気圏内を滑空し，敵地上空を滑空して偵察もできるようなシャトルを求めていた．その結果スペースシャトルは，NASAでは想定していなかったデルタウィングと呼ばれる翼をもったデザインになったのである．また空軍は，翼があることで，大気圏内での移動が安定し，より安全な乗り物になると考えていた[45]（皮肉なことに2003年のコロンビア号の事故は，この翼が破損したことで起こった）．NASAは有翼のシャトルには消極的な立場をとっていたが，空軍の支援を得るためには，この妥協を呑み込まなければならなかった．

　もう一つの妥協は，国際協力を諦めることであった．空軍が関与することになると，スペースシャトルは純粋にNASAが行う民生事業ではなく，軍事機密を含む事業となるため，情報の共有・公開に大きな制限がかかるようになった[46]．そのため空軍は，欧州が参加するとしても，シャトル本体の開発ではなく，可能な限り情報共有が少ない形での参加にすべきだ，と主張した．その結果，欧州は，希望していた打ち上げ技術に関与することができず，スペースラブというシャトルの貨物室に収める宇宙実験施設の開発に参加が限定された．欧州はこの決定に不満を募らせ，アメリカとの協力に懐疑的になっていく（第2章参照）．

　ポスト・アポロ計画は，NASAの予算と雇用を守るために進められたが，議会の抵抗に遭ってスペースシャトル計画に縮小され，起死回生の策であった国際協力も，空軍の参入によって裏目に出ることとなった．アメリカは，有人宇宙技術による「ソフトパワー」を用いて，国際的なリーダーシップを獲得しようとしたが，結局，その狙いは十分に達成されたとは言いがたく，逆に，当初想定していなかった空軍の参入によって，意図せざる「ハードパワー」としての性格をもつようになってしまったのである．

第 I 部　宇宙開発国の政策目的

6　国際宇宙ステーション

シャトルの目的地としての宇宙ステーション

　スペースシャトルが 1981 年に飛行を開始し，ポスト・アポロ時代が幕を開けた．シャトルが順調に宇宙への往還を実現していくと，NASA は次第に自信を深めるようになっていった（とはいえ，予定していた廉価な打ち上げはついに実現しなかった）．もともと，ポスト・アポロ計画の最終目標は月より向こうの天体（とりわけ火星）への有人着陸であり，そのための宇宙ステーション建設であり，そのためのスペースシャトルという構想であったが，上述したように，さまざまな制約からスペースシャトルが先行して開発された．したがって，NASA はシャトルが完成した段階で，次のステップへの移行を要求するようになっていった．それが宇宙ステーションである．

　この宇宙ステーションは，将来の火星探査に向けての基地と位置づけられるが，ポスト・アポロ計画の全体像が議会にも世論にも承認されていない段階で，宇宙ステーションへの支持を求めることは難しかった．ゆえに，宇宙ステーションそのものの価値をアピールする必要があったのである．その価値の第一は，やはり「米ソ宇宙競争」であった[47]．月面着陸の競争に決着がついた後，ソ連はミール宇宙ステーションの建設へと宇宙開発の重点を移し，長期宇宙滞在の記録を次々と塗り替えていった（第 3 章参照）．長期滞在の分野で後れをとったアメリカは，新冷戦の時代にソ連との対決姿勢を強く打ち出したレーガンが大統領になることで，この分野でもまたソ連に勝つことを目指すようになった．第二に，スペースシャトルは欧州との協力で開発したスペースラブを搭載し，宇宙空間で科学実験を行うことができたが，スペースシャトルの宇宙滞在期間は 10 日前後であり，長期的な実験を継続的に行うことが困難であった．したがって，宇宙空間で開発された新しい技術（たとえば新薬）を使った生産工場として機能させるためには，宇宙ステーションのような長期滞在が可能な設備が必要であった[48]．第三に，宇宙ステーションの建設は，シャトルと異なり，多くのモジュールを必要とするため，主要なモジュール（全体システムの一部）はアメリカが建設しつつ，周辺的なモジュールの建設に西側諸国を参加させること

で，アメリカのリーダーシップと西側の結束を象徴するプロジェクトになる，という期待があった．

トラブル続きの宇宙ステーション

　しかし，この宇宙ステーション計画は，当初の想定に反し，多くの難題に直面することとなる．その第一が，スペースシャトルの想定外の脆弱性であった．スペースシャトルは，宇宙往還機として廉価な衛星打ち上げと人・物資の輸送を可能にすることを目指して開発されたが，実際は地球に帰還する際の大気圏突入で耐熱タイルが剥がれ落ち，すべて付け替えなければならない状態となったことや，天候によって着陸地点を変更した場合，自律的に飛行できないシャトルは，航空機の上に搭載して移動しなければならないなど，想定外のコストが発生し，とうてい廉価な打ち上げが可能な状態ではなかった．しかも1986年のチャレンジャー事故によって，7名の宇宙飛行士の人命が失われ，そのリスクの高さが改めて認識されるようになった(これは2003年のコロンビア事故で再確認される)．スペースシャトルは2011年の退役まで135回飛行することになるが，そのうち2度事故を起こしていることを考えると，結果的には非常にリスクの高い乗り物であったことがわかるだろう(民間航空機の重大事故率は100万回に0.7件と言われる)．

　第二の難題は，冷戦の終焉である．もともとの政治的原動力は「米ソ宇宙競争」であり，ソ連に勝つことであったが，1989年にベルリンの壁が崩壊し，1991年にソ連が消滅してしまうと，その目的が全く意味のないものになってしまった．冷戦の終焉とともに，アメリカでは「平和の配当(peace dividend)」という言説が支配的となり，米ソ冷戦の枠組みの中で過剰に資金を投入していた事業を中止していく流れができたが，宇宙ステーションもそこから逃れられなかった．1992年には下院の予算小委員会で宇宙ステーションの予算がギリギリ1票差で可決されるなど，事業を継続していく展望が全く見えない状態となった[49]．そのためクリントン政権は，起死回生のウルトラCとして，ロシアを宇宙ステーション計画に引き込み，新しい計画へと脱皮させることを試みた．そのときの論理は，ソ連の宇宙技術者が，ソ連崩壊とともに第三国へ流出し，途上国，特に「ならず者国家」と後に呼ばれるようになるイランやイラク，

リビア，シリア，北朝鮮といった国々の宇宙開発にかかわるようになると，アメリカの安全保障上の懸念が高まると考えられていたため，ロシアを宇宙ステーションに巻き込むことで，ロシア国内の宇宙技術者たちに活躍の場を生み出し，彼らをロシア国内にとどめておく必要がある，というものであった[50]．しかし，「米ソ宇宙競争」という原動力を失い，ロシアを含めることで生じる複雑な設計変更や調整によるコストと時間は多大であり，宇宙ステーションの完成は大幅に遅れることとなる．

　第三の難題は，上記の点とも関連するが，予算の削減であった．アメリカでは何とか議会の予算が通ったが，第2章で論じるように，欧州においては，宇宙ステーションの完成が遅れたこと，当初の計画が野心的であり，巨額の予算に見合う成果が期待できなくなったこと，また，1990年代に入ってから再統一に伴うドイツの財政悪化や経済成長の鈍化など，さまざまな要因が重なって，コロンバスと呼ばれる欧州のモジュールの大幅な縮小を決断する．アメリカでもロシアが参加することで宇宙ステーションのデザインを変更し，いくつかのモジュールを取りやめ，規模を縮小することとなった．ただ，日本に関しては，第6章で述べるように，宇宙ステーションへの強いコミットメントがあり，バブル崩壊後の経済的な困難の中にありながらも，宇宙ステーション予算を確保し，デザインの変更や規模の縮小などはせず，当初通りのモジュールを開発した．

宇宙ステーションとの決別

　このような困難を抱えつつ，各国は宇宙ステーション建設の原動力を失ったまま，漂流するかのように宇宙ステーションの建設を続け，ようやく2011年に完成することになった．しかし，当初の「米ソ宇宙競争」に勝つという目的を失い，期待されていた宇宙における生産工場の機能も，巨大なコストに見合うだけの製品のめどが立たないことで，実現しなかった．国際協調も，ロシアを引き入れることで一定の効果はあったと言えるが，冷戦終焉とともに各国の熱意が冷め，さらに，スペースシャトルのチャレンジャーやコロンビアの事故など，アメリカが独占してきた輸送系システムの問題で建設が延期されていくなど，アメリカのリーダーシップに対する疑問と不満，不信感が宇宙ステーシ

ョン参加国の間でたまっていくようになった．その結果，宇宙ステーションはまず「完成させること」を目指し，早急に完成させてこの計画を終わらせることが目標となったのである．ゆえに，2004年にブッシュ大統領は2010年にスペースシャトルを退役させ(結果的には2011年)，2016年には宇宙ステーションの運用を停止することを宣言し，次の目標として，月面基地建設と，そこを拠点にした火星探査という「新たなアポロ計画(Apollo on Steroid's と呼ばれた)」を提唱し，宇宙ステーションと決別することを目指した[51]．

　この計画は，中国が有人宇宙飛行に成功した直後に発表されており，「米ソ宇宙競争」を模倣した「米中宇宙競争」を新たに生み出し，「中国人よりも先に月に戻る」ということが重要なメッセージとなった．しかし，かつてのケネディの演説が呼び起こしたような熱狂は全く生まれず，わずかにアメリカの宇宙開発コミュニティの中で宇宙競争が取り沙汰され，しきりに中国の脅威や「スペースパワー[52]」といった概念が議論されているが，冷戦時代とはさまざまな条件が大きく異なっており，議論はあまり広がっていない．第一に，米中関係は，冷戦時代の米ソ関係とは異なり，単なる軍事的な対立関係だけではなく，経済的な相互依存関係にあり，両国が正面から対立することは即座にイメージできないということがある．第二に，第4章で論じるように，中国の有人宇宙事業はアメリカと競争するというよりは，自国の技術開発を淡々と進め，国内的な要因(国民統合や共産党政権の正統化)に基づいて進められていることもあり，競争というイメージが生まれにくいことが挙げられる．第三に，アメリカはすでに月面着陸に成功しており，中国が仮に有人月面着陸をしたとしても，それは中国がアメリカに追いついたことを意味するだけであり，何か新しいゴールに向かって競争するということはなく，「ゲームのルール」が成り立っていない，ということがある．

　このような状況の中，オバマ大統領は，2008年のリーマン・ショックやアフガニスタンへの増派による戦争経費の増大など，国家財政が厳しい状況になったこともあり，ブッシュのビジョンを放棄し，月面基地や火星探査を目指す計画を中止することを宣言した[53]．その代わりに，2020年までの宇宙ステーションの延長を決定した．オバマのビジョンでも，小惑星への有人探査，そして将来的な火星への有人探査も言及されているが，具体的な提案はなく，その

実現性は疑わしい．また，この宣言は，米国の宇宙開発が雇用を維持するための「公共事業」としての性格をもつことを明確にした．この演説が行われた2010年は中間選挙の年であり，医療制度改革などで議会と死闘を繰り広げ，国民から激しい批判を受けていたオバマ大統領は，なんとしても議会での支持を得る必要があった．ブッシュ・ビジョンを中止することで，大量の失業，しかも高度な技術をもち，政治的な影響力をもつ中産階級の人々の失業を生み出すことは，選挙に大きなダメージを与える可能性があった．ゆえに，この演説ではブッシュ・ビジョンの中止によって職を失う恐れのある人たちの雇用を守ることを前面に押し出し，その直後に5,000人の雇用を生み出す法案を議会に提出している．

つまり，アポロ計画が成功して以降，アメリカにおける有人宇宙事業は，スペースシャトルであれ，宇宙ステーションであれ，「米ソ宇宙競争」を原動力として何とか維持されてきたが，冷戦が終焉すると，そうした原動力も失われ，結果としてNASAと宇宙産業の雇用を維持するための「公共事業としての宇宙開発」という性格を強くもつようになり，それを正当化する論理が「人類の夢や未来」といった漠然としたものでしかなくなってしまっているのである．

7 冷戦の終焉と軍事宇宙開発

SDIと宇宙開発

レーガン政権時代の「新冷戦」は，有人宇宙飛行をめぐる「表の米ソ宇宙競争」だけでなく，「裏の米ソ宇宙競争」，すなわち軍事的な宇宙利用の分野にも大きく影響した．レーガン政権時代に新冷戦に突入したことは，アポロ－ソユーズ・テスト計画を終わらせ，宇宙ステーション計画を推進する原動力となったが，その一方で，レーガン政権の目玉となった，いわゆる「スターウォーズ計画」と呼ばれた戦略防衛構想(Strategic Defense Initiative; SDI)を1983年に生み出した．このSDIには莫大な予算(1988年の段階で総額750億から1,500億ドルと幅広く見積もられていた．連邦政府全体の科学技術予算が単年度15億ドルと考えると，その額の大きさがわかるだろう[54])がつぎ込まれ，現在のミサイル防衛システムにつながる研究開発が一気に加速しただけでなく，宇宙空間においてソ連の

第 1 章　アメリカ

ミサイル迎撃システムを開発し，宇宙空間が戦場になるということすら想定されるようになった．

　しかしこの計画は，あまりにも非現実的でコストが高く，宇宙空間でのミサイル迎撃の技術的信頼性や戦略的適切性（核抑止のバランスを崩し，核戦争の危険性が高まる）にも疑問が呈された．にもかかわらず，レーガン政権は SDI 推進の立場をとることで，ソ連の指導者となったゴルバチョフを慌てさせ，1986 年の米ソ軍縮交渉で中距離核戦力条約での合意を引き出すきっかけとなったとも言われている[55]．このように「技術戦略」としての効果は非常に高かったが，実際には宇宙空間での迎撃システムの開発は行われず，地上や空中から衛星をターゲットにした対衛星攻撃(ASAT)実験を 1985-86 年に行うにとどまった．レーガン政権の後を襲ったブッシュ(父)政権になると，SDI は GPALS (Global Protection Against Limited Strikes)と名を変え，地上での迎撃システムを中心に研究開発が継続された．

　しかし，ソ連が崩壊し，核戦争の危機が遠ざかると，当然のことながら GPALS の存続も危うくなった．巨額の資金を必要とする GPALS は真っ先に予算削減の対象となると思われていたが，その状況を湾岸戦争がひっくり返すこととなった．1991 年に湾岸戦争が勃発し，イラクが放ったスカッドミサイルをパトリオットが迎撃するシーンはテレビでも放映され，SDI で培った技術が有効に機能している(実際にはイラクが放った 40 基近くのミサイルのうち，迎撃できたのは 6 基だったが)との認識が高まった[56]．その結果，クリントン政権では，GPALS を弾道ミサイル防衛機構(BMDO)に衣替えし，陸上，海上，空中での迎撃手段の開発は継続されたが，宇宙空間での迎撃システムの開発はほとんど進まないまま現在に至っている．

　とはいえ，ミサイル防衛システムにおいて，宇宙空間は重要な意味をもっている．ミサイルを迎撃するためには，発射を即座に探知し，ミサイルの軌道を計算しなければならない．発射を探知するためには，航空機や地上，海上のレーダーでは遠距離の発射地点を捕捉することができず，宇宙空間から監視するのがミサイルの早期探知の唯一の方法である．そのため，アメリカはミサイル早期警戒衛星(DSP, SBIRS)を開発し，日本を含め，同盟国のミサイル防衛システムに情報を提供している．

第Ⅰ部　宇宙開発国の政策目的

冷戦終焉のインパクト

また，冷戦の終焉は，軍事目的の宇宙開発の歩みを止めることはなく，むしろ冷戦後の軍事宇宙開発はさらに加速しているとも言える．その第一の理由は，情報技術(IT)を中心とする民間部門での技術開発が急激に発達し，それらの技術を取り込んだ軍事システムの開発が進んだことで，いわゆる「軍事上の革命(RMA)」が展開されたことが大きい．これにより，無人偵察機に代表されるハイテク兵器が数多く開発されることとなったが，それらの兵器システムを制御し，世界中で運用するためには通信ネットワークが必要であり，世界中どこにでも軍事展開をするためには衛星通信ネットワークが不可欠となった．また，ボスニアやコソボ紛争，そしてアフガニスタンやイラク戦争など，現地の情報が十分でない場所でも戦闘を展開するためには，衛星による情報収集が不可欠となったため，軍事目的の宇宙開発へのニーズはより一層高まっていった．

もう一つ重要な理由は，冷戦が終焉したことで，アメリカ人の血を流して国を守ることの政治的・財政的・道義的コストが高くなったことにある．そのため，可能な限りアメリカ人兵士を国内に留まらせ，死傷者をできるだけ少なくするために，RMAのようなITやロボット，衛星を活用した兵器システムを開発する必要が出てきたのである．アフガニスタンやイラクでの戦争では死傷者が多数出ているが，それでもかつての戦争(たとえばベトナム戦争)と比較すると，その数は極端に少ないことがわかるだろう[57]．

このような，RMAに用いられるハイテク兵器は，当然のことながら高価である．アメリカの軍需産業は冷戦時代に大量の兵器を連邦政府に納め，さらに日本や欧州の同盟国に輸出していたが，そのときは質より量が求められ，高度な技術を用いた兵器ではあったが，同盟国に輸出することがアメリカの地位を脅かすという心配は少なく，むしろ西側諸国の連帯を強め，アメリカのリーダーシップを確立すると見られていた．しかし，冷戦が終わり，兵器がハイテク化していくと，軍需産業の在り方も大きく変わるようになっていった．その一つは，軍需産業に従事する企業の数が極端に減ったことである．これは冷戦が終焉したことで軍事費が削減され，競争が激化したことも一つの理由だが，それ以上に，ハイテク兵器に投資する額が大きくなり，小さい規模の企業(といっても世界的に見れば巨大企業だが)では十分に投資額を確保することができず，

財務体質の改善を目指す合従連衡が激しくなったためである．このため，軍事宇宙開発を行っていた約30社の企業はほぼ4社（ボーイング，ロッキード・マーチン，オービタル・サイエンス，スペース・システムズ・ロラール）に集約されることとなった[58]．しかも，ハイテク化が進んだ兵器を輸出することはアメリカの軍事的優位性を損なう可能性があるだけでなく，第三国やテロリストに技術が流出する可能性もあるため，同盟国に対しても輸出を制限するようになっている．特に1998年にアメリカ企業が中国のロケットを使って衛星を打ち上げる際，技術移転が行われたとの疑いがかかり，そのとき以来，宇宙技術は民生用であっても輸出を厳しく管理するようになっている[59]（第4章参照）．

このように，冷戦後のアメリカの軍事宇宙開発は，一層のハイテク化と企業の寡占化が進み，アメリカの軍事戦略上不可欠なシステムを提供している．こうしたことから，現在の宇宙産業は「軍産複合体」化しているとの批判も出てくるが[60]，序章で論じたように，それは必ずしも正しい評価とは考えにくい．というのも，アメリカの宇宙産業は，縮み行く国内市場で過当競争を繰り広げているにもかかわらず，軍事的優位性を維持するために輸出が厳しく制限されており，海外市場に展開することができなくなっているからである．アメリカの宇宙産業界は政府に対し，10年以上も輸出管理体制を緩和するよう求めているが，クリントン政権，ブッシュ（子）政権，オバマ政権になっても一向にそれが解決しないのは，アメリカの宇宙産業が政府に対して働きかける能力が欠けているというよりは，政府と産業界は別個の論理で動いており，それらがかみ合っていない状況にあるためである．産業界の死活問題となっている輸出管理体制の問題ですら政府に影響力を行使することができないにもかかわらず，「軍産複合体」と呼ぶことは難しい．

「万能」ではない宇宙システム

最後に，このようなハイテク化された軍事宇宙開発がもたらすイメージの問題について触れておきたい．しばしばハリウッド映画などでも衛星を使って逃走する犯人を追跡したり，屋内に隠れているテロリストを発見したりするシーンがあったりするが，それらはかなり現実離れした設定であり，技術的に不可能に近いものが多い．確かに偵察衛星を使ってミサイル基地を発見したり，テ

ロリストのキャンプを見つけることはできるが，偵察衛星は高度200-400 km の軌道を周回しているため，地上の一地点を継続的に見続けることができるのは，長くても15分程度であり，その分解能(解像度)も現時点では40 cm程度が限界と言われている．これは車の車種(乗用車か軽トラックか)を判別するのが精一杯の分解能であり，しかもそのデータは，オンタイムで画像として入手することは難しく，データの伝送や解析には最低1-2時間はかかると言われている．ほかにも，衛星を使って携帯電話の通話を傍受したり，電波の発信地を特定することができるというのも眉唾と考えるべきであろう．携帯電話の出力では宇宙空間に電波を飛ばすことは困難であり，宇宙から携帯電話の電波を探すくらいなら，地上で傍受するためのアンテナを立てる方が，費用が安く，電波の受信も容易である．同様に，衛星から海中を航行する潜水艦を発見することができるという話もあるが，技術的にかなり難しい[61]．宇宙から海を眺めても，表面の温度や潮流の変化は見ることができるが，海中で起こっていることは宇宙からはほとんど何も見えない．ましてや隠れることを専門とし，航空機でも探知できない潜水艦を宇宙から発見することはほぼ不可能である．もっとも，このような宇宙の「万能イメージ」が流布されることで，存在していない「ハードパワー」があたかも存在しているかのような印象を与えることができるのであれば，ある種の「ソフトパワー」として機能しているとも言えるかもしれない．

　このように見ていくと，宇宙空間を軍事的に利用する価値は極めて限られていることが明らかになるだろう．地上で代替手段があるときは，多くの場合そちらの方が確実で廉価である．宇宙を軍事的に利用するときは，宇宙でしかできないことがある場合に限られ，それは「越境性」「広域性」「同報性」「抗堪性」の四つに集約することができる．「越境性」とは，地上のシステムで国境を越えて偵察したり情報を伝達したりすることが難しい場合でも，宇宙空間では国境を越えて活動することができるため，他国領土の偵察や遠方への指揮命令通信などには有効であることを意味する．「広域性」とは，広い範囲でそのインフラが必要になる場合であり，無人偵察機のコントロールなどには有効であることを意味する．「同報性」とは，同じ質の情報を同時に多数に伝達することができるという意味であり，広域にわたって展開する部隊や艦隊に同時に

情報を伝えることができるということである．「抗堪性」とは，攻撃を受けにくく，機能を維持することができるという意味であり，宇宙空間のシステムは敵の攻撃だけでなく，地震や津波，台風などにも影響されないため，抗堪性が高いということである．とはいえ，宇宙空間は過酷な環境であり，太陽風や宇宙線(放射線)にさらされており，また第8章で論ずる，2007年の中国によるASAT実験に見られるように，敵の攻撃から完全に抗堪であるとは言えない．

いずれにしても確かなことは，宇宙空間を軍事的に利用することは，現代の安全保障では重要な役割を果たすと言えるが，それはあくまでもインフラとして使うということであり，宇宙空間で戦闘が繰り広げられるわけでも，宇宙空間から地上に向かって攻撃をするわけでもないということである(この点は第8章で詳述する)．アメリカが軍事宇宙開発に力を注ぐのは，アメリカがグローバルに展開する軍隊をもち，世界中に関心をもっているからであり，世界中に展開するアメリカ軍と通信し，世界中の軍事的に重要な情報を集めたいと考えているからである．逆に言えば，そうした関心がない国は軍事宇宙開発に資源を投入することに熱心ではない．これは欧州やインド，そして日本にも当てはまることであろう．重要なのは，宇宙の軍事利用のイメージに振り回されず，ことさら大げさに取り上げることなく，その利用目的や国家としての軍事戦略の在り方全体の中で宇宙システムがどのように機能しているかをきちんと分析することであろう．

まとめ

本章では，アメリカの宇宙開発の歴史を一通り眺めてきたが，ここから明らかになるのは，アメリカの「神話化」された宇宙開発をめぐるイメージが，実は非常に脆弱で不確かな政治的バランスと，「米ソ宇宙競争」という偶発的に生み出された幻想の上に成り立っているということであろう．アメリカがリードし，発展させてきた宇宙開発が，実はスプートニク・ショックとガガーリン・ショックによって作られた「ゲームのルール」に基づいて進められ，冷戦の終焉に伴って「米ソ宇宙競争」という原動力を失ったことで，その目標を見失ったという議論は，宇宙開発に夢をもち，熱心に情熱を傾ける人にとっては

受け入れがたいかもしれない．宇宙開発が輝かしく，壮大な事業であるがゆえに，そうした夢や情熱をもつことは人間として当然のことであろう．本章で十分扱わなかったが，現在，アメリカのIT長者を中心として，さまざまな民間ベースの(国家に依存しない)弾道有人飛行やロケット開発などが進められているが，それは，商業的な見通しがあるというよりも，夢を実現するためのベンチャーとしての性格が強い．しかし，同時に，宇宙開発は冷酷な国際政治の文脈の中で発展してきたのであり，それを無視することはできない．ただ，そうした国際政治の文脈を強調しすぎるあまり，アメリカの宇宙開発を「軍産複合体」論から論じたり，中国の脅威を過大評価するといった，軍事的な側面ばかりに注目することも適当ではない．

では，アメリカの宇宙開発を見ていくポイントはどこにあるのだろうか．それは，アメリカの国内におけるさまざまなアクター(NASA，軍，宇宙産業，国務省，大統領など)と，彼らが政策決定にかかわる際の認識(ソ連や中国の脅威，財政的制約，雇用と選挙など)と政策的意図がどこにあるのかを見極める点にある．ケネディ演説のイメージから，大統領が国民に向かって夢を語り，未来を約束することで，それが国家的な約束として猛然と進められていくように思われることもあるかもしれない．しかし，そうしたレトリックに振り回されてしまうと，アメリカの宇宙政策を見誤ることになるであろう．

注

1) R. Cargill Hall, "Origins of U. S. Space Policy: Eisenhower, Open Skies, and Freedom of Space", in John M. Logsdon (ed.), *Exploring the Unknown: Selected Documents in the History of the U. S. Civil Space Program*, vol. 1, NASA SP-4407, 1995.
2) Brig. Gen. A. J. Goodpaster, "Memorandum of Conference with the President, October 12, 1959", Records of the White House Office of Sceince and Technology, Box 12, Eisenhower Library, 23 October, 1959.
3) 佐々木卓也『アイゼンハワー政権の封じ込め政策——ソ連の脅威，ミサイル・ギャップ論争と東西交流』有斐閣，2008年．
4) マシュー・ブレジンスキー(野中香方子訳)『レッドムーン・ショック——スプートニクと宇宙時代のはじまり』NHK出版，2009年．
5) Paul Dickson, *Sputnik: The Shock of the Century*, Berkley Publishing Group, 2003, p. 22.

6) Christopher A. Preble, *John F. Kennedy and the Missile Gap*, Northern Illinois University Press, 2004.
7) International Affairs Seminars of Washington, "American Reactions to Crisis: Examples of Pre-Sputnik and Post-Sputnik Attitudes and of the Reaction to Other Events Perceived as Threats", 15-16 October, 1958, U. S. President's Committee on Information Activities Abroad (Sprague Committee) Records, 1959-1961, Box 5, A83-10, Dwight D. Eisenhower Library, Abilene, Kansas. http://www.history.nasa.gov/sputnik/oct58.html
8) Walter A. McDougall, *The Heaven and the Earth: A Political History of the Space Age*, Johns Hopkins University Press, 1997.
9) Peter J. Roman, *Eisenhower and the Missile Gap*, Cornell University Press, 1995.
10) Dwight D. Eisenhower, Farewell Address, January 17, 1961.
11) John M. Logsdon, *The Decision to Go to the Moon: Project Apollo and the National Interest*, University of Chicago Press, 1976.
12) John F. Kennedy, Address at Rice University on the Nation's Space Effort, September 12, 1962. http://www.jfklibrary.org/Research/Ready-Reference/JFK-Speeches/Address-at-Rice-University-on-the-Nations-Space-Effort-September-12-1962.aspx なおケネディが最初に10年以内に月面着陸すべきと主張したのは1961年5月25日の議会での演説であったが、この時は拍手すら起きなかった.
13) Marc Selverstone, "Politics and the Space Program: John F. Kennedy and James Webb Discuss NASA Priorities and the Apollo Program", Miller Center Report, vol. 18, no. 1, Winter 2002, pp. 29-35 および http://whitehousetapes.net/exhibit/jfk-and-space-race を参照.
14) John M. Logsdon, *John F. Kennedy and the Race to the Moon*, Palgrave Macmillan, 2010; Marc Selverstone, "JFK and the Space Race," White House Tapes: Presidential Recordings Program. http://whitehousetapes.net/exhibit/jfk-and-space-race
15) Kennedy, Address at Rice University on the Nation's Space Effort, *op. cit.*
16) Arthur C. Clarke, "Extra-terrestrial Relays: Can Rocket Stations Give Worldwide Radio Coverage?", *Wireless World*, October 1945, pp. 305-308. この論文のコピーは http://lakdiva.org/clarke/1945ww/1945ww_oct_305-308.html で閲覧できる.
17) 青木節子『日本の宇宙戦略』慶應義塾大学出版会，2006年，特に第3章.
18) Lorenza Sebesta, *The Availability of American Launchers and Europe's Decision 'To Go It Alone'*, ESA HSR-18, 1996.
19) A-161, DOS to Tokyo, December 12, 1966, SP13 JAPAN, Box 3141, RG59, CF, NA.; Sebesta, *ibid.* および J. M. Logsdon, *The Learning Years: Japan-U. S. Space Re-*

lations, 1969-1984, mimeo, 1997.
20) Masahiko Sato, Toshio Kosuge, and Peter van Fenema, "Legal Implications on Satellite Procurement and Trade Issues between Japan and the United States", Paper presented in Institute of International Space Law Conference (IISL-99-IISL.3.13), 1999; Kazuto Suzuki, "Administrative Reforms and Policy Logics of Japanese Space Policy", *Space Policy*, vol. 22, no. 1, 2005, pp. 11-19.
21) Curtis Peebles, *The Corona Project: America's First Spy Satellites*, Naval Institute Press, 1997.
22) Paul D. Lowman, Jr., "Landsat and Apollo: The Forgotten Legacy", *Photogrammetric Engineering & Remote Sensing*, October 1999, pp. 1143-1147. http://www.asprs.org/publications/pers/99journal/october/1999_oct_1143-1147.pdf
23) Scott Pace, Brant Sponberg and Molly Macauley, *Data Policy Issues and Barriers to Using Commercial Resources for Mission to Planet Earth*, RAND, 1999.
24) Ray A. Williamson, "Remote Sensing Policy and the Development of Commercial Remote Sensing", in John C. Baker, Kevin M. O'Connell, and Ray A. Williamson (eds.), *Commercial Observation Satellites: At the Leading Edge of Global Transparency*, RAND/ASPRS Publications, 2001.
25) Kenneth P. Thompson, *A Political History of U. S. Commercial Remote Sensing, 1984-2007: Conflict, Collaboration, and the Role of Knowledge in the High-tech World of Earth Observation Satellites*, Ph. D. Dissertation submitted to the Faculty of the Virginia Polytechnic Institute and State University, November 20, 2007.
26) John C. Baker, "Global Transparency: Whither Shutter Controls", *Imaging Notes*, vol. 18, no. 1, Winter 2003. http://www.imagingnotes.com/winter03/global.htm
27) Ray A. Williamson, "The Landsat Legacy: Remote Sensing Policy and the Development of Commercial Remote Sensing", *Photogrammetric Engineering & Remote Sensing*, vol. 63, no. 7, July 1997, pp. 877-885.
28) Thompson, *op. cit.*
29) Bradford Parkinson, Konstantin Gromov, Thomas Stansell and Ronald Beard, "A History of Satellite Navigation", in Proceedings of the 51st Annual Meeting of the Institute of Navigation, June 5-7, 1995, pp. 17-65 (Published in *Navigation*).
30) Glen Gibbons, "Uses of Satellite Navigation and Positioning in Civilian Uses of Space", in Dorinda G. Dallmeyer and Kosta Tsipis (eds.), *Heaven and Earth: Civilian Uses of Near-earth Space*, Kluwer Law International, 1997.
31) "U. S. out of Line on Global Positioning, EU Says Washington Said to Fear Use of Galileo by Enemy in a War", *International Herald Tribune*, December 19, 2001.
32) W. David Compton, *Where No Man Has Gone Before: A History of Apollo Lu-*

nar Exploration Missions, NASA SP-4214, NASA History Series, 1989, esp. Chapter 11.
33) T. A. Heppenheimer, *The Space Shuttle Decision*, NASA SP-4221, NASA History Series, 1999.
34) David S. F. Portree, *Thirty Years Together: A Chronology of U.S.-Soviet Space Cooperation*, NASA CR 185707, February 1993.
35) David S. F. Portree, *Beyond Apollo: Plans for the Exploration of Space from the Age of Apollo-and Beyond*, 10 September, 2010. http://beyondapollo.blogspot.com/2009/09/skylab-salyut-space-laboratory-1972.html
36) アポロ11号に搭載されたカメラは記録映像を撮影するためのもので，月面からの中継を想定したものではなかったが，その社会的反響があまりにも大きかったことから，それ以降のアポロ宇宙船に搭載されたカメラ技術の進歩は目覚ましいものがあった．しかし，皮肉なことに，月面から送られてくる映像が鮮明になればなるほど，国民の関心は宇宙開発から離れていった．Mark Gray (producer), *Live from the Moon* (DVD), Spacecraft Films, 2009(日本ではBS世界のドキュメンタリー『月面中継——成功への軌跡(前編)(後編)』として2009年10月21，22日に放送).
37) Jane Van Nimmen and Leonard C. Bruno with Robert L. Rosholt, *NASA Historical Data Book, 1958-1968, Volume I: NASA Resources*, NASA SP-4012, 1976. http://history.nasa.gov/SP-4012v1.pdf
38) Jerry Grey, *Enterprise*, William Morrow and Co. Inc., 1979, p. 66.
39) T. A. Heppenheimer, *Countdown: A History of Space Flight*, John Wiley & Sons, 1997; Hans Mark, *The Space Station: A Personal Journey*, Duke University Press, 1987; Howard E. McCurdy, *The Space Station Decision: Incremental Politics and Technological Choice*, Johns Hopkins University Press, 1990.
40) McCurdy, *op. cit.*
41) Kazuto Suzuki, *Policy Logics and Institutions of European Space Collaboration*, Ashgate, 2003.
42) McDougall, *op. cit.*
43) Scott Pace, *Engineering Design and Political Choice: The Space Shuttle 1969-1972*, M. S. thesis, MIT, May 1982.
44) Heppenheimer, *Countdown*.
45) Brian Woods, NASA, Post-Apollo and the Rise of the Space Shuttle: A Glance at the Definition of a Launch Vehicle, *SATSU Working Paper*, N27, 2003. http://www.york.ac.uk/media/satsu/documents-papers/Woods-2003-nasa.pdf
46) Piers Bizony, *Island in the Sky: International Space Station*, Aurum Press, 1996.

47) Bizony, *op. cit.*
48) 宇宙ステーションの建設が決定されると，それを支持し，新たなビジネス機会が増えるとの期待がアメリカだけでなく，宇宙ステーションに参加する各国で高まった．David M. Harland and John E. Catchpole, *Creating the International Space Station*, Springer/Praxis, 2002 や通商産業省宇宙産業課編『90 年代の宇宙産業ビジョン』（通商産業調査会，1989 年）などを参照．
49) Bizony, *op. cit.*
50) Yuri Y. Karash, *The Superpower Odyssey: A Russian Perspective on Space Cooperation*, American Institute of Aeronautics and Astronautics, 1999.
51) National Aeronautics and Space Administration, The Vision for Space Exploration, February 2004. http://www.nasa.gov/pdf/55583main_vision_space_exploration2.pdf
52) 戦力の優越を決定するものとして，ランドパワー（陸上戦力の強さ）やシーパワー（海洋戦力の強さ）などを取り上げ，その空間を制する者が国際政治において圧倒的優位を保つことができる，というかつての地政学的認識に基づき，現代では宇宙空間を支配するものが国際政治に圧倒的な力をもつという議論．近年，アメリカを中心にこうした議論は大きく盛り上がっている．Paul Q. Hirst, *Space and Power: Politics, War and Architecture*, Polity Press, 2005; James Clay Moltz, *The Politics of Space Security: Strategic Restraint and the Pursuit of National Interests*, Stanford University Press, 2008; Natalie Bormann and Michael Sheehan (eds.), *Securing Outer Space*, Routledge, 2009.
53) Office of the Press Secretary, Remarks by the President on Space Exploration in the 21st Century, April 15, 2010.
54) Congressional Research Service, *The Strategic Defense Initiative: Issues for Phase I Deployment*, CRS issue brief, 1990.
55) James Schlesinger, "Reykjavik and Revelations: A Turn of the Tide?", *Foreign Affairs*, vol. 65, no. 3, 1986, pp. 426-446.
56) Richard H. Shultz, Jr. and Robert L. Pfaltzgraff, Jr. (eds.), *The Future of Air Power in the Aftermath of the Gulf War*, Air University Press, 1992.
57) Mikkel Vedby Rasmussen, *The Risk Society at War: Terror, Technology and Strategy in the Twenty-First Century*, Cambridge University Press, 2007.
58) Mary Kaldor, Geneviève Schméder, and Ulrich Albrecht, *The End of Military Fordism: Restructuring the Global Military Sector*, Pinter, 1998.
59) The United States House of Representatives Select Committee, U. S. National Security and Military/Commercial Concerns with the People's Republic of China, 105th Congress, 2nd Session, Report 105-851, 1999.

60) ヘレン・カルディコット，クレイグ・アイゼンドラス(植田那美・益岡賢訳)『宇宙開発戦争——〈ミサイル防衛〉と〈宇宙ビジネス〉の最前線』作品社，2009年，藤岡惇『グローバリゼーションと戦争——宇宙と核の覇権めざすアメリカ』大月書店，2004年．
61) たとえば Peter J. Brown, "US Satellites Shadow China's Submarines", *Asia Times*, 13 May, 2010 などで衛星を使った潜水艦の探知などが論じられている．

第2章　欧州——政府間協力からの変容

　宇宙開発は国家が中心となって進め，「ハードパワー」「ソフトパワー」を追求するための手段として位置づけられる——そのような常識になかなか合致しないのが欧州のケースである．欧州諸国の中には，フランスやドイツのように一国単位で宇宙開発機関をもち，独自の衛星を開発し，運用している国々もあるが，それらの国々を含め，欧州の多くの宇宙開発プロジェクトは，欧州宇宙機関(ESA)を通じた国際協力を通じて進められている．また近年，欧州連合(EU)がESAや各国の宇宙開発とは別の存在として宇宙開発に参入するようになり，欧州における宇宙開発の意思決定の仕組みは複雑になってきている．
　本章では，こうした欧州の宇宙開発がどのような意図と目的で進められ，どのような経緯をたどって現在のような状況を生み出したのかを明らかにする．

1　ESROとELDO

CERNの成功から生まれた欧州協力
　欧州における宇宙開発も，アメリカやソ連と同様，ドイツのV2ロケットの技術的・戦略的インパクトから始まったと言える．欧州の中で最も早くロケット技術に関心をもち，その開発にエネルギーを注いだのはイギリスであった．イギリスはアメリカと協力しながら，ブルーストリークと呼ばれるミサイルを開発したが，その大きな原動力としては，イギリスがV2ロケットの攻撃対象となり，ロンドンをはじめ多くの都市が被害にあったことから，その威力を最もよく理解していた，ということが挙げられる．
　しかし，興味深いことに，欧州における宇宙開発は，ミサイル／ロケット技術開発で先行していたイギリスが主導したわけでも，また，米ソのようにロケット開発が中心だったわけでもない．欧州における宇宙開発の基盤を作ったの

は，物理学者を中心とする宇宙科学を研究する科学者たちであった．彼らは1950年代の初頭から，原子力科学の研究機関として欧州原子力研究機関(Conseil Européen pour la Recherche Nucléaire; CERN)の設立に尽力し，1959年には欧州各国が共同出資した陽子加速器(proton synchrotron accelerator)を稼働させることに成功した．CERNの設立に関与した科学者たちは，原子力こそが将来のエネルギーの中心となると考え，また，CERNに出資した各国も，一国単位ではアメリカのマンハッタン計画と同じ規模の研究開発を行って原子力技術を手に入れることはできないと考え，欧州各国が協力して原子力開発を進めるべきとの認識をもっていた[1]．しかし，当然ながら欧州各国にとって機密となる軍事技術の研究を国際共同事業で行うことは困難であるため，純粋に原子力科学に特化した国際的科学研究プロジェクトとしてCERNが成立したのである．

　CERNの成功は，欧州における科学技術協力の雛型として極めて重要な意味をもっていた．CERNの設立によって，軍事的に重要な技術である原子力の分野においても，基礎科学のレベルであれば欧州各国が協力できることが証明され，また，冷戦の中で加速する米ソの技術開発に欧州各国が追いつくためには，一国単位ではほぼ不可能であり，欧州諸国の協力が必要ということが証明された．このCERNの経験は，原子力と同じく当時最先端の物理研究であった宇宙科学の分野に波及し，CERN創設メンバーたちは国際地球観測年(IGY)をきっかけに宇宙科学の欧州レベルでの協力を検討し始めた[2]．

　ここで，主導的ではないが，重要な役割を果たしたのがイギリスであった．第一に，欧州域内で衛星を打ち上げる能力があったのはイギリスだけであった．イギリスは1960年時点で，中距離弾道弾ブルーストリークを保有しており，このブルーストリークで衛星を打ち上げることが可能であった．しかしイギリスは，米ソ冷戦が激化する中で，陸上発射のブルーストリークを維持することは，核攻撃に対する脆弱性を増すと考えてこのミサイルを放棄し，核弾頭を搭載できる戦略ミサイルを，潜水艦搭載のポラリスにシフトさせるという決定を行った．そのため，維持管理コストの高いブルーストリークを廃棄する必要があったが，それを単に処分するのではなく，衛星打ち上げ用のロケットとして再活用すると定められたのである．これによって，欧州は独自の打ち上げロケ

ットを手に入れ、米ソにキャッチアップできる可能性が高まった。第二に、イギリスには第二次世界大戦前から英国惑星協会(British Interplanetary Society)などのアマチュア天文家や宇宙科学研究者のネットワークが存在し、欧州各国の中でも群を抜いて研究者の層が厚く、イギリスが単独で宇宙科学の研究を進めるのではなく、欧州各国と協力する姿勢をとったことは大きな意味をもった[3]。第三に、イギリスは1950年代から60年代にかけて、欧州経済統合の流れから距離を置き、1952年に発足した欧州石炭鉄鋼共同体(ECSC)や、1958年に発足した欧州経済共同体(EEC)、欧州原子力共同体(Euratom)に参加していなかった。イタリアなどはEuratomを基盤にして欧州宇宙共同体を作る提案をしていたが、結局、イギリス抜きで宇宙開発を行うことは困難であったため、これらの欧州経済統合の流れとは切り離された形で宇宙開発協力を進めることとなった[4]。それは当然ながら、イギリスが欧州統合の流れに反対していた最大の理由である主権の移譲を伴う超国家的な統合ではなく、加盟国の最終決定権を尊重し、各国の行動の自由度の高い国際協力のメカニズムを意味していた。

異なる性格をもつ双子

このようにして宇宙科学の研究者たちが主導し、欧州で唯一の宇宙開発能力をもっていたイギリスを引き込むことができたことで、宇宙開発を欧州各国の協力で進めていくという規範が成立していったが、一つだけ大きな問題があった。それは一つの組織で宇宙科学研究の協力とロケット開発の協力を行うべきかどうか、という問題である。宇宙科学研究は原則として科学者個人の役割が大きく、国境や国籍を越えた人類の財産として知識の共有を目指す傾向をもつ。それには、制度は可能な限り開放的なものにし、国境を越えた活発な意見交換を可能にする仕組みを作る必要がある。他方で、ロケット開発はミサイル開発の延長線上にあり(とりわけイギリスの技術はアメリカとの協力で得られたものも含まれるため、第三国への技術移転が困難であった)、できる限り技術開発における各国の自律性を保つことが可能な仕組みが必要とされた。そのため、宇宙科学分野は欧州宇宙研究機関(European Space Research Organization; ESRO)、ロケット開発は欧州ロケット開発機関(European Launcher Development Organization; ELDO)と、異なる性格をもつ二つの組織が作られることとなった[5]。

ESROは科学者が主導し，国際的な動向を踏まえて最先端の研究を行うための制度的枠組みが導入された．その第一は，ESRO事務局を小規模なものとし，各国の研究機関や大学からのアイディアを実現するような柔軟性をもたせたことである．CERNでは，大規模な研究施設を作り，そこに優秀な研究者を集めることで，各国の研究機関や大学の研究能力を低下させてしまった．こうしたことを避けるために，できるだけ分権的な意思決定の仕組みをもったのがESROの特徴であった．第二に，ESROの予算を公平に分配するために「地理的均衡配分(juste retourないしfair return)原則」を導入した．これは，加盟国が自らプロジェクトに投入する資金額を決定し，その資金額に応じた契約を自国の企業に受けるというものである．これは中小国にとっては，自国の企業の技術力を伸ばすのに有効な手段であり，フランスやドイツなどの大国にとっては，一国で全額を賄うよりも財政的な負担を少なくできる仕組みであった．これによって，中小国も積極的に資金提供をし，大国は積極的に大きなプロジェクトで主導権を発揮することができるようになった．このようにESROは科学者が主導し，各国が参加しやすい仕組みを作ることで，スムーズに国際協力によるプロジェクトが実施できるようになった[6]．

他方，ELDOは制度的な混乱がプロジェクトの失敗を導くという最悪の状態に陥った．その原因として言えるのは，ELDOに参加した国々が，自国で開発したミサイル技術を持ち寄ってロケット開発を進めることになっていたが，その中心的な役割を果たした軍と軍需産業には自国の技術を他国に公開するのにためらいがあったことである．ELDOのEuropaロケットは，1段目がイギリス，2段目がフランス，3段目がドイツによって開発され，それぞれの段を持ち寄り，オーストラリアのウーメラ砂漠にある射場で組み立てるという手順で開発された．しかし各国の技術格差や技術情報の制約などから，開発は大いに手間取り，最終的に一度も打ち上げに成功することはなかった．その結果，欧州独自のロケットが完成しなかったために，ESROで開発した衛星の打ち上げも困難になり，アメリカのロケットに依存しなければならなくなった[7]．

このように，欧州における宇宙開発は，アメリカやソ連とは少なからず異なる形でスタートした．それは一国単位の「ハードパワー」を追求するものではなく，欧州各国の協力を通じて米ソに追いつくための宇宙科学を進めると同時

に，イギリスが不要としたミサイルをロケットとして再利用するという偶然の組み合わせの産物であった．しかし，欧州各国が独自の宇宙開発能力を維持するため，「地理的均衡配分原則」を導入した ESRO と各国がバラバラで開発を進める ELDO という二つの組織ができあがり，ELDO のロケットが失敗することで，結果的にアメリカに依存する状況を作ってしまったのである．

2 自律性を求めて

商業化と独自のロケット

欧州の宇宙開発は 1960 年代に入って大きな変化を見せるようになった．一つは，宇宙開発が宇宙科学研究とロケット開発という二つの流れから，新たに生まれた宇宙の商業的利用の流れへと移って行ったことである．第 1 章で論じたように，衛星による長距離通信技術が開発され，国際衛星通信機構（インテルサット）が設立されたが，このインテルサットではアメリカ企業が独占的な影響力をもっていた．これに対し，欧州各国は国境をまたぐ通信手段としての衛星通信を重視しており，欧州独自の衛星通信機関を作ろうとした．しかし，そのためには通信衛星を開発することが不可欠であり，欧州全体のための衛星を開発すべく，ESRO を通じて商業的に利用する通信衛星を開発しようとした．しかし，もともと科学者によって設立され，宇宙科学研究のために創設された ESRO では，実用的な商業衛星を開発することに対する科学者たちの抵抗が強かったため，通信衛星に強い関心をもっていたフランスの宇宙機関 CNES とドイツの宇宙機関 DLR が協力して，シンフォニーと呼ばれる通信衛星を 1967 年に開発した．

問題は，衛星を打ち上げるためのロケットであった．すでに述べたように，ELDO の Europa ロケットは一度も打ち上げに成功しておらず，打ち上げるためにはアメリカのロケットに頼らなければならなかった．アメリカは，通信衛星市場の独占を崩そうとする欧州の通信衛星を打ち上げることは自らの首を絞めることになるため，欧州の通信衛星を「技術実証目的」として使う場合のみ打ち上げを認めるという判断をくだした．これにより，シンフォニーは単なる実験機として打ち上げられ，欧州が期待した欧州大陸をカバーする商業通信衛

第2章 欧　州

星事業は頓挫することになった[8].

　この事件をきっかけとして，フランスは独自のロケットをもつ必要性を痛切に感じるようになった．そのため，成果の上がらないELDOのEuropaロケットを見限り，フランスが独自で開発したミサイルであるディアマンテをベースに，L3Sと呼ばれるロケットを開発することを宣言した．しかし，ロケット開発をフランス一国で行うのは，財政的にも技術的にも負担が大きかった．そのため，フランスが主導権を発揮して，科学だけでなく実用衛星も開発できるようESROを再編し，そこにELDOを合併する提案を行った．これに対して，ESROの科学者は強く反対したが，成果の上がらないELDOを何とかしなければならないという意識は欧州の宇宙開発コミュニティに共有されていた．また，イギリスは1964年の政権交代で労働党のウィルソン政権が誕生し，科学技術政策の抜本的な改革を進めていたが，その中で，産業としての成熟度が低く，国際競争力をもたない巨大技術プロジェクトの優先度を低めるとして，宇宙開発予算の削減が進められた[9]．イギリスはELDOからの離脱を示唆するようになり，これに伴って，フランス，ドイツにおいてもELDOの解消は既定路線となっていった．

ESAの創設

　その結果，1973年にESROとELDOを再編・統合し，ESAを設立することが決定され，「地理的均衡配分原則」に加え，プロジェクトごとに加盟国が参加・不参加を表明することができる「選択参加制」という仕組みが導入されることとなった．これにより，ロケット開発や衛星開発をする際に，各国は自由に参加・不参加を決めることができ，さらに資金提供の割合も自由に決めることができるようになった．つまり，自国がリーダーシップをとり，衛星の主契約を受注しようとすれば，積極的に多額の資金提供をし，自国の企業に主契約をとらせることができる．リーダーシップをとらなくても，プロジェクトに参加し，特定の技術(たとえば地球観測衛星のセンサー技術)などを獲得しようとする場合は，それに見合った資金提供をし，その部品やコンポーネントを受注することが可能となる．また，宇宙技術をほとんどもたない国でも，一定額の資金提供をすることで，大きなプロジェクトの一部に参加し，技術開発の端緒に

つくことができるようになる[10]．このように ESA の制度は，各国の自由度を高めながら，ELDO の轍を踏まないようプロジェクトのリーダーシップと役割分担を明確にし，設計から開発・製造までを一貫して主契約企業が中心になって行うように設計された．その代表例が，フランスが主導したアリアンロケット（上述した L3S が ESA プロジェクトとなり改名）であり，フランスのアエロスパシアル社と同国の宇宙機関 CNES が中心となって開発しながら，他の国々を下請けパートナーとして資金提供額に応じて業務分担し，全体としての技術的一貫性を担保しつつ，各国の利害を満足させるような形で開発が進んだ．

ただ，ESRO を創設し，欧州の宇宙科学を発展させようとしていた科学者たちは，このような制度に満足しなかった．各国が自由に参加・不参加を決定できるのであれば，産業的なインプリケーションが低く，純粋に学術的な価値しかないようなプログラムに多額の資金を集めることは困難となる．そのため，ESRO の精神を継続し，宇宙科学プログラムを保護するためにも，科学プログラムだけは「選択参加制」をとらず，資金は各国の GDP 比に応じた出資とすることが定められた．このことは，ESA の設立条約である ESA 憲章の中に，科学プログラムは宇宙科学委員会が決定する，として明記され，加盟国の利益や戦略に影響されることなく実施できるような体制が定められた[11]．

また ESA 憲章では，その活動を「専ら平和的目的」に限定すると明記した（ESRO にも同様の規定があったが，宇宙科学活動の軍事的価値は大きくなかったため，重視されなかった）．これは，ESA の加盟国の中にスウェーデンやアイルランドといった中立国（NATO などの軍事同盟に参加しない国々）が含まれていたためであった．それらの国は，ESA によって開発された技術が NATO などの軍事活動に応用されることは中立原則に反するとして，この「平和的目的」を「各国の軍が関与しない」と解釈するよう求めた．その結果，ESA は各国の軍事機関からの資金提供を受けることができなくなり，純粋に民生向けの技術開発と応用を行うことが定められた．

こうして，トラブル続きであった欧州の宇宙開発は，1975 年に ESA が発足することで問題の多くが解決し，ここから欧州の宇宙開発は大きく進展していくこととなる．これらの制度は，加盟国の自由度を最大限に保証しながら，欧州域内での協力を可能にし，宇宙科学プログラムを保護する仕組みであった．

また「平和的目的」原則が確立されたことで，欧州の宇宙開発は「ハードパワー」としての宇宙開発という位置づけを排除し，衛星通信やロケット開発，さらには気象衛星などの実用衛星の開発へと進んでいった．このように ESA を設立することで，欧州の宇宙開発は「ハードパワー」を放棄し，「社会インフラ」としての宇宙開発へと方向性を定めたのである．

3　宇宙システムの商業化

アリアンロケット

ESA の創設とフランスのリーダーシップにより，ロケット開発のめどが立ち，1979 年に欧州で初めてアリアン 1 号の打ち上げが成功した．このロケットは，南米大陸の南緯 2 度にあるフランス領ギアナのクールー射場から打ち上げられた．ロケットは赤道近くから打ち上げるのが最も効果的であり，通信衛星などが使う静止軌道は赤道上にあるため，赤道直下で打ち上げるのが最も距離が近く，必要とされる燃料の量も少なくて済む(つまりより重たい衛星を打ち上げることができる)．その意味で，クールー射場は世界でも類を見ない好条件の打ち上げ射場である．

アリアンロケットの打ち上げに成功したとはいえ，アメリカやソ連のロケットが偵察衛星や軍事通信衛星の打ち上げによって打ち上げ回数を増やし，その分ロケットの技術を成熟させることができたのに対し，欧州が米ソ並みに独自の衛星を大量に開発・製造することは，産業力から見ても，資金力から見ても困難であり，打ち上げ機会を確保することは至難の業であった．そのため，欧州がとった戦略は打ち上げサービスの商業化であった．

アリアンロケットが打ち上げに成功したのは，おりしもアメリカがポスト・アポロ計画としてスペースシャトルを開発し，最初のスペースシャトル，コロンビア号を打ち上げようとしていた時期であった(打ち上げは 1981 年)．第 1 章で論じたように，アメリカは，宇宙往還機であるスペースシャトルは，打ち上げと着陸を何度も繰り返すことでコストを下げることができると考えており，そのため，使い捨てロケットの開発・製造を停止し，宇宙飛行士も衛星もすべてスペースシャトルで打ち上げる方針をとっていた．しかし，実際にスペー

シャトルが運航を始めると，衛星を打ち上げるコストが使い捨てロケットの10倍以上かかることが明らかになった．これに問題を感じていたのが，インテルサットであった．インテルサットは国際機関ではあるが，加盟国の代表は各国の通信会社（日本は国際電信電話＝KDD）であり，コスト感覚は政府よりも優れていた．欧州はそこに目をつけたのである．フランスの宇宙機関CNESは，アリアンロケットの販売営業を行う企業としてアリアンスペース社を設立し（CNESが最大の株主であるが，民間企業も出資している），スペースシャトルよりも打ち上げコストが廉価であることと，西側諸国ではスペースシャトル以外にはアリアンロケットしか衛星を打ち上げる手段がないことを武器に，インテルサットを筆頭に衛星打ち上げを希望している通信会社に対して営業活動を行うようになった．その結果，1979年のアリアンロケット初号機の打ち上げ前に，インテルサット衛星の打ち上げを受注したのである[12]．

このアリアンロケットの商業化により，宇宙開発をめぐる「パワー」の概念が大きく変わった．すでに述べたように，1960年代には自国の衛星を打ち上げようとしても，アメリカのロケットに依存せざるをえず，シンフォニーの打ち上げのように，アメリカに阻止されることも起こりえた．しかし，アリアンロケットが商業的に衛星を打ち上げることには政治的な判断が入りにくく，商業的に契約を交わせば，どの国でも衛星を打ち上げることができることになる．つまり，欧州以外の第三国の衛星の打ち上げがアメリカに阻止されたとしても，欧州のロケットを使うことでその国の目的が達成できることになった．つまり，アメリカの「拒否権」が機能しなくなったのである．

SPOT衛星

欧州が宇宙の商業化を進めたのはロケットだけではない．ESA憲章で「平和的目的」が明確に規定されたため，ESAを通じた軍事目的の衛星開発は原則としてできなくなった．しかし，グローバルな軍事的関心をもつイギリスとフランスは，独自の軍事衛星を保有することを目指しており，軍事通信衛星に関しては，1960年代から英仏両国での開発が進んでいた．偵察衛星に関しては，イギリスは同盟国（アメリカ）との情報交換によって衛星画像を入手できるとして，その保有を目指すことはなかったが，フランスは1966年にNATOの統

合軍事機構から離脱し，アメリカの衛星画像情報に依存している状況から脱却することを目指していた[13]．そのためフランスは，偵察衛星の保有に対する関心は高かったが，同国国防省は衛星開発の費用を全額負担することには難色を示していた．そのためフランスは，ESA を通じて民生向けの地球観測衛星を開発し，そこで培った技術を使って軍事目的の衛星を自国で開発するという戦略を描いた．しかし ESA 加盟国の多くは，フランスが提案する地球観測衛星が光学センサーを用いることに反対した．光学センサーとは，普通のカメラのように光学的な刺激に対して反応するもので，雲に覆われた地域の画像を撮ることが困難であり，晴れていないと意味のある画像が取得しにくいという難点があった．この光学センサーを搭載した地球観測衛星の開発に強く反対したのはドイツであった．ドイツは，地球観測をするのであれば，中東欧からロシアにかけての地域を対象とすることを想定しており，この地域は雲が多いため，光学センサーではなく合成開口レーダー(Synthetic Aperture Rader; SAR)による地球観測衛星を開発すべきと主張した．合成開口レーダーは，電磁波を地表に当て，反射してきた電磁波を受け取って画像にするため，雲によって遮られていても画像を取得することができるという利点があるが，同時に，電磁波の反射であるため，その画像の分解能(解像度)を高めることが難しく，また，その画像の解析には高い技術を必要とする．フランスは，雲の少ない地中海・アフリカ地域の画像に関心があり，軍事的な利用価値の高い光学センサーを求めていたため，ドイツと歩調を合わせてレーダー衛星を開発することを拒否した．

　フランスは，ドイツとの間で地球観測をめぐって議論する一方，国内でも大きな問題が起きていた．フランスが NATO を脱退した 1960 年代後半は ESA の設立を議論していた時期であったが，ESA を設立することは，これまでフランス一国ないしは仏独で衛星を開発してきた CNES の技術者たちにとって，ESA に仕事を奪われることを意味していた．そのため，トゥールーズにある CNES の衛星開発センターを中心に激しい反対運動が起きた．その結果，フランス政府は地球観測衛星を，ESA を通じて開発することをあきらめ，フランスの国家プログラムとして SPOT 衛星[14]を開発し，トゥールーズに仕事を与えることを決定した．つまり SPOT 衛星は「公共事業としての宇宙開発」というニュアンスももっていたのである．

しかし，フランス一国で衛星開発のコストを負担するのが困難であることには変わりがなかった．そのため，まずフランスは ESA の枠組みから離れ，光学衛星に関心をもっていたスウェーデンとベルギーとの間で，3カ国による衛星開発協定を結んだ．いずれも4％ずつの出資であったが，彼らにとって魅力だったのは，出資分に応じて衛星の運用時間を獲得できるということであった．これは，SPOT衛星の寿命を計算し，その寿命のうち出資分(4％)の時間をフランスの意向を気にすることなく，自由に好きな場所の画像を取得することができる，という取り決めであった．この仕組みは，後にMUSISと呼ばれる軍事衛星の相互運用の基礎となる仕組みとなった(終章参照)．

スウェーデンとベルギーの資金提供を仰いでも，まだSPOT衛星の開発には十分な予算が得られなかったため，フランスはさらなる措置を講じることになった．それがSPOT画像の商業化であった．第1章で述べたように，すでにアメリカはランドサット衛星を運用しており，科学的な目的であれば，アメリカ以外の国でもその画像を取得することができたが，逆に軍事的な目的に転用することは厳しく制限されていた．ところが1982年，フランスはアリアンロケットと同様に，SPOT衛星の画像を販売するSPOT Imageという会社を設立し(こちらもCNESが最大の株主)，世界中に画像を販売することとなった．これにより，一定の制限はありながらも，安全保障を目的とした衛星画像を入手することが可能となり，偵察衛星をもたない国であっても，特定の地域の衛星画像を手に入れることができるようになった(ただし，SPOT衛星の分解能は低かった[15])．こうして，フランスが衛星画像の商業化を始めたことで，第1章でも述べたように，アメリカも地球観測衛星の戦略を練り直さざるをえなくなり，その他の国は人工衛星を開発しなくても画像を入手できるようになったため，ロケットのときと同様に，偵察衛星／地球観測衛星の開発と保有は「ハードパワー」として機能しにくくなった．しかし，分解能の低さや安全保障上の制限という問題があるため，本格的に軍事目的で利用しようとする国にとっては，自国での衛星開発が依然として重要と考えられていた．

意図せざる「社会インフラ」化

このように，欧州(とりわけフランス)が主導して宇宙システムの商業化を進め

たことで，国家の「パワー」としての宇宙開発の在り方は大きく変わることとなった．従来は，「米ソ宇宙競争」を通じた技術力の誇示であり，国家のプライドをかけた競争の手段であり，また軍事的な能力のレベルを示すものとして宇宙開発は位置づけられてきたが，宇宙システムの商業化が進むことによって，商業的な取引を通じて，これらの能力を手に入れることができるようになり，一国でロケットや衛星を開発することの意味が薄れてきたのである．また，これまでのアメリカの独占状態だった市場に欧州が風穴を開け，どのような国でも宇宙技術にアクセスできるようになったことで，アメリカの「ハードパワー」を切り崩し，宇宙システムを「社会インフラ」として位置づけなおすことにもなった．これらのことは，欧州が意図して行った結果というよりは，アメリカへの依存を減らすことを目的としながらも，財政的な制約のために已むに已まれず商業化を選択したという解釈が適切である．その意味では，意図せざる結果としての宇宙システムの「社会インフラ」化であったと言えるが，こうしてできあがった「社会インフラ」としての宇宙システムという流れは，その後の世界の宇宙開発に大きな影響を与え，欧州の宇宙開発の戦略的な方向性にも影響を与える結果となったのである．

4　有人宇宙飛行と欧州

　欧州は，アメリカが進めたポスト・アポロ計画であるスペースシャトルのおかげで，アリアンロケットを商業化することに成功したが，同時に欧州はスペースシャトルで悩ましい経験もすることとなった．第1章で述べたように，アメリカはポスト・アポロ計画を進めるにあたって財政的な制約に直面し，国際協力を通じてスペースシャトルを開発することを呼びかけた．当時，スペースシャトルの開発に実質的に協力できるだけの技術をもっていたのは西側諸国では欧州と日本だけであったが，日本は時期尚早として参加しなかったため，欧州だけがアメリカの呼びかけに応じることとなった．欧州の技術者たちは，米ソが宇宙競争を通じて技術力を上げていくことで，欧州が米ソの間に埋もれてしまうことに危機感を感じていた．また，将来的に有人宇宙活動が商業的な成果を生み出し，産業革命に匹敵するような新たな産業構造が生まれた場合，米

ソにそれを独占されることは欧州としても認めがたかった．そのため，スペースシャトルの開発に参加することは，欧州の技術者や宇宙産業にとって重要なことと判断された．中でもドイツでは，微重力状態での科学研究が新薬の開発や新たな科学的な発展につながるとの期待が高く，科学者もスペースシャトルの開発に参加することを要請していた[16]．また，アメリカに移住したフォン・ブラウンなどに代表されるように，ドイツにおいて有人飛行への憧憬は第二次世界大戦前から強く存在していた．

スペースラブの教訓

しかし，スペースシャトルの開発にアメリカの国防総省が出資し，設計段階から関与することになったため，欧州の立場は宙に浮いてしまった．国防総省はスペースシャトルの技術は軍事的に利用できる可能性があり，それを同盟国であっても他国に公開することは安全保障上の脅威となると考え，欧州の役割をできるだけシャトル本体の開発から遠ざけようとしたのである．ドイツの科学者が微重力研究に力点を置いていることを見てとった国家航空宇宙局（NASA）は，欧州にスペースシャトルの貨物室に搭載する実験施設（スペースラブ）の開発を提案した．スペースラブはスペースシャトルに接続して利用することが想定されていたため，有人宇宙飛行に必要な生命維持装置などの技術開発はできなかった．スペースシャトルの開発を通じて，欧州独自の有人宇宙飛行技術の開発を目指していた技術者たちは失望したが，スペースラブは与圧施設（人が中で宇宙服を着ずに活動できる施設）として設計され，一定程度の技術が獲得できると見込まれていたため，一部の技術者は積極的にNASAの提案を受け入れるようになった．また，NASAは将来頻繁にスペースシャトルが飛行することを想定していたため，スペースラブは最低でも12機ほど必要になるとの見積もりを伝えていた．欧州の産業界も，一定の調達規模があれば技術の成熟と予算規模が期待できるとして賛成することとなった．

しかし，この期待は大きな失望へと変わっていった．スペースシャトルは当初の予想よりも，打ち上げにかかるコストと地球に帰還してからの修復に時間がかかり，頻繁な打ち上げが見込めなくなったこと，また，1986年のチャレンジャーの事故により，スペースシャトルの打ち上げが2年以上停止されたこ

となどが重なって，欧州が期待していた12機の受注という見込みはなくなり，最終的には2機のスペースラブをNASAに納入しただけで終わってしまった．12機の生産を見込んで予算を組み，研究開発資金を投入したESAも，それを受注した欧州の宇宙産業も大きな打撃を受け，「自由の女神像以来の最大の欧州からの贈り物[17]」と揶揄されるような状況になってしまった．

自律性をもった宇宙ステーションへの参加

このスペースラブでの苦い経験は，その後に続く宇宙ステーションへの参加に際し，大きな意味をもつようになった．1984年にアメリカから宇宙ステーションへの参加を打診されたESAでは，参加すべきかどうかをめぐり，激しい議論が展開された．スペースラブと同様に，アメリカを信用し，アメリカのシステムに依存した参加の形態では，同じような結果をもたらすとして，単純に宇宙ステーションに参加するという選択肢は排除された．しかし，恒久的な有人宇宙活動の拠点作りに参加しなければ，欧州はまた取り残されてしまうという懸念もぬぐい切れなかった．この二つの立場を止揚する形で提案されたのが，欧州の自律性を確保しながら宇宙ステーションに参加するというアイディアであった．1985年，ローマにおけるESA閣僚理事会では，アリアンロケットの経験から，欧州の自律性を確保するためには輸送システム(ロケット)を独自で確保し，宇宙ステーションのモジュールも宇宙ステーションから独立することができるようなシステムにしなければならないとの提案がなされた．その後，1987年のハーグにおけるESA閣僚理事会で，独自の輸送システムとして有人シャトルとしてのエルメスと，それを打ち上げるためのアリアン5ロケット，そして宇宙ステーションに接続しながらも，独立した生命維持装置や電源などをもつコロンバス・フリー・フライヤーというモジュールの開発が決定された．これにより，仮にアメリカが宇宙ステーションの建設を中止しても，欧州は独自の宇宙ステーションプロジェクトを進めることができ，アメリカに振り回されることのないスケジュールで開発を進めることが計画された[18]．

このような野心的なプログラムを真っ向から批判したのはイギリスであった．かつて1960年代のウィルソン政権で，投資効率の悪い宇宙開発からは撤退するとして，宇宙開発の優先順位を下げていたイギリスであったが，1985年の

ローマ ESA 閣僚理事会では，独自の有人活動に対して積極的な姿勢を見せていた．しかし，1987 年の総選挙の結果，宇宙開発に懐疑的なケネス・クラーク (Kenneth Clarke) が宇宙担当大臣となり，欧州の自律性を強調する有人活動事業は投資効率が悪いとして，1987 年のハーグ ESA 閣僚理事会でクラークは，その決定に反対票を投じた[19]．しかし，すでに説明したように，ESA におけるプログラムの参加は「選択参加制」をとっているため，イギリスが参加せずともプロジェクト全体が滞ることはなく，結果としてイギリス抜きで欧州の有人プログラムが進むこととなった．

冷戦の終焉と財政的制約

ところが，1991 年にソ連が崩壊し，アメリカでも宇宙ステーションの政治的価値が下がり，議会の支持が得られないようになると，欧州でも野心的なプログラムを継続すべきかどうかが大きな問題となった．とりわけ大きな問題となったのが，1990 年のドイツ再統一に伴うドイツの財政政策の大転換であった．東西ドイツの統一により，旧東ドイツ地域のインフラ整備や職業訓練など，ドイツ再統一に伴う莫大なコストが発生したため，かつての西ドイツ時代の予算を大きく再編し，結果としてドイツ再統一とは直接関係のない宇宙開発予算に大ナタが振るわれることとなった．また，ドイツ再統一をきっかけに進んだ新たな欧州統合の展開，とりわけマーストリヒト条約の締結に伴う単一通貨ユーロの創設は，ユーロに参加しようとする多くの EU 加盟国の財政政策を制約する効果をもっていた．ユーロに参加するには，「マーストリヒト基準」と呼ばれる，財政赤字の制限（GDP 比で 3% 以内）や累積政府債務の制限（GDP 比で 60% 以内）が条件となっており，それに合致するよう，各国は厳しい財政緊縮策をとらなければならなかった．とりわけ，ESA 加盟国の中で 3 番目の資金拠出国であったイタリアは，多大な財政赤字と累積政府債務を抱えており，その削減のために「ユーロ税」と呼ばれる新税を導入するなどして，ユーロ参加の条件を整えようとしていた．その結果，最大の資金提供国であったドイツだけでなく，多くの国が野心的な有人プログラムに対して後ろ向きになり，その維持はほぼ不可能になった．1992 年のグラナダ，1995 年のトゥールーズにおける ESA 閣僚理事会で，エルメスの中止，コロンバスの大幅な縮小が決定された．

アリアン5だけは将来的な衛星打ち上げ事業に活用できるとして，フランスがドイツの削減分を埋め合わせることで維持されたが，コロンバスは独立したモジュールではなくなり，宇宙ステーションに常時ドッキングして，電源や生命維持装置，居住区などはすべてアメリカのモジュールに依存することとなった．またエルメスが中止となったため，宇宙飛行士の輸送もすべてアメリカのスペースシャトルに依存することとなった[20]．

　このように，欧州における有人宇宙事業は，アメリカへの依存がもたらすリスクと，財政的な制約との間で揺れ動き，混乱したまま，現在まで腰の定まらない状況が続いている．その大きな原因として，欧州は「ハードパワー」としての宇宙開発を追求せず，あくまでも「社会インフラ」としての宇宙開発を進めてきたということがある．そのため，自律性を高め，アメリカの「ハードパワー」に対抗しようとしても，それが最終的には優先事項にならず，また，自律性を高めて国内外に対する「ソフトパワー」のシンボルとして宇宙開発を用いるという方向性を打ち出すこともできなかった．その結果，「社会インフラ」としての宇宙開発とは言いがたい有人宇宙事業は，財政的な制約が強まると，とたんにその優先順位を下げるという結果になっているのである．さらに興味深いのは，有人宇宙プロジェクトの中でも，「社会インフラ」としての機能をもちうるアリアン5だけは中止や縮小を逃れ，事業として継続することが決定されたことである．もちろんここにはフランスの強いコミットメントがあったことは確かだが，それが「社会インフラ」としての役割をもたなければ，他のESA加盟国に参加を求めることもできなかったであろう．

5　ポスト冷戦とグローバルな競争力の強化

　冷戦終焉とドイツ再統一，マーストリヒト条約によって，宇宙ステーションだけでなく宇宙開発予算が全面的に見直される中で，欧州の宇宙開発政策も大きく変更していかざるをえなくなった．さらに，アメリカで冷戦後の軍事費の削減に伴って航空宇宙産業が大きく再編され，ボーイングやロッキード・マーチンなどの巨大企業が登場したことで，グローバル市場における競争が激化し，欧州の航空宇宙産業も生き残りをかけた改革を進める必要に迫られた．

第Ⅰ部　宇宙開発国の政策目的

欧州航空産業の再編

　欧州の航空宇宙産業は，第二次世界大戦直後まではアメリカと同等ないしはそれ以上の技術力をもち，グローバルな競争力をもっていた．世界初のジェット旅客機であるコメットや，世界初の商業超音速機であるコンコルドなどは，欧州の技術力を示すものであり，グローバル市場における存在感を高めるものであった．しかし，コメットは運用初期の事故によって商業的な機会を失い，コンコルドは価格や運用コスト，またソニックブームと呼ばれる衝撃波の問題を解決できず，開発したイギリス，フランス以外の国から調達されることはなかった．このように，欧州の航空宇宙産業が，技術力がありながらも商業的に成功しなかった理由として，欧州の産業界が各国ごとに編成されており，アメリカの企業と比べると個々の企業の事業規模が小さく，十分な競争力をもたなかったことが挙げられる．このような障害を乗り越えるべく始まったのがエアバス・コンソーシアムである．これはイギリスのブリティッシュ・エアロスペース，フランスのアエロスパシアル，ドイツのダイムラー・エアロスペース，スペインのCASAという4社がコンソーシアム（共同事業体）を構成し，大型の旅客機を開発・製造して，アメリカ企業が圧倒的な競争力をもつグローバル市場に参入しようとするものであった．このエアバス・コンソーシアムは商業的な大成功を収め，現在ではアメリカのボーイングを超えて，大型旅客機の世界シェアのトップを走っている[21]．

　しかし，このようなエアバスの成功も，ポスト冷戦期のアメリカにおける産業再編によって大きな影響を受けると考えられていた．とりわけ欧州にとって大きな衝撃であったのは，1997年のボーイングとマクドネル・ダグラス（MDD）の合併であった．この両者はエアバスと競合する大型旅客機を製造しており，すでにエアバスは市場シェアでMDDを凌駕していたため，ボーイングによるMDDの救済という色彩の強い合併であった．それによって，ボーイングはエアバスと競争するうえでより強い競争力をもつこととなり，エアバスに参加する欧州各社は，この合併による競争力の低下を恐れていた．そのため，これまでのコンソーシアム方式では，合併後のボーイングとの競争に勝てないとの危惧が高まり，欧州の産業再編を進めるべき，との声が高まった[22]．

　しかし，エアバスに参加する各社のうちブリティッシュ・エアロスペースは，

エアバスだけでなく，他の製品(とりわけ軍用電子機器などの軍用製品)で北米市場に深く入り込んでおり，他の欧州諸国の企業と合併すると独自の企業活動が制約されるとして，合併を拒否した．また，欧州最大の軍事・航空・宇宙企業であるフランスのアエロスパシアルは，国営であり，他の欧州企業との合併によって国家の関与が薄まり，生産拠点の移転や人員削減などに対して拒否権が発動できなければ，国内の雇用を維持することが困難になるとして，国営のままの合併を要求したが，他の欧州諸国企業は経営の自由を失うような政府の関与を認めなかった．当時，右派(共和国連合)のシラク大統領と左派(社会党)のジョスパン首相というねじれ(コアビタシオン)状態にあったフランスでは，雇用の悪化を恐れる社会党がアエロスパシアルの民営化に反対していたこともあり，合併交渉は極めて難航した．しかし，フランス社会党も，このまま各国別に分かれた航空宇宙産業ではアメリカとの競争に勝てないとして，最終的にアエロスパシアルの民営化に賛成し，1999年にドイツ，フランス，スペインの「ナショナル・チャンピオン」企業が合併し，EADS(European Aeronautic Defence and Space)という「ユーロ・チャンピオン」とでも言うべき巨大企業が誕生することとなった[23]．

欧州宇宙産業の再編

　欧州の航空機産業の再編は，宇宙分野にも大きな影響を及ぼした．欧州における宇宙産業も，各国ごとに「ナショナル・チャンピオン」化されており，イギリス，フランス，ドイツ，スペインにおいては，航空機メーカーがすべて宇宙産業にも参入していたが，それ以外にも若干の衛星開発を行っているメーカーがあった．それがフランスのアルカテルとイタリアのアレニア，英仏合弁のマトラ・マルコーニであった．これらは表1に見られるように，合併を繰り返しながら結果としてEADSに吸収され，アルカテルとアレニアが合併し，現在タレス・アレニアというもう一つの「ユーロ・チャンピオン」となっている．

　このような企業合併は，もう一つの大きな問題を生み出した．それは「地理的均衡配分原則」をめぐる問題であった．すでに述べたように，「地理的均衡配分原則」は，大国にとっては資金負担を軽くし，中小国にとっては技術開発に関与できる機会を提供するという関係が成り立っており，ESAに加盟する

表1 欧州航空・防衛・宇宙産業の再編経過

	合併企業		合併後企業
1998.5	ブリティッシュ・エアロスペース(英)	SAAB(スウェーデン)	ブリティッシュ・エアロスペース(戦闘機)
1998.6	アルカテル(仏)	アエロスパシアル(衛星・仏) トムソンCSF(仏)	アルカテル(宇宙・防衛電子)
1998.12	GEC マルコーニ(英)	アレニア(伊)	アレニア・マルコーニ・システムズ(防衛電子)
1999.1	ブリティッシュ・エアロスペース(英)	GEC マルコーニ(英)	BAE システムズ(防衛全般)
1999.6	DASA(独)	CASA(西)	DASA(防衛全般)
1999.7	アエロスパシアル(仏)	マトラ(仏)	アエロスパシアル・マトラ(防衛全般)
1999.10	アエロスパシアル・マトラ(仏)	DASA(独)	EADS(防衛全般)
1999.12	マトラ・マルコーニ・スペース(英仏)	DASA(宇宙・独)	アストリウム(宇宙)
2000.4	マトラBAEダイナミクス(英仏)	アレニア・マルコーニ・システムズ(伊)	マトラBAEダイナミクス(ミサイル)
2000.12	ラカル(仏)	トムソンCSF(仏)	タレス(防衛電子)
2003.2	アストリウムLtd.(BAE宇宙部門・英)	EADS(仏独西)	EADS(宇宙)
2005.6	アルカテル(仏)	アレニア(伊)	タレス・アレニア・スペース(宇宙)

出典：著者作成．

国が相互に利益を見出すことができる仕組みであった．しかし，アメリカの産業再編に伴い，グローバル市場での競争が激しくなってくると，この「地理的均衡配分原則」をめぐって大きな議論が巻き起こるようになった．というのも，この原則は，競争力の低い中小国の企業にも義務的に契約を配分することから必然的に全体のコストが高くなり，また技術・品質の低下が起こりやすくなる．そのため，グローバル市場で商業的に競争するにあたって，「地理的均衡配分原則」は不利に働くことになる．したがって，フランス，ドイツ，イギリスといった技術力，競争力のある企業を抱えるESA加盟国は，この原則の撤廃を求めたのに対し，中小国は自らの技術開発の機会が失われるとして強く反対した[24]．結果として，ESA加盟国は合意に達することができず，現在でも「地理的均衡配分原則」は原則として残っているが，フランスやドイツといった大国は，商業的に競争力のある衛星を独自ないしは少数国の共同事業として開発

する傾向を強めており，ESAはあくまでも新規技術の開発や欧州全域の社会インフラとなるような衛星(たとえば気象衛星)などを開発するといった，すみ分けを始めるようになっている．

　また，企業合併と「地理的均衡配分原則」の間にはもう一つ問題があった．合併によって「ユーロ・チャンピオン」企業が生まれ，企業の「国籍」が曖昧になることで，ESA加盟国が拠出した資金がどの企業に配分されるのかを明確にする必要が生じた．そのため，「ユーロ・チャンピオン」を作り出したフランス，ドイツ，スペイン，イタリアなどでも，それぞれの「国籍」をもった子会社を維持せざるをえず，同時に，ESAと契約するために，各国に生産拠点を分散させておく必要があった．このように，「ユーロ・チャンピオン」企業を創設し，企業規模の拡大によって競争力を強化しようとしても，旧来からの仕組みによって，競争力を強化するための措置(たとえば生産拠点の集約)が行えない，といった問題が残った[25]．

それでも強化された欧州の競争力

　とはいえ，これによって欧州の宇宙産業の競争力が失われ，アメリカの宇宙産業が市場を圧倒したというわけではない．むしろその競争力は強化している．その第一の理由は，第1章で述べたように，アメリカが軍事的に宇宙システムを利用する傾向が強くなり，RMAと呼ばれる軍事技術のハイテク化を進めていったことで，宇宙システムの輸出が他国の軍事能力の強化につながることを懸念し，輸出に慎重になっていったことが挙げられる．アメリカは，1998年の中国のロケットによるアメリカ製衛星の打ち上げを通じて，中国がアメリカの宇宙技術を詐取していると判断し，アメリカ製の衛星を中国に輸出することを禁じただけでなく，ITAR(International Traffic in Arms Regulations)と呼ばれる軍事技術の輸出管理体制に宇宙技術を含め，アメリカ企業が中国以外の国に輸出する際にも厳しい許認可審査を実施している．これは，アメリカの宇宙産業の国際競争力を著しく低めただけでなく，アメリカの宇宙産業が握っていた市場シェアを欧州企業が奪取することが可能になった，ということも意味していた(第4章での議論も参照)．

　欧州の宇宙産業の競争力が強化されたもう一つの理由は，「官民連携(Public-

Private Partnership; PPP)」である．これまで宇宙開発は政府が主導し，政府が巨額の資金を投入し，産業界はそれに依存して政府の事業を受注するという構図が一般的であったが，宇宙技術が発達し，コストが下がってくると，産業界は政府に依存するだけでなく，自力で商業的に活動することが可能になる．また，政府の財政に制約が加われば，宇宙開発を政府の資金のみで賄うことが困難になってくる．そこで生み出されたのがPPPという概念であった．これは，民間の資金を用いて政府が宇宙開発への支出を削減するだけでなく，政府のミッションとして開発した衛星を民間企業が自らの商業的な活動に使うことを可能にする仕組みである．これが最も成功した例が，イギリスの軍事通信衛星SKYNETのケースである[26]．

イギリスは，1960年代からESRO/ESAの通信衛星プログラムをベースにした軍事通信衛星を開発・運用しており，宇宙開発全般に対して関心の低いイギリスにあって，非常に大きな存在感のあるナショナルプロジェクトとして継続されてきた．すでにSKYNETの第四世代(SKYNET4)が，1988年の打ち上げを皮切りに，2001年までに5機打ち上げられており，イギリスのグローバルな軍事展開には不可欠なインフラとなっていた．しかし，限られた予算を最大限に効率化し，Value for Money(価格に見合った価値)を合い言葉に政府の事業再編を進めるブレア政権は，軍事通信が，平時には遊休資産として能力が十分発揮されていないことに着目し，新たなSKYNETシリーズをPFI(Private Finance Initiative)方式で調達することを決定した．これは，民間企業が自らの資金で政府の仕様要求に適合する衛星を開発・製造・打ち上げ・運用し，イギリス国防省が長期的な顧客契約(アンカー・テナンシー契約)を結び，毎年利用料を支払う，という仕組みになっている[27]．これにより，国防省は，衛星開発・製造・打ち上げにかかる費用を運用当初に集中的に背負う必要がなくなり，長期的な契約(15年で合計25億ポンド＝約5,000億円)を通じてコストを分散することが可能になった．また，契約を受注した企業は，国防省からの利用料という安定収入を得て経営基盤を固めるとともに，通信能力に余裕がある平時には，その余剰能力を民生用ないしは他国の軍事用の通信に割り当て，そこから収入を得ることが可能となる．

こうしたPFI方式での調達公募に数社が応札し，最終的にEADSの子会社

であるパラダイム・セキュア・コミュニケーションズが落札し，EADS アストリウムが衛星の製造を担当することとなった．折しも，イギリスがアフガニスタンやイラクといった通信需要の高い地域の紛争に関与していたため，イギリス国防省の利用が中心となっているが，ポーランドやオランダといった国々も SKYNET を使った軍事通信を行っており，パラダイム社はそれらの顧客からの収入もあって，経営は安定している[28]．

ポスト冷戦期の新しい「ゲームのルール」

このように，ポスト冷戦期の欧州では，アメリカにおける産業再編に強く刺激されて，欧州各国に分断されていた宇宙産業を統合し，ESA の制度改革も試みられた．しかし，結果として EADS やタレス・アレニアといった「ユーロ・チャンピオン」企業に再編されたとはいえ，ESA の「地理的均衡配分原則」は変わらず，生産の効率化と競争力の強化という点では十分な進展はなかった．しかし，このような各国の利害の対立がありつつも，欧州は「官民連携」という政治と宇宙開発の新たな関係を生み出し，それを切り口にして，グローバル市場での競争力強化を目指している．

ここから言えることは，これまでも「社会インフラ」としての宇宙システムを志向してきた欧州は，政府と民間が一体となってポスト冷戦期に訪れたグローバル市場での宇宙の商業化に参入し，社会インフラを提供することで収益を生み出すという，新たな宇宙開発の「ゲームのルール」を作り出している，ということであろう．こうした新しい「ゲームのルール」を作り出すことで，欧州は他の国よりも先んじてグローバル市場を制する「ソフトパワー」を獲得し，国際的な影響力を確保している．これは意図的に行われているというよりは，どちらかと言えば，ポスト冷戦という新たな状況に対応するために生み出された弥縫策に近いと言えるかもしれない．しかし，状況の変化に受動的に対応するだけでなく，積極的に新たなアイディアを投入し，それを「ソフトパワー」に変えることができたということが，欧州の宇宙開発が，軍事的・技術的な「ハードパワー」を目指さずとも，国際社会にインパクトを与えてきた大きな理由になっているとも言えよう[29]．

6　EUの参入

ポスト冷戦期の欧州の宇宙開発には，もう一つ大きな変化が起きている．それは，欧州における宇宙開発協力の初期段階では排除されていたEUが参入してきたことである．上述したとおり，1960年代から欧州における宇宙開発の協力体制は，イギリスの関与を確保するため，超国家的な意思決定手段を排除し，あくまでも政府間協力の仕組みとしてESROとELDOが設立され，それらが統合してESAとなった．そのESAでは，加盟国の参加や資金拠出の自由度を最大限に保ちながら共同で技術開発することを可能にする仕組みが導入され，超国家的な意思決定方法をとるEUは遠ざけられてきた．冷戦の終焉とマーストリヒト条約の締結で，EUが外交安全保障の分野にも関与するようになってきたが，1990年代に起こった旧ユーゴスラビア紛争では，欧州大陸で起きていた紛争にもかかわらず，EUは主体的に問題を解決することができず，その対外的な能力の限界は明らかであった．

EU参入の背景

このような状況の中で，EUは宇宙開発に関与する必要性を認識し始めていた．EUがそうした認識を高めていったのには，いくつかの理由がある．第一に，EUはEECとして発足して以来，予算の大半を使って共通農業政策を実施し，加盟国の農業従事者に対する補助金行政を行ってきたが，その政策執行にあたり，衛星を積極的に活用していたことが挙げられる．EUは，現在では27の加盟国からなる大きな地域機関であるが，その政策を執行する職員の数は2万人足らずであり，補助金の交付やさまざまな規制の監視などは加盟国の行政当局に依存している．しかし，行政能力が十分に高くない加盟国もあり，不正や汚職が疑われるケースもある．そのため，EUの執行機関である欧州委員会は，補助金を交付するにあたり，加盟国の農家が申請通りの作物を育て，出荷しているかどうかを確認する目的で，地球観測衛星のデータを用いて作付けを監視し，EU域内の農産物の市場動向を予測し，それに基づいて補助金の交付計画を立てる．1992年にはフランスのSPOT4衛星にEU（当時はEC）が開

発したセンサーを搭載するなど，EU は自ら運用する宇宙システムが必要と考えていた．

　第二に，1990 年代のバルカン半島での紛争は，NATO 軍，とりわけアメリカ軍が中心になって介入したことによって，その上空が戦闘空域に指定され，航空管制に GPS が使えない状況となっていた．そのため，バルカン半島に隣接する地域を飛来する欧州の航空会社にとって極めて不都合な状況が生じた．この経験から，欧州の航空会社は，測位・航法をアメリカの軍事システムである GPS に依存するのは極めてリスクが大きく，欧州は独自の測位・航法衛星をもつ必要があると主張するようになっていた．この主張を引き受け，主体的に動いたのが，欧州委員会の運輸総局（日本の旧運輸省に相当）であった．欧州委員会は，これを一つのきっかけとして，それまで関与できなかった宇宙開発の分野に進出し，新たな政策を展開することで，加盟国の主権に属するとされてきた分野にも一定の発言力を確保しようとしたのである．

　第三に，1992 年のリオデジャネイロにおける地球環境サミットから 1997 年の京都議定書締結までのプロセスで，EU は地球環境問題，中でも地球温暖化問題に関してグローバルなリーダーシップを発揮し，環境問題に関しては，加盟国レベルではなく，EU レベルでの政策立案，執行，グローバルな交渉を行うべきであるとのコンセンサスができあがっていた．また，1994 年には EU の環境政策に関するデータ収集・分析を行う欧州環境機関（EEA）が設立されており，そこで用いられるデータを収集するためには衛星システムが必要であるとの認識が高まっていた．

　このような背景から，EU は ESA との関係を強化するべく積極的に働きかけるようになる．1998 年には ESA と EU の合同理事会が開かれ，また 2003 年には，ESA と EU の間で枠組み協定（Framework Agreement）が結ばれ，定期的に「宇宙理事会（Space Council）」と呼ばれる，EU の競争力閣僚理事会（各国の産業大臣，科学技術担当大臣などで構成）と ESA の閣僚理事会（宇宙開発担当大臣）が開かれるようになり，欧州全体での宇宙開発戦略が決定されるようになっていった[30]．

第Ⅰ部　宇宙開発国の政策目的

ガリレオ計画

　この新しいESAとEUの関係構築は，新たな二つの大きな戦略的プログラムを生み出した．その一つが欧州版GPSと呼ばれるガリレオ計画である[31]．これは，すでに述べた，旧ユーゴスラビア紛争を一つのきっかけとしてEUの運輸総局が中心になって進めた計画であるが，この計画がユニークなのは，衛星の製造・運用費用を宇宙開発予算(ESAの予算)ではなく，EUの予算から出している点である．これまでの欧州の宇宙開発は，加盟国レベルで軍事的目的のために防衛予算から支出しているものを除けば，宇宙機器を開発し，製造し，運用するのは宇宙予算からであった．しかし，宇宙という予算費目をもたず，独自の宇宙開発機関ももたないEUは，ユーザーである運輸総局の予算(正確には汎欧州ネットワーク＝TEN)から支出することになっている．このため，ガリレオ計画は通常の宇宙開発プロジェクトとは大きく異なるものとなった．第一に，ガリレオ計画では合計30機の衛星を打ち上げることになっており，ESAでの技術開発段階で主導権を握れば，30機という大量の受注が可能となるため，加盟国間の主導権争いが熾烈を極めた．ESAの「選択参加制」では，加盟国の出資比率を自由に決めることができ，最大の出資国が主契約を獲得できるため，各国はこぞって出資額の拡大競争を行った．そのため，本来ならば1999年には決定しているはずの開発計画が，結局2001年末に，主導権を争っていたドイツとスペインがともに主契約を得るということで決着した．

　第二に，各国が出資額の競争をしたにもかかわらず，開発段階を終え，実際の製造段階に入ると，EUの予算で調達されるため，ESAのルールである「選択参加制」も「地理的均衡配分原則」も適用されず，純粋な競争入札となった．2009年に決まった最初の14機は，ドイツのOHBとイギリスのSSTLという小型衛星の専門メーカーが受注し，これまで開発にかかわってきたEADSやタレス・アレニアといった「ユーロ・チャンピオン」は受注を獲得できなかった．このような逆転劇が生まれたのも，ガリレオ計画がESA主導ではなく，EU主導であったからにほかならない．

　第三に，ガリレオ計画は多数の衛星を打ち上げるため，その予算は巨額にならざるをえず，その財政負担を軽減するためにPPP方式を導入した点である．ガリレオの開発はESA，製造はEUが出資しつつも，打ち上げと運用の費用

は民間企業が負担し，それをガリレオがもつ特性を生かしたビジネスを通じて商業的に回収するという計画が立てられた．この計画はアメリカのGPSよりも高い精度の測位信号を発信し，その一部を暗号化することで，有償で暗号解読の鍵を受け取るユーザーのみが信号を受け取ることができるというビジネスモデルを構築することであった．これはGPSよりも高い精度の信号(GPSが当時100mの精度であったのに対し，ガリレオは10mの精度を提供することを予定していた)を発信することで，GPSを使っているユーザーがガリレオ信号の受信機に移行することが期待され，その受信機に一定の課金をすることで収益が上がると考えられていた．さらに，航空会社や運送会社といった，移動体の位置を把握することが不可欠なビジネスに向けて，GPSが何らかの理由で(たとえば紛争や不具合で)利用することができなくなっても，ガリレオのサービスは継続するという保証をすることで，商業的に測位信号を販売できると考えていたからである．通常，無料で民間に開放している測位信号は，有事の際にはGPSであってもガリレオであっても停止する必要が出てくる．というのも，敵対する勢力が測位信号を使って部隊を運用したり，精密誘導兵器のような武器を使用する可能性があるからである．こうした「敵性利用」を阻止するため，有事には無料信号は停止することになるのだが，ガリレオの商業サービスのように暗号化した信号は，暗号解読の鍵がなければ敵対勢力も利用できないため，停止する必要がなくなる．

　このような受信機への課金と暗号化した商業サービスによって，民間企業もガリレオに出資すると想定されていた．しかし，それは結果的に実現できなかった．というのも，第1章で述べたように，ガリレオの出現を脅威に感じたアメリカが，民生用の信号の精度を落とすSAを廃止したため，結果的にガリレオと同じ精度水準の信号を無料で提供することになったからである．その結果，ガリレオに参加する予定だった民間企業はビジネスモデルが崩れ，PPPの枠組みから離脱した．しかし，それでもEUは民間企業が出資する予定だった費用をEU予算から捻出することで，ガリレオ計画を継続することを決定し，現在に至っている．

GMES

　また，もう一つの目玉プロジェクトとなっているのが，GMES(Global Monitoring for Environment and Security)と呼ばれるものである．これも，通常の宇宙開発とは大きく異なるプロジェクトである．第一に，GMESは，宇宙機器といったハードウェアの開発ではなく，あくまでも衛星が取得する地球観測データを用いて政策決定に活かすことを目的としている．そのため，さまざまな衛星データの利用シーン（たとえば衛星を使って海賊の監視をする）を想定し，それらにおいて，衛星データが有用かどうか，また，既存の衛星データで不足しているものは何か，といったことを洗い出すプロジェクトが無数に生まれている．ここでは，これらのプロジェクトで有望なものに利用実証の予算をつけ，既存の衛星で十分なデータを取得できないのであれば，将来的にGMESの予算で開発されるセンチネル（監視員）と呼ばれる衛星にその要望を反映させ，それに基づいて衛星開発を行う，という手順をとっている．これまでの宇宙開発では，まず衛星開発が先行し，衛星を打ち上げてからその利用を促進するというパターンをとっていたが，GMESでは，利用方法が先に検討され，そのうえで必要な衛星を開発するという逆のパターンを描いている．

　第二に，その利用を検討するにあたって，宇宙産業だけでなく，ユーザーとなる機関（たとえば各国の環境省）やデータ解析を行う企業，大学の研究者などが関与し，最初からユーザーの意見を重視して検討しているという点である．これまでの宇宙開発では，技術的な検討は宇宙機関と宇宙産業の間で行われ，極めて狭い範囲で決定されていたが，GMESでは幅広くユーザーの声を聞いており，これまでにない衛星開発の手順をとっている．

　第三に，GMESには「S」，つまり安全保障の問題が含まれている点が挙げられる．すでに述べたように，ESA憲章では「専ら平和的目的」のみの宇宙開発を行うと規定されており，その解釈は「各国の軍が関与しない」というものであった．しかし，冷戦が終わり，これまで中立国としてNATOに加盟してこなかったスウェーデンやアイルランドも，そうした中立概念が大きく変わったことを自覚するようになった．EUにおいても，欧州安全保障防衛政策(ESDP)が2001年のラーケン欧州理事会で決定され，2009年に発効したリスボン条約でも安全保障問題に関する権限がEUに与えられることとなった．この

ような動きを受けて GMES の安全保障プログラムも進んできており，ESA の「平和的目的」の解釈も変わりうるという認識が共有されていた．そのため，ESDP の枠内で海賊対策のためにソマリア沖に派遣されている EUNAVFOR と呼ばれる EU 各国のパトロール艇によって構成される船団において，GMES で開発したソフトウェアや解析データが用いられたりしている．

ESA と EU の関係

このように，ガリレオと GMES という二つの基幹プログラムを通じて，EU が主導し，ESA が技術開発を担うといった役割分担が定着しつつある．しかし，誤解のないように付言しておけば，ESA は独自の衛星開発，ロケット開発を止めたわけではない．ESA は独自の活動を継続しつつ，EU のプロジェクトもその一部として行っているという状態であり，両者が完全に融合したわけではない．ESA にとって，減少していく予算を食い止め，宇宙開発の社会的意義を強化してくれる EU との関係は重要であり，それ自体は歓迎されるものとして受け止めているが，すべての研究開発や宇宙科学プロジェクトの意思決定を EU に委ねるものではない，ということも強く主張している．

EU と ESA の役割分担ができてきたとはいえ，まだ乗り越えなければならない問題は数多い．一つは加盟国の違いである．EU は 27 カ国が加盟しているが，ESA の加盟国は 18 カ国であり，しかも ESA にはスイスやノルウェーといった EU 加盟国ではない国も参加している．ESA と EU が合同で行う「宇宙理事会」にはこれらの国々も参加しているが，細かい予算の執行や情報管理の面で面倒な状態となっている．また，これまで政府間機構として機能してきた ESA と超国家的組織として発展してきた EU とでは組織文化が大きく異なり，両者の間での共通理解がなかなか成立せず，両者のライバル関係も解消されたというわけではない．さらに，EU には宇宙開発に精通した職員が少なく，プログラムの管理や産業界との調整がうまくいかず，EU が主導することで欧州の宇宙開発コミュニティが混乱するといったことも起きている．ガリレオ計画や GMES に続く，次のプロジェクトを EU は見出せていないというのも問題であろう．2009 年に発効したリスボン条約で EU が宇宙に関与する法的根拠は整ったが，EU が宇宙開発に関与し続けるためには，新たな人材とアイデ

ィアで次々とプロジェクトを提案していかなければ，その存在意義は薄れていく可能性がある．

だが，これら以上に大きな問題は，ガリレオ計画で見られたような契約方式の違いである．ESA の「選択参加制」と「地理的均衡配分原則」は，それ自体問題を抱えているとはいえ，ESA 加盟国の間の関係を調整し，大国と中小国が調和的に宇宙開発を進める装置として機能してきた．しかし，EU では競争入札が一般的であり，これまでのように安定して契約を得ることができなくなると，長年培ってきた宇宙産業界の秩序や大国と中小国のバランスが崩れていく可能性がある．ESA の中でもなかなか解決できない問題であっただけに，EU が参入することによって，さらに混乱に拍車がかかる可能性がある．

このように，さまざまな問題を抱えながらも ESA と EU の関係は強化されている．ESA と EU は互いに必要としあう関係にあり，その関係は今後も強化されていくであろう．この EU の参入によって，欧州の宇宙開発はより一層「社会インフラ」のための宇宙開発という側面が強化され，EU の政策を実現するために必要なツールとして位置づけられるようになってきたと言える．ESA の宇宙開発もそうした「社会インフラ」としての側面が強かったが，それを決定づけたのが EU の参入ということになるであろう．しかし，ここで留意しておきたいのは，EU が自らの政策のツールとして宇宙を利用するだけでなく，宇宙を「欧州統合のシンボル」として利用するようになった場合である．実際，EU では以前から EU 主導で有人宇宙事業を行うことが検討されており，そうした EU 市民に訴えかけるような宇宙開発を行うことで，欧州統合を視覚的・感情的に盛り上げていくことを目指した政策をとる可能性は否定できない．とりわけ，リーマン・ショック以降の経済危機の中で，加盟国間の不信感（たとえばドイツとギリシャの関係など）を払拭するためにも，有人宇宙飛行は有効な手段と見られる可能性がある．経済危機の中で，EU が巨額の費用を必要とする有人宇宙事業に乗り出すことは簡単ではないが，条件が揃えば，不可能ではない．つまり，EU は遅れて参入してきたアクターであるがゆえに，この段階になって，宇宙の「ソフトパワー」としての能力を発見し，それを活用しようとする可能性があると言えよう．

第 2 章　欧　　州

まとめ

　欧州の宇宙開発は ESRO, ELDO という二つの組織から出発したが, ELDO の失敗によって大きく軌道修正をすることを余儀なくされ, ESA を設立し, 自律性を求めてアリアンロケットの開発へと進んでいった. しかし, 自律性を追求し, 独自の宇宙へのアクセスを確保するには, そのロケットを維持する必要があり, それが結局, 打ち上げサービスの商業化という結果をもたらした. 同様に, ESA で合意されなかったため, フランスが自力で開発しなければならなくなった SPOT も, 画像を商業的に販売するという結果になった. これが意図せざる形で宇宙システムの「社会インフラ」化を進め, 宇宙システムの商業市場を作り出してしまったため, これまで米ソ宇宙競争の中で当然視されてきた「ハードパワー」「ソフトパワー」の要素としての宇宙技術が, 一般的にアクセス可能な「コモディティ」としての性格をもつようになり, 欧州以外の国々でも宇宙開発に関与することが可能になった.

　また, ポスト冷戦期の財政制約によって, 欧州の宇宙産業だけでなく, PPP という形で官民を挙げて商業市場に依存するようになり, また, 伝統的な宇宙開発コミュニティのメンバーではなかった EU の参入をも促した. これらは結果として, 欧州の宇宙開発をより一層「社会インフラ」として位置づけることに貢献し, その方向性を不可逆なものにしている.

　今後, ESA と EU の関係がどうなっていくのか, また, 1990 年代のドイツ再統一後, 財政制約によって生じた宇宙開発の方向転換のようなことが, 2008 年のリーマン・ショック以降の経済危機においても起こるのかどうかといった, いくつかの不確定要素がある. 欧州の宇宙開発は, こうした困難に直面しながら, 常に新しいアイディアと新しい仕組みを導入しながら問題を解決してきたことを見ると, 欧州に起こった経済危機が, 再び宇宙開発の常識を変えていく新たなアイディアを生み出すきっかけになる可能性もあると考えられよう.

注
1) John Krige and Arturo Russo, *Europe in Space: 1960-1973*, ESA SP-1172, 1994.
2) Claude Carlier and Marcel Gilli, *The First Thirty Years at CNES: The French Space Agency 1962-1992*, La Documentation Française, 1995.
3) Harrie Massey and M. O. Robins, *History of British Space Science*, Cambridge University Press, 1986.
4) Michelangelo De Maria, *Europe in Space: Edoardo Amaldi and the Inception of ESRO*, ESA HSR-5, 1993.
5) Kazuto Suzuki, *Policy Logics and Institutions of European Space Collaboration*, Ashgate, 2003.
6) Roger M. Bonnet, "Space Science in ESRO and ESA: An Overview", in Arturo Russo (ed.), *Science Beyond the Atmosphere: The History of Space Research in Europe*, ESA HSR-Special, 1993, pp. 1-28.
7) Michelangelo De Maria and John Krige, "Early European Attempts in Launcher Technology: Original Sins in ELDO's Sad Parable", *History and Technology*, vol. 9, no. 1-4, 1992, pp. 109-137.
8) Lorenza Sebesta, *The Availability of American Launchers and Europe's Decision 'To Go It Alone'*, ESA HSR-18, 1996.
9) David Edgerton, "The 'White Heat' Revisited: The British Government and Technology in the 1960s", *Twentieth Century British History*, vol. 7, no. 1, 1986, pp. 53-82.
10) Kevin Madders, *A New Force at a New Frontier*, Cambridge University Press, 1997.
11) Roger M. Bonnet and Vittorio Manno, *International Cooperation in Space: The Example of the European Space Agency*, Harvard University Press, 1994.
12) Frédéric d'Allest, "Why is the Most Widely Used Launcher in the World European?", in *The Proceeding of Twenty Years of the ESA Convention in Munich, 4-6 September 1995*, ESA SP-387, 1995, pp. 47-50.
13) しかし，フランスはNATO脱退後もアメリカの情報に依存していた．Jeffrey T. Richelson, "Intelligence: The Imagery Dimension", in Loch K. Johnson (ed.), *The Intelligence Cycle: The Flow of Secret Information from Overseas to the Highest Councils of Government (Strategic Intelligence vol. 2)*, Praeger Security International, 2007, pp. 61-74.
14) 正式には「Satellite Pour l'Observation de la Terre(地球観測衛星)」の略だが，「Satellite Pour Occupé Toulouse(トゥールーズを忙しくする衛星)」の略として揶揄された．

15) Carlier and Gilli, *op. cit.*
16) Lorenza Sebesta, *Spacelab in Context*, ESA HSR-21, 1997.
17) Howard E. McCurdy, *The Space Station Decision: Incremental Politics and Technological Choice*, Johns Hopkins University Press, 1990.
18) Reimar Lüst, "Europe's Role in Space", *PSIS Occasional Papers*, no. 3, 1987, pp. 1-23.
19) Keith Hayward, "International Collaboration in Space: The Case of the International Space Station, Freedom!", *Science and Public Policy*, vol. 20, no. 5, 1993, pp. 333-341.
20) Suzuki, *op. cit.*, esp. Chapter 5.
21) 欧州の航空産業については Keith Hayward, *International Collaboration in Civil Aerospace*, St. Martin's Press, 1986 および David Weldon Thornton, *Airbus Industrie: The Politics of an International Industrial Collaboration*, Macmillan, 1995 を参照.
22) Gordon Adams et al. (eds.), *Europe's Defence Industry: A Transatlantic Future?*, The Centre for European Reform, 2000.
23) 拙稿「欧州共同防衛調達と戦略産業政策」『新しい米欧関係と日本』国際問題研究所, 2004 年, 87-110 頁.
24) Laurence Jourdain et Isabelle Sourbès-Verger, *L'Europe Spatiale-Filiation et Spécificité: Adaptation aux Contraintes Actuelles*, Ministère des Technologies de l'Information et de la Poste, 1995.
25) 前掲拙稿.
26) SKYNET のケースも含め, 欧州の PPP については拙稿「軍事宇宙インフラにおける民間企業の役割」(『国際安全保障』第 36 巻第 2 号, 2008 年 9 月, 51-74 頁)を参照.
27) Alasdair McLean, "PFI in the Sky, or Pie in the Sky? — Privatising Military Space", *Space Policy*, vol. 15, no. 4, November 1999.
28) パラダイム社は, 2003 年の「最優秀 PPP 業者」としてイギリス国防省から表彰されている. Paradigm Secure Communications, "Skynet 5 PFI Wins Accolade" Press Release, 29 January, 2004. http://www.paradigmsecure.com/?OBH=30&ID=28
29) この点を敷衍した議論として, 拙稿「「規制帝国」としての EU」(山下範久編『帝国論』講談社選書メチエ, 2006 年, 44-78 頁)がある.
30) 拙稿「EU の宇宙政策への展開——制度ライフサイクル論による分析」, 田中俊郎・庄司克宏編『EU 統合の軌跡とベクトル』慶應義塾大学出版会, 2006 年, 153-180 頁.

31) ガリレオ計画に関しては，拙稿「欧州宇宙戦略と Galileo プロジェクト」(『日本 EU 学会年報』第 22 号，2002 年，132-157 頁)を参照.

第3章　ロシア——冷戦時代からの遺産の活用

　世界初の人工衛星打ち上げに成功し，人類初の宇宙飛行を実現したソ連／ロシアは，「米ソ宇宙競争」におけるアメリカのライバルでありながら，ソ連の崩壊とともに宇宙開発の世界での存在感を失い，一時，ロシアの宇宙開発は存続の危機に直面した．しかしプーチン大統領／首相時代になると「強いロシア」の復活の象徴として，宇宙開発への投資が増加している．本章では，ソ連時代からのロシアにおける宇宙開発はどのような意図と目的をもち，国際政治において何を達成したのかを検討してみたい．なお，ソ連時代は宇宙開発そのものが機密扱いになっており，ゴルバチョフの登場によって進められたグラスノスチ（情報公開）後に多くの資料が公開されるようになったが，アメリカや欧州と比べても情報は限られている．とりわけ失敗したプロジェクトや事故などについては現在でも明らかにされていないことが多くあり，そうした「隠れた宇宙開発」の歴史を探り当てることが，ロシアの宇宙政策分析の一つのジャンルにもなっている．しかし，本書はあくまでも国際政治の観点から重要な事柄を中心にして論じることを目的としており，ソ連／ロシアの宇宙開発を網羅的に紹介することは目的ではないことを改めて確認しておきたい．

1　偶発的衛星打ち上げ

ドイツの技術者とコロリョフ

　ソ連における宇宙開発の発端も，アメリカ同様，第二次世界大戦中にドイツで捕えたV2ロケットの技術者たちから得た技術を基礎に，大陸間弾道弾の開発を目指すことから始まった．ナチスドイツのミサイル開発の主だった技術者たちはアメリカに捕われており，ソ連は末端の技術者たちと未完成であったV2ロケットの部品などを持ち帰り，独力でロケット開発の研究を進めなけれ

ばならなかった[1]．しかし，フォン・ブラウンも学んだロケット技術の理論的な基礎は，ロシアの科学者であるコンスタンチン・ツォルコフスキー(Konstantin Ziolkowski)が確立したものであり，ソ連にはロケットに関する理論と宇宙開発への関心が高い技術者たちが存在した．中でもパイロットであり，ロケット技術者でもあったセルゲイ・コロリョフ(Sergei Korolev)は，ドイツから持ち帰った部品や図面を基に，リバース・エンジニアリングと呼ばれる，完成品を解体し，改めて組み立てるという技術習得を徹底して行ったことで，V2ロケットの全体像を把握し，ソ連のロケット開発の中軸的な役割を担うようになっていった．

当時のソ連は，第二次世界大戦で勝利したとはいえ，戦場となった国土は荒廃し，工業・農業の生産力が大きく落ち込んだところからの復興が重要な課題であった．また，アメリカとの緊張が高まり，マーシャル・プラン(1948年)，北大西洋条約の発効(1949年)，朝鮮戦争の勃発(1950年)と立て続けに米ソが対立する状況が生まれ，冷戦時代に突入していく中で，アメリカに対抗する軍事的能力の強化が大きな問題となっていった．ソ連は1949年に核実験に成功し，技術的にはアメリカに対抗しうるようになっていたが，核弾頭の数や運搬能力(戦略爆撃機)の数では圧倒的に劣っており，早急に対応が必要であった．そうした中で，1953年のスターリン死去後の権力闘争に勝ち残ったニキータ・フルシチョフ(Nikita Khrushchev)は，アメリカとの軍事的均衡を確立するために，大陸間弾道弾の開発を最優先課題と位置づけ，コロリョフに全権を委任してミサイル開発に邁進していった[2]．

しかし，まだ開発に成功していないミサイルに巨額の資金を投入し，その資金を捻出するため通常兵器の予算を削減したことは軍部や保守派の反発を招き，1956年の共産党第20回大会でのフルシチョフによるスターリン批判への反発もあいまって，1957年に共産党中央委員会幹部会でフルシチョフの罷免決議がなされる．しかしフルシチョフはそこから巻き返し，中央委員会総会で逆転勝ちして党内の権力基盤を固め，反対派を追放することに成功した[3]．フルシチョフの権力基盤の確立によって，その全幅の信頼を受けるコロリョフは軍に対しても大きな発言力を得ることになった．

しかし，コロリョフは大きな壁にぶつかることになる．それは，大陸間弾道

弾として最も重要な再突入技術がなかなか確立しなかったことである．後にスプートニクを打ち上げることとなる R7 と呼ばれるミサイルは，何度も試験飛行に成功していたにもかかわらず，ノーズコーンという，ミサイルの先端に装着し，核弾頭が大気圏に再突入する際に摩擦熱から核弾頭を守る耐熱シールドがそのたびに機能せず，R7 はミサイルとして「未完成」な状態が続いた．すでにフルシチョフがミサイルの成功を信じて，通常兵器の削減を含む大規模な軍の改革を進めていたために，ミサイルが完成しなければソ連の軍事戦略が脆弱になるだけでなく，コロリョフがフルシチョフの信頼を失うことにもなり，それが共産党内の権力バランスに影響し，フルシチョフ自身が失脚する可能性も招きかねなかった[4]．

ソ連国内のスプートニク・ショック

　そのため，コロリョフは大きな賭けに出た．それは R7 をミサイルとしてではなく，人工衛星打ち上げ用のロケットとして打ち上げるという提案をすることである[5]．人工衛星であれば，宇宙空間に衛星を放出してしまえば，大気圏に再突入する必要がなくなり，ノーズコーンを使う必要がないため，R7 が「未完成」のミサイルではなく，「完成された」ロケットであると主張することができる，という思惑があった．しかも，第 1 章で述べたように，アメリカも国際地球観測年(IGY)に合わせて衛星を打ち上げるためにロケットの開発を続けており，アメリカよりも先に衛星を打ち上げることに価値があると考えられていた[6]．フルシチョフは人工衛星を打ち上げることそのものに関心はなかったが，少なくとも自らが支援するミサイル開発が一定の成果を上げていることを見せる必要があった．そこで R7 によるスプートニクの打ち上げが認められたのである．

　1957 年 10 月のスプートニク打ち上げの成功は，フルシチョフやコロリョフの予想を超えて大きなインパクトを世界に与えることとなった．すでに見たように，アメリカはスプートニク・ショックに過敏に反応し，ソ連にキャッチアップすべく，猛烈な勢いで宇宙開発を進めていくが，ソ連では打ち上げた直後であってもほとんどその重要性が認識されず，アメリカや西側諸国の反応を見て，事の重大さを理解したのである[7]．これをきっかけに，フルシチョフは西

側諸国の先を行ったことに気を良くし，スプートニク打ち上げの1カ月後に迫ったロシア革命40周年記念式典（ロシア革命はロシア暦で10月に起こったため10月革命と呼ばれるが，太陽暦では11月）で，ロシア革命の偉大さを象徴し，共産主義の勝利を祝す目玉として，二度目のスプートニクを打ち上げることを決定した．スプートニク1号は40kg程度の小さなビーコン（機械音）を発信する衛星でしかなかったが，同じものを打ち上げるのでは，式典にふさわしいものとは言えなかった．そのため，コロリョフは1カ月で実現できる何かを提案しなければならなかったが，そこでひねり出されたのが動物（ライカと呼ばれる雑種の犬）を打ち上げるというアイディアであった．すでにソ連は観測ロケット（宇宙空間まで到達せず，成層圏など高高度の気象や放射線などを観測するロケット）に犬を搭載する実験を行っており，1カ月という短期間で実現が可能と考えられていたこと，そして何よりもコロリョフの個人的な希望として，将来的な有人宇宙飛行に結びつく方向で宇宙開発を進めていくきっかけとすることが意図されていた[8]．結果として，初の宇宙飛行をした生命体であるライカ犬は宇宙空間に飛び出す前に死亡していたが，それでも人類二度目の宇宙への衛星打ち上げに動物を乗せるという判断は，その後の宇宙開発の在り方を大きく規定することとなった．

ソ連の宇宙開発文化

ここで，ソ連における有人宇宙飛行への哲学，考え方を整理しておく必要があるだろう．帝政ロシア時代からツォルコフスキーに代表されるロケット研究が盛んに行われており，宇宙科学や物理学，流体力学など，ロケット開発にかかわる理論的な研究がロシアでは非常に盛んであった．アレクサンダー・タラソフによれば，長く続く冬の間，雪と氷に閉ざされた世界から逃れるため，未知の世界を夢見る文化が成熟し，宇宙に関するSF文学によって宇宙旅行への憧れが強いという文化的な背景がロケット技術に多くの科学者・技術者をひきつける原動力となっている．また，人が住めなかったシベリア大陸を科学と技術の力で開拓し，苛酷な環境であっても人間の力で環境を変えていくことができるという実体験（もちろんそれには大きな犠牲が伴った）が，宇宙開発への心理的ハードルを下げていた[9]．第二次世界大戦前にはGIRD（反動推進研究グループ）

と呼ばれる，ツォルコフスキーの薫陶を受けた技術者たちによって作られたロケット技術研究集団が存在し，ソ連独自の研究開発が進められていたが，これは国家によって進められたプロジェクトというよりも，宇宙開発に関心のある技術者たちのサークルのような存在であった[10]．そのため，ナチスドイツの全面的支援を受けて開発されたV2ロケットの技術と比べればはるかに未熟な技術であったが，こうした蓄積があったことで，V2ロケットの部品や設計図を基に独自のロケット開発を進めることができたのである．ソ連のロケット開発の中心的な役割を担ったコロリョフもGIRDに所属しており，こうした文化の中で宇宙旅行に憧れ，ロケット開発に携わるようになった．彼はフルシチョフからの信頼を武器にしながら，さまざまな政治状況を活用して自らの野心である有人宇宙飛行を実現していったのである．

このように，「米ソ宇宙競争」の火蓋を切るスプートニクの打ち上げは，大陸間弾道弾の開発という「ハードパワー」の獲得を目指していたソ連において，ノーズコーンが完成しないという純粋に技術的な理由で，コロリョフとフルシチョフがその体面を繕うために（つまり破れかぶれの方策として）とった弥縫策だったのである．コロリョフは，アメリカよりも先に衛星を打ち上げることのインパクトをある程度理解していたが，フルシチョフは西側諸国の反響を見て，その「ソフトパワー」としての重大性を認識するようになった．その結果，1カ月後の革命記念式典に合わせて犬を打ち上げ，「ソフトパワー」としての宇宙開発の最大限の効果を狙ったのである．

2　人類初の有人宇宙飛行

チーフデザイナー，コロリョフ

フルシチョフからの絶大な信頼を受け，ソ連の宇宙開発の立役者となったコロリョフであったが，ソ連国内でも，アメリカをはじめとする西側諸国に対しても彼の存在は機密扱いとされ，「チーフデザイナー」としてしか紹介されていなかった[11]．しかし，ソ連の宇宙開発の世界では，コロリョフは圧倒的な存在となり，同じくロケット開発に従事していたヴラジミール・チェロメイ（Vladimir Chelomey）やヴァレンティン・グルシュコ（Valentin Glushko）といった

ライバルたちからの嫉妬やねたみを買い，ソ連のロケット技術者の間では緊張と競争が高まっていった．また，コロリョフはスターリン粛清の被害者でもあり，過酷な環境で生活したことによって身体的にも脆弱となっていた．そのような環境の下で，コロリョフはスプートニクに続く「派手な」プロジェクトを求めていた[12]．

しかし，ソ連の宇宙開発のスポンサーは軍であり，スプートニクの成功は軍にとって改めて宇宙開発の意義を考えさせるきっかけを作ったのである．というのも，R7ロケットは液体燃料ロケットであったが，序章でも述べたとおり，液体燃料は打ち上げ直前に注入する必要があり，燃料の注入だけでも1日程度の時間がかかった．これは，ソ連が攻撃の準備をしている最中にアメリカに打ち上げを察知され，先制攻撃を受ける可能性を高めるだけでなく，実際に攻撃を受けた際の反撃に用いるミサイルとしても時間がかかりすぎるという点で，大陸間弾道弾としては不適格な技術であると考えられるようになった．ゆえにコロリョフは，軍の支持を容易に失うような状況に追い込まれたのである[13]．

スプートニクの成功は，同時に，西側諸国に恐怖を与えただけでなく，それらの国々の上空を邪魔されることなく飛行できることを証明した．つまり，撃墜されるリスクを冒さなくても，敵地を偵察することができると強く認識されたのである．そのため，コロリョフは軍のニーズにこたえるべく，スプートニクが成功した1957年からゼニットと呼ばれる偵察衛星の開発を進め，1962年にはその打ち上げに成功している．このゼニットは，1,500枚の写真が撮影できるフィルム回収型衛星であり，撮影したフィルムを回収するために大気圏に再突入して，安全な場所に着地させる必要があった．そのため，より正確な衛星の制御と再突入軌道計算が求められ，それがソ連の大陸間弾道弾の精度を高める効果ももたらした．このゼニットは，1962年から1970年までの間に81回打ち上げられ，そのうち58回が成功している[14]．またコロリョフは，軍が広大なソ連の領土をカバーし，公海を航行する船舶や潜水艦との通信を必要としていることを見てとり，通信衛星の開発と打ち上げも試みた．その際，静止軌道に安定的に衛星を投入できなかったこと，またソ連は緯度が高いため，赤道上空の静止軌道からは距離があり，通信が困難であったことから，大きな楕円軌道を描く通信衛星モルニアを開発し，1965年に打ち上げに成功した[15]．

このように，コロリョフは「ハードパワー」としての宇宙開発を進めていくことで，軍の支援を確保し，ロケット開発を継続していくことになる．しかし，これらは高い機密の壁に囲まれた「地味な」プロジェクトであり，フルシチョフが求める「派手」でアメリカを圧倒するようなプロジェクトではなかった．またコロリョフは，ツォルコフスキー以来綿々と続く宇宙旅行（有人宇宙飛行）の夢と熱意を失ったわけではなかった．フルシチョフの威光を背にしながら，より大きなミサイル／ロケットを開発するという名目で，コロリョフは月への探査計画を強引に進めていく．ルナ計画と呼ばれる一連の月探査衛星プログラムは，1959 年に人類初の月への人工物の到達を達成し，スプートニクに続くソ連の宇宙開発の快挙として西側諸国にさらなる衝撃を与えた．そのうえ，同年に打ち上げられたルナ 3 号は，人類で初めて月の裏側の写真撮影に成功した（その結果，現在でも月の裏側の「地名」はロシア由来のものが多い）．

軍を説得するためのガガーリンの飛行

　コロリョフはさらに有人宇宙飛行を推し進めようとする．1957 年のスプートニク打ち上げによってコロリョフの政治的発言権が強まったこと，またチェロメイやグルシュコといった彼のライバルたちも，方法の違いこそあれ，最終的には有人宇宙飛行を進めることでは一致しており，ソ連の宇宙開発エリートたちは互いに牽制しあいながらも，有人宇宙事業に組み込まれていった．コロリョフは，アメリカがマーキュリー計画（第 1 章参照）を進めていることから，近い将来，有人宇宙飛行を実現する可能性があると懸念しており，フルシチョフも「人類初の宇宙飛行」はソ連が行わなくてはならない，という立場をとっていた．しかし，軍は巨額の開発費がかかる有人宇宙飛行に難色を示しており，ミサイル開発の延長としての宇宙開発，軍事的なインフラを提供する宇宙開発という位置づけを変えていなかった[16]．したがって，コロリョフはスポンサーである軍が納得する有人宇宙飛行の論理を作る必要があった．

　その論理が「宇宙からの偵察」であった．当時，ゼニットと呼ばれる偵察衛星の開発が進んでいたが，無人の人工衛星では，必ずしも自由に狙った地点の画像を撮影することができるわけではなかったため，宇宙飛行士が宇宙船に乗り込み，そこから手動でカメラをコントロールすることで偵察の効率を上

げていくことを目指したのである．したがって，ユーリ・ガガーリン（Yuri Gagarin）やワレンチナ・テレシコワ（Valentina Tereshkova. 女性初の宇宙飛行士）が搭乗したヴォストーク宇宙船は，偵察衛星のゼニットの技術をベースにしながら，生命維持装置などをつけ加えていく形で開発された．ちなみに，ヴォストークとはロシア語で「東」ないしは「オリエント」という意味をもっており，シベリア開拓と宇宙開発を関連づけてイメージしていることがうかがわれる．いずれにせよ，当時，偵察と言えば航空機によるものが一般的であり，手動での画像撮影はむしろ当たり前と考えられていた．ゆえに有人宇宙計画が重要であるとの理屈が成立し，それによってガガーリンは人類初の宇宙飛行に成功するのである．なお，アメリカは早い段階でMOL計画と呼ばれる有人宇宙飛行での偵察衛星計画をキャンセルし，無人の衛星による偵察にシフトしたが，ソ連軍は長い間，有人による宇宙からの偵察にこだわっていた．1972年にはアルマズ計画と呼ばれる有人偵察宇宙ステーションプロジェクトを進めた（このときすでにコロリョフは死去しており，このプロジェクトを進めたのは彼のライバル，チェロメイであった）．しかしこのアルマズ計画は，有人で偵察するリスクやコストが高くつくことを示し，また無人の衛星を制御する技術が高まってきたことから，結果的に3回の打ち上げで終了することとなった．なお，このアルマズ有人衛星は軍事的な価値が高いと考えられていたので，自己防衛のための兵器(23ミリ砲)が搭載されており，ソ連の衛星を的にした試射実験を行っている．これは宇宙空間における軍事的なアクションとして，人類初の出来事であった[17]．

有人宇宙飛行のインパクト

コロリョフが軍を説得する建前はともかくとして，ガガーリンによる有人宇宙飛行は人類初の快挙であり，そのインパクトは想像を絶していた．アメリカや西側諸国のショックは相当なものであった．また，1956年のハンガリー動乱に見られたような，共産主義諸国におけるソ連のリーダーシップへの疑念は，スプートニク打ち上げやガガーリンの有人飛行の成功によって払拭された．これらの成功は，共産主義の優位性を主張する根拠となり，各国共産党にとって政権の正統性を強化する材料となった．米ソの覇権争い，影響力争いの場とな

っていた第三世界諸国においても，ソ連による有人宇宙飛行の成功は，ソ連の軍事的・技術的優位性を示すものとなった．ソ連同様に共産主義体制をとる中国，非同盟諸国のリーダーでありながら宇宙開発に関心を寄せていたインド，アメリカの裏庭と言われるラテンアメリカ諸国，そして植民地からの独立を目指すアフリカ諸国においても，ソ連の有人宇宙飛行は，共産主義体制が人類の未来への道筋をつけたというイメージを植え付けた[18]．

コロリョフが進めた月探査衛星(ルナ)計画と有人宇宙飛行計画は，当然のことながら将来の有人月面着陸のための調査として行われたものであり，ソ連が月探査に次々と衛星を打ち上げ，同時に1960年に犬を乗せた宇宙船の打ち上げと帰還を成功させたこと，そして1961年にガガーリンの宇宙飛行が成功したことで，アメリカの焦燥感を誘い，ケネディ政権におけるアポロ計画の原動力となったのである．

コロリョフ後のソ連の宇宙開発

ソ連の月探査は1976年まで続いたが，有人宇宙飛行は1965年，人類初の宇宙遊泳に成功したあたりでぱったりとその開発が止まってしまう．その原因として技術的な問題などがあったことは確かだが，何よりも大きかったのは，1964年のフルシチョフの失脚と1966年のコロリョフの死であろう．コロリョフの最大の支援者であり，「派手な」宇宙開発を積極的に進めることでアメリカや西側諸国よりも優位に立てると信じていたフルシチョフは，自分に権力を集中させたことでソ連の集団指導体制を乱したとして，第一書記と首相を罷免され，「年金生活」に入ることとなった[19]．その後を襲ったブレジネフはフルシチョフ体制の下で宇宙開発を担当したこともあり，コロリョフとグルシュコの仲たがいを仲介しようと努力するなど，宇宙開発を積極的に推進する姿勢を見せていた．しかし，1966年にコロリョフが死去すると，ブレジネフはヴァシーリー・ミーシン(Vasili Mishin)を後継者として指名した．カリスマ性もリーダーシップもなかったにもかかわらず，ミーシンは次々と無理なプロジェクトを進め，失敗を続けたばかりでなく，自らの飲酒問題なども発覚し，ソ連の宇宙開発を大きく停滞させた．1969年のアポロ計画の成功によって，米ソの宇宙競争に一定の決着がついたこと，また，ソ連の工業力，経済力が限界に近

づいており，精密な技術を必要とする宇宙機器においても，単純な技術ミスや粗悪な部品を使っていたことに起因する失敗が増えてきたことで，ソ連の宇宙開発全体が頭打ちの状態にもなっていた．

ソ連の有人宇宙飛行は，アメリカをはじめ，世界に向けた「派手な」パフォーマンスとして導入され，「ソフトパワー」の確立を目指したものであったが，それを実現するためには，軍を説得するための「ハードパワー」としての建前を作る必要があった．人類史に名を残す宇宙開発の先駆けであったソ連も，結局，フルシチョフとコロリョフという強烈な個性をもつリーダーが，アメリカとの対抗意識を原動力にしつつ，軍とうまく渡り合うことで，それを実現していたのであった．フルシチョフが失脚し，コロリョフが死去し，アメリカが月面着陸に成功してしまうと，ソ連の宇宙開発の原動力は失われた．さらに，経済的な衰退や技術的な問題，ソ連共産主義体制のほころびが，そのまま宇宙開発の在り方に反映するようになってきた結果，ソ連の宇宙開発は坂を転げ落ちるかのごとく，衰退していくことになった．つまり，コロリョフの死を境に，ソ連は「ハードパワー」「ソフトパワー」両面での力の低下が始まり，宇宙開発を国家のパワーとして活用できなくなっていくだけでなく，その後も続く宇宙開発にかかるコストがソ連財政の逼迫を招き，さらにソ連の力を弱めていく結果となったのである．

3 軍主導の社会インフラ化

軍事インフラとしての宇宙システム

ソ連時代の宇宙開発もアメリカと同様，「米ソ宇宙競争」の裏側で軍事的な目的と機能をもった人工衛星の開発と，それを打ち上げるロケットの研究が進んでいった．アメリカでは，有人宇宙開発は国家航空宇宙局(NASA)が担当し，軍事的な衛星開発は軍が進めるといった明確な分業体制があり，相互の情報交換や技術移転が制限されていたのに対し，ソ連においては，有人宇宙開発も人工衛星の開発も軍が行っていたこともあって，有人宇宙飛行と軍事目的の衛星開発の間の技術移転はより柔軟に行われた．また，ソ連は国土が広大であることと，グローバルな共産主義勢力のネットワークの構築と軍事的な支援を行っ

ていたことから，1960年代の後半から宇宙開発を軍事戦略の一環として位置づけ，表向きの有人宇宙飛行をめぐる「米ソ宇宙競争」よりも，軍事的な実用に向けた人工衛星開発に重点を置いた研究開発を進めていった．これにより，軍の効率的な運用を目指すとともに，グローバルなソ連の影響力を維持し，さらには国家経済の成長にも宇宙開発を活かすことが期待されていた．

第9次五カ年計画の中の宇宙開発

1970年に出された第9次五カ年計画(1971-75年)の中では，宇宙開発を単なる軍事システムにとどめず，ソ連の国家経営の重要な礎石として宇宙開発を位置づけるという方向性が出された[20]．第一に，宇宙システムは国家的なシステムであり，さまざまな問題解決に応用できるものと位置づけられている．宇宙システムは，軍事的問題解決だけでなく，経済，科学，国家統制，農業，国際協力など，さまざまな問題を解決するインフラとして理解され，宇宙開発は単に有人宇宙飛行や軍事目的のために行うだけではない，という姿勢が明示された．

第二に，宇宙システムの信頼性と継続性を実現し，対衛星攻撃(ASAT)手段を獲得することが重要とされている．軌道上にある人工衛星を保護する手段は極めて限られているため，敵対する国の衛星を攻撃し，破壊することで相手の軍事的能力を奪い取るという作戦も考えられていた．そのため，ソ連ではASATの能力を構築することも重要と考えられていた(第8章参照)．

第三に，衛星の開発と運用のためには，高度な計算能力が必要であり，コンピュータの開発が不可欠であったが，ソ連はアメリカに大きく水をあけられていた．そのため，宇宙開発を出発点として，ソ連におけるハイテク産業技術を蓄積し，それをベースにソ連の産業競争力を強化することも目的とされていた．

第四に，衛星をシリーズ化し，部品を共通モジュール化することで，衛星の開発コストを低下させ，開発にかかる時間を短縮することが目指された．西側諸国の衛星は新規技術を導入し，芸術品のように作っていくのに対し，ソ連時代は特に偵察衛星がフィルム回収衛星であり，数多くの衛星を打ち上げなければならなかったため，衛星を開発するにあたっても，最新技術を盛り込んで丁寧に衛星を作っていくというよりは，短い時間で衛星やロケットを大量生産す

ることが目標とされていた．

　このようにソ連における宇宙開発は，軍が主導しつつも，その発想は「ハードパワー」を獲得するというよりは，「社会インフラ」としての宇宙システムの構築を目指していた，ということが重要なポイントである．アメリカとの比較で考えると，アメリカの軍による宇宙開発は，一義的に「ハードパワー」の獲得を目指しつつ，そこで開発された技術が，民間企業によって活用され，商業的に用いられていくというパターンをたどったが，ソ連においては，軍と国家が主導して「社会インフラ」としての宇宙システムを構築していったのである．

4　長期宇宙滞在計画とその遺産

名誉挽回に向けて

　コロリョフの死去によって，ソ連の有人宇宙飛行は勢いが失われていった．しかし1969年のアメリカの月面着陸によって，有人宇宙飛行の分野でアメリカに先を越されたことから，ソ連は名誉を挽回すべく，単なる月面着陸のみならず，月面基地を建設し，長期的に滞在するという新たな目標に向かって宇宙開発を再活性化させ，再びアメリカの先を行くことを目指すこととなった．しかし，コロリョフの後継者となったミーシンは，上述のように前任者ほどのカリスマ性もなく，またグルシュコ，チェロメイなどのライバルたちとの権力闘争を乗り切る能力にも欠けており，月面基地建設のための巨大ロケットであるN1Fロケットの開発にことごとく失敗し，計画を大きく遅らせた．ミーシンは1974年，第一設計局(コロリョフが創設した宇宙開発機関．グルシュコやチェロメイは別の機関を率いていた)から追放されることとなった．

　チェロメイは月面着陸でアメリカに先を越された汚名をそそぐべく，月ではなく，直接火星への有人プロジェクトを始めるべきと主張し，そのためのロケットであるUR-700MとMK-700という着陸船のデザインを提案した[21]．アメリカのNASAはこの動きを察知し，ポスト・アポロ計画としてソ連よりも先に火星探査を行うことをニクソン大統領に進言したが，第1章で論じたように，ニクソンはこの計画に全く関心を示さず，ソ連が有人火星探査を行うだけの技

術力も資金力もないと判断して，NASA の提案を却下した．このニクソンの判断は正しく，チェロメイの案は結局実現することはなかった．

長期有人宇宙滞在への挑戦

最終的に，ソ連共産党の指導部は，アメリカに負けたままで宇宙開発を終えることを拒否しつつも，月面着陸を上回るインパクトをもたらすようなプロジェクトを進めるだけの技術に対する信頼感も資金力もなかったため，最も確実に「米ソ宇宙競争」に勝てる選択肢を選ぶしかなかった．それが長期有人宇宙滞在であった．ソ連では，有人偵察宇宙ステーションとしてアルマズ計画が進んでおり，長期有人宇宙滞在のノウハウを蓄積しつつあった．また，アメリカもアポロ計画の最終盤でスカイラブ計画を進めたことから，将来的に長期の有人宇宙滞在を目指すのではないかと考えられていた．そのため，次なる「米ソ宇宙競争」の「ゲームのルール」は有人宇宙滞在の期間を競うことになるという想定の下，アルマズ計画の発展形としてサリュート宇宙船計画が進められた．サリュート1号機は，アメリカのスカイラブ計画（初号機の打ち上げは1973年）に先んじて，1971年に打ち上げられた．ただし，サリュート1号は大気圏再突入に失敗し，乗員の命が失われている．その後，サリュート2号，3号と失敗し，ミッションが成功したのは，1974年に打ち上げられたサリュート4号によってであった．なお，この時期はデタントの時期であり，長期有人宇宙滞在を第二の月面着陸競争にするというインセンティブが低かったこと，また，「アポロ-ソユーズ・テスト計画」（第1章参照）のように，宇宙空間における国際協調を演出することが優先されていたこと，さらにアメリカは，アポロ-ソユーズ・テスト計画を最後にアポロ計画の技術的遺産を捨て去り，スペースシャトル計画に重点をシフトさせたため，ソ連が意図した長期有人宇宙滞在での「米ソ宇宙競争」は起こらなかった[22]（後に，レーガン政権期の「新冷戦」の時代，長期有人宇宙滞在をめぐる「米ソ宇宙競争」が再開することになる）．

とはいえ，ソ連は長期有人宇宙滞在を推進する姿勢を変更しなかった．アメリカの場合，ポスト・アポロ計画として宇宙ステーションよりも先に輸送手段としてのスペースシャトルを開発することを選択したが，ソ連の場合，新たな輸送手段を開発するのではなく，これまでの有人宇宙滞在の技術をベースにし

たミール（平和）と呼ばれる有人宇宙滞在計画を進めることにしたのである．その背景には，宇宙技術を用いた未来型産業への期待があった．アルマズ計画は軍事偵察を目的としており，またサリュート計画はあくまでも有人滞在の技術を確立するための暫定的なプログラムであった．これらの技術を踏まえ，恒久的に使える宇宙ステーションを構築し，無重力環境の中でしか行えない科学実験や高付加価値製品の製造などを本格的に進めることで，アメリカをはじめとする西側諸国に対し，技術的・経済的優位性を確保することを，ミール計画は目指した[23]．つまり，長期有人宇宙滞在は単に「米ソ宇宙競争」の文脈だけで行われたのではなく，格差が開きつつある西側諸国の技術と経済との差を埋めるための切り札としても位置づけられたのである．ミール宇宙ステーションで行われた実験には，バイオテクノロジー，人体生理学，天文学，気象学，宇宙物理学など，さまざまなものがあった．また，将来的に火星に向けての有人宇宙飛行を行うために，長期の宇宙滞在が人体にもたらす影響の研究なども進められた．

　ミール宇宙ステーション計画も，ソ連の国内政治と国際政治のさまざまな影響を受け，その方針がぶれることもしばしばであった．当初，有人宇宙飛行の実績のあったソユーズ宇宙船をベースに開発するはずであったミールは，ソ連の宇宙技術者（「チーフデザイナー」）間の権力闘争の結果，1979年に当時最も力をもっていたチェロメイが進めていたアルマズ計画をベースに開発することとなったが，1984年には，アメリカが進めるスペースシャトルに対抗するために開発を始めたブラン宇宙往還機を優先するため，ミールへの予算執行が停止するといったことが起きた[24]．なお，ブランはアメリカのスペースシャトルと酷似した宇宙往還機であり，明らかに「米ソ宇宙競争」を意識したデザインとなっていた．しかし，スペースシャトルよりもはるかに機体が重く，打ち上げるには巨大なロケットが必要となり，極めてコストの高いプロジェクトとなったため，1988年に一度試験飛行を行っただけで博物館行きとなってしまった[25]．

　ブラン宇宙往還機はアメリカのスペースシャトルに対抗する，もう一つの「米ソ宇宙競争」であり，軍が主導していたこともあって，ソ連としても優先度の高いプロジェクトとして位置づけていた．しかし，その開発責任者であり，

ソ連の巨大宇宙企業であるエネルギアの総裁を務めていたグルシュコは，ブランの完成には時間がかかることを認識しており，すでに後れをとっていたスペースシャトルに追いつくよりも，アメリカがまだ成功していない長期宇宙滞在を実現するために，ミール計画を優先すべきと考えていた．そこでグルシュコは，軍部の反対を抑え込むために，ソ連共産党指導部に対してミール計画の重要性を訴え，第 27 回ソ連共産党大会に合わせてミールを打ち上げることを条件に，ミール計画が続行されることとなった[26]．このように，ミール計画は軍部の支援を十分受けないまま，技術的・経済的なメリットを前面に出しつつ，「米ソ宇宙競争」で優位に立てるプロジェクトとして開発が続けられた．グルシュコは，約束通り第 27 回ソ連共産党大会が開かれた 1986 年にミール宇宙ステーションの中核モジュール（ミールは最終的に 7 つのモジュールによって構成された）を打ち上げた．フルシチョフ以来の「派手な」有人宇宙プログラムが共産党大会に合わせて「イベント」として打ち上げられるという，ソ連の宇宙開発の特徴がここにも見られる．

　ミール宇宙ステーションは，2001 年に運用を終えるまでの間に，十分に科学的・経済的な効果を上げたとは言えない．しかし，3,600 日を超える長期有人滞在を可能にし，ヴァレリー・ポリャコフ (Valeri Polyakov) による 437 日という 1 回のミッションとしては人類最長の長期宇宙滞在の記録も作った．また，ミール宇宙ステーションは，宇宙開発に関心がありながらも，有人宇宙技術のない国々にとって極めて大きな「人類の資産」として機能した．1986 年からソ連が崩壊する 1991 年までの間，シリア，ブルガリア，アフガニスタン（1989 年，ソ連がアフガニスタンから撤退し，友好の印として搭乗），フランス，日本（当時 TBS のジャーナリストであった秋山豊寛が搭乗），イギリス，オーストリアといった国々の宇宙飛行士がミールに滞在した．ミールの運用開始はゴルバチョフがソ連のリーダーとして登場した時期と重なっており，西側諸国との友好関係を示すシンボルとしてミールは使われた．加えて，西側諸国も含めた各国からの宇宙飛行士をミールに招待したのは，財政的な理由が大きい．宇宙開発を維持していくための財源捻出に苦しんでいたソ連は，各国の宇宙機関に，宇宙飛行士を滞在させる代わりに財政支援を要請し，日本の例のように宇宙機関以外からも旅行者を受け入れ，その対価をミールの維持費，宇宙飛行士を運ぶソユー

ズ，荷物を運ぶプログレスの費用に充てていた．

ソ連の崩壊と有人宇宙技術の行方

1991年12月にソ連が崩壊し，15の共和国に分裂すると，ミールの運用はロシアが引き継ぐこととなった．すでに第1章で論じたように，アメリカはソ連の崩壊に伴う宇宙技術者の拡散を防ぎ，アメリカが進める宇宙ステーション計画を維持するためにロシアを含めた国際宇宙ステーションの建設へと移行していくが，その過程で，かつてのアポロ－ソユーズ・テスト計画の再来とも言えるシャトル－ミール計画が立ち上がる．これはブッシュ(父)政権末期の1992年に，ロシアの宇宙技術者を流出させないよう，アメリカが財政的にロシアを支援し，ミールを維持する資金を提供する一方で，ロシアの有人宇宙飛行の技術をアメリカが習得するという合意であった．その後，クリントン政権となった1993年に国際宇宙ステーション協定が結ばれ，その前段階のプロジェクトとして，1995年から1998年までに9回にわたるシャトルとミールのドッキングが行われた．これもソ連が蓄積した有人宇宙技術が国際的なバーゲニング・チップ(交渉材料)として使われたことを意味している．

さらに，アメリカが進める国際宇宙ステーションの建設が進み，有人滞在が可能になると，ロシアの宇宙輸送システムであるソユーズとプログレスを，スペースシャトルと同様に人員と物資を運搬するシステムとして国際宇宙ステーション参加国に提供することで，ロシアは財政的な支援を受けることが可能となった．とりわけ，2003年のスペースシャトルのコロンビア号の事故によって，2年以上の間，スペースシャトルが運航できなくなり，ソユーズとプログレスが唯一の輸送手段となったことで，その価値は非常に高まった．また，スペースシャトルが退役する2011年以降は，再度，ソユーズが宇宙飛行士を国際宇宙ステーションに輸送する唯一の手段となる(貨物は欧州，日本のATVとHTV輸送機によって運搬可能)．さらに，ロシアは自らの宇宙飛行士の打ち上げ割当分を一般の民間人に開放し，3人乗りのソユーズの1席と1週間の国際宇宙ステーション滞在をセットにした宇宙旅行を提供する商業サービスを開始した．2001年から延べ8人(1人は2度滞在)の民間人が国際宇宙ステーションに滞在した[27]．

米ソの長期有人宇宙滞在競争は，そもそもアポロ計画終了後の「米ソ宇宙競争」の新たな段階として始められたにもかかわらず，両国間の認識の違いや，それぞれの国内事情などから，競争としてはかみ合わないままであった．しかし，ソ連時代から始まった長期有人宇宙滞在は，再びアメリカに勝利することを目指し，国際的な地位を向上させるための「ソフトパワー」として意識されていたのである．その後，ゴルバチョフが登場し，ソ連が末期的な状況になると，「人類共通の資産」として「社会インフラ」としての位置づけが高まり，またそれが商業的にも外交的にも有益なツールとしても機能することがわかってきた．しかし，ソ連／ロシアが「社会インフラ」として長期有人宇宙技術を活用するといっても，それはあくまでもそのインフラを維持するための莫大なコストをカバーするにとどまっており，それだけのコストを払ってインフラを維持するだけの政治的妥当性があったとは言いがたい．つまり，ソ連時代からの長期有人宇宙滞在プロジェクトは，ソ連のパワーに貢献するどころか，結果として，莫大なコストがソ連崩壊に貢献したという方が適当であろう．ロシアの有人宇宙事業は，民間旅行者や国際宇宙ステーションへの参加，そして宇宙飛行士の輸送といった分野でロシアが唯一の能力をもっているという，ソ連時代の遺産を最大限に活用するものと言えよう．

5　もう一つの遺産としてのロケット打ち上げ能力

　ソ連が崩壊し，共産主義体制から市場経済へ移行することで，ソ連の宇宙開発にも大きな変化が起きた．すでに，長期有人宇宙滞在事業においても，商業的に宇宙旅行者を募り，高額な料金を徴収することでミール宇宙ステーションの維持運営費に充てていたことは説明したが，ソ連にはもう一つ国際的な競争力をもつ宇宙技術があった．それがロケットである．スプートニクをR7ロケットで打ち上げて以来，ソ連時代に打ち上げたロケットの数は1,000を超えていると考えられている（軍事衛星の打ち上げなど，公表されていないものも多く，正確な数字は不明）．ソ連時代からの主力ロケットであるプロトンロケット（月面基地開発を目指したN1ロケットが原型）は，わかっている限りでも1965年の初打ち上げから現在（2010年）までの間に335回（うち成功は294回）打ち上げられ，ソユ

ーズロケット（原型はR7ロケット）は何度かモデルチェンジをしているが，合計すれば1966年の初打ち上げから現在まで869回（うち成功は846回）打ち上げられている．このような大量の打ち上げ実績をもつロケットは他になく，非常に安定し，信頼性が高いだけでなく，アメリカや欧州，日本のロケットは高度で繊細な技術を用いているため，ロケットの価格が高止まりする傾向にあるのに対し，ロシアのロケットは大量生産を前提とし，技術的には1960年代の技術を基本としているため，技術開発のコストも付加されていない，非常に廉価なものとなっている．

国際商業市場への参入

これまでは冷戦の枠組みの中で，ソ連のロケットが西側諸国の衛星を打ち上げることは考えられなかったが，ソ連崩壊後，旧ソ連のロケットが国際市場に参入し，西側諸国の衛星を商業的に打ち上げることが可能になった．第2章で述べたとおり，欧州のアリアンロケットは商業的な打ち上げ市場を形成しており，衛星打ち上げの商業的な競争は主として米欧間のものと考えられていた．しかし，ソ連崩壊に伴って旧ソ連のロケット（ロシアのほかにウクライナもゼニットというロケットを保有していた）が商業的打ち上げ市場に参入するだけでなく，第4章で論じるように，改革開放を進める中国のロケット技術も高度化し，同じく商業市場に参入すると見られていたことから，アメリカは中国，ロシア，ウクライナと打ち上げ割当協定（launch quota）を結ぶこととなった．

これはアメリカから見れば，競争力の高い旧ソ連と中国のロケットの国際市場への参入を制限することで，自国のロケット産業を保護すると同時に，中国やロシア，ウクライナに競争の激しい国際市場への安定的なアクセスを与えることで，ロケットの開発・製造への需要を維持し，研究者・技術者たちに仕事を与え，イランや北朝鮮といった国々にロケット技術を流出させないようにする戦略であった．廉価で信頼性の高い旧ソ連のロケットは，割当がなければ自由に国際市場に参入し，より多くの売上を得ることができるように思われがちだが，現実問題としては，いかに競争力があったとしても，国際商業打ち上げ市場に参入することは容易ではなかった．というのも，ほとんどの場合，衛星を保有し，打ち上げる需要があるのは西側諸国の政府か，インテルサットのよ

うな西側諸国が中心となった組織であり，彼らはすでにアメリカや欧州のロケット企業と密接な関係をもち，営業力のない旧ソ連のロケットは契約交渉に入ることすら難しかったのである[28]．

そのため，旧ソ連のロケット企業であるエネルギアやクルニチェフは，アメリカの宇宙企業ロッキード・マーチンと合弁会社(Lockheed-Khrunichev-Energia International; LKEI, 後のInternational Launch Service; ILS)を設立し，この企業を通じてロケットを販売することを条件に，ロケットの割当を受け入れた．1993年にロシアはアメリカと打ち上げ割当協定を結んだが，そこでは2001年まで，1年間に静止軌道に打ち上げることができるのは9機までと決められ，しかも西側諸国の打ち上げ費用よりも7.5%以上安くしてはならない，との条件がつけられた[29]．ロシアにとってこの協定は，国際市場への参入を可能にするだけでなく，自力で営業をするよりも高い価格で打ち上げることができるため，大変有利と考えられていた．またウクライナも同様に，1994年に提案された協定案では2001年までの間に合計20機であったが，最終的に1996年に結ばれた協定では，1年間に5機の打ち上げに加え，シーランチによる打ち上げは11機まで認めるというものであった[30]．このシーランチとは，アメリカの宇宙企業であるボーイングとノルウェーの海底石油掘削会社およびウクライナの宇宙企業であるユジノエとの合弁会社であり，海底石油掘削用のプラットフォームを改良した巨大な構造物を海上に浮かべ，公海のどこからでもウクライナのゼニットロケットを打ち上げることができる，というサービスを提供していた（ウクライナは緯度が高く，静止軌道に衛星を投入するには多くのエネルギーを必要とするが，赤道上の公海から打ち上げれば，より効率的に打ち上げることができる）．こちらも言うまでもなく，ウクライナにとっては大きく有利な協定と考えられていた．

しかし，ロシアとウクライナの宇宙企業が国際市場での実績を上げ，営業力をつけてくると，この協定は事業の規模を制約するものとなり，望ましい協定ではなくなっていった．また，アメリカや欧州の衛星メーカーにとっても，廉価で信頼性の高い旧ソ連のロケットを使えないことは，価格競争の面で見ても不利だと考えられるようになった．さらに，LKEI/ILSに参画するロッキード・マーチン，シーランチに参画するボーイングにとっても，旧ソ連のロケッ

トを使うことは自社の収益に貢献するということもあり，この協定に反対の立場をとるようになった．1990年代の後半から2000年代の初頭にかけては，商業的な通信衛星事業がITバブルの波に乗って多数登場したこともあり，衛星打ち上げ需要が潤沢であったことも影響して，より多くの旧ソ連ロケットが市場に参入しても，市場の秩序は大きく乱れないと考えられていた．2000年，ロシアとウクライナはアメリカとの打ち上げ割当協定を更新しないことを決定し，その後は自由に商業市場で活動できるようになった．

　結果的に，旧ソ連のロケットは，かつての大陸間弾道弾(ICBM)や潜水艦発射弾道弾(SLBM)を改良したロケットも含め，国際商業打ち上げ市場を席巻し，西側諸国の打ち上げサービス，とりわけアメリカのロッキード・マーチンやボーイングのロケットを商業市場から追い出すこととなった．しかし，アメリカには軍の打ち上げも含めて潤沢な政府打ち上げ市場があり，ロッキード・マーチンとボーイングは合弁会社(United Launch Alliance; ULA)を作って，アメリカ政府のみを顧客とするビジネスを展開している．また，欧州のアリアンロケットを運用するアリアンスペースは，ロシアのソユーズとの関係を強化し，アリアンロケットとソユーズを抱きあわせた営業を展開し，国際競争力を維持してきたが，衛星の需要が落ち込んでいく中，その経営は厳しくなり，2004年から欧州宇宙アクセス保証(European Guaranteed Access to Space; EGAS)プログラムと呼ばれる政府補助金を投入してアリアンロケットを維持する状態となっている．

21世紀のロケット事情

　このように，ロシアはソ連時代の遺産として残ったロケット技術を活用して，グローバルなプレーヤーとしての地位を維持している．ただ，その道のりは単純ではなく，宇宙市場の特殊性から，当初は打ち上げ割当という制約を受けることとなった．しかし，商業的な打ち上げ市場が成熟してくると，ロシアのロケットの競争力が際立ってくると同時に，西側諸国が自国の産業保護よりも，廉価で信頼性の高い旧ソ連のロケットを利用することを優先したことで，世界のロケット打ち上げ能力の環境が大きく変化してきている．これは，かつてミサイルと同じと見られてきたロケットが，すでに多くの国でミサイルとは切り

離された商業的な製品として位置づけられるようになってきたことを意味しており[31]，「ハードパワー」としてのロケットという属性がほとんど意味をなさなくなっていることを示唆している．また，商業的に衛星打ち上げサービスにアクセスできるようになったことで，自国がロケットを保有していなくても，衛星を調達して打ち上げることが可能となり，宇宙開発に参加する国々を格段に増やすことになった．

　その意味で，旧ソ連のロケットはグローバルな「社会インフラ」としての性格をもつようになってきているとも言える．しかし，商業的な競争力が弱まったとはいえ，アメリカも欧州も自国の打ち上げ能力を手放すつもりはなく，アメリカは軍の需要を梃子に，欧州は政府補助金を投入しても，自国のロケットを維持していることに留意しておかなくてはならないであろう．いかに商業市場が成熟したとはいえ，旧ソ連諸国との関係が悪化した場合などを想定すれば，保険として自国の打ち上げ能力を維持することは重要である．その意味では，ミサイルという兵器につながる技術としての「ハードパワー」という側面は薄らいでも，自国の宇宙活動の自由を確保し，他国からの干渉を排するという意味での「ハードパワー」としての側面は残っていると言えよう．

6　プーチンによる「強いロシア」の復活

　ソ連崩壊後のロシアの経済・財政的混乱と，市場経済への適応，国有企業の民営化，1998年のロシア通貨危機など，ロシアの宇宙開発を取り巻く環境は極めて厳しい状況にあり，上述したように，ソ連時代の遺産で糊口をしのぐのが精一杯という状況が続いた[32]．しかし，エリツィン政権末期に首相に就任したプーチンが2000年に大統領になると，状況は大きく変わった．一つには石油価格の上昇に伴い，ロシアの国家歳入が飛躍的に増大し，経済が安定してきたこと，また，チェチェン共和国に見られるロシア国内の民族問題に武力行使を含む強硬な手段で対処し，ロシア国内にナショナリズムが昂揚したこと，そして，ソ連崩壊のどさくさにまぎれて巨万の富を手に入れた「オリガーキー」と呼ばれる大富豪に厳しく対応したことを国民が強く支持したこと，さらに，共産主義時代の社会規律を失い，犯罪と汚職とアルコール中毒が蔓延していた

ロシア国内社会を強硬な手段で引き締めなおしたことなどに見られるように，プーチンのとる政策は，石油価格の上昇で得た富を国家主義的な色彩の強い「強いロシアの復活」を目指す事業につぎ込む傾向を見せていた．その象徴として，プーチンはかつてソ連時代に人類初の快挙を何度も成し遂げ，世界から尊敬と畏怖の念を集めた宇宙開発に着目したのである．

プーチンの宇宙開発戦略

とはいえ，プーチンが宇宙開発に本格的に梃子入れを始めたのは2006年のことであった．その背景としては，2003年に中国が有人宇宙飛行に成功し，一躍国際社会で注目を浴びるようになったことがある．これまで有人宇宙飛行技術は，アメリカとロシアの「米ロ独占」状態にあり，ソ連崩壊後の混乱の中でもロシアが世界の大国として認められる証として，ある意味では核兵器以上に重要な意味をもっていた．その有人宇宙飛行技術の分野に中国が参入してきたことは，ロシアの自尊心を大きく揺るがす出来事であった[33]．さらに衛星測位の分野では，アメリカのGPSに対抗するため，ソ連時代から構築を始めていたGLONASSシステムが，資金不足のため未完成のまま放置されている状態にあったが，欧州がガリレオ計画を進めることで，こちらも「米ロ独占」が崩れ，世界の大国としての地位が沈んでいくことが実感されるようになっていった[34]．

このような背景から，プーチンは2006年に15年スパンの中長期宇宙計画を発表し，ロシアの宇宙開発を再活性化するとともに，国際社会におけるロシアの存在感を増すためのプロジェクトを推進した．その一つがクリッパーと呼ばれる新型宇宙船の開発である．クリッパーは小型のスペースシャトルとも言える宇宙往還機であり，従来のロシアの有人宇宙技術に磨きをかけ，より効率の良い機体を作り，ロシアの強みである有人宇宙飛行の分野で国際的な競争力をもち，グローバルなリーダーシップを獲得しようとする試みであった．この中長期計画をきっかけに，ロシアはインドや中国，ラテンアメリカ諸国との宇宙探査の協力に関する交渉を立て続けに行い，次々と協定を結んでいっている[35]．

また，プーチンはロシア版GPSであるGLONASSを完成させることも重点事項とした．これは欧州のガリレオが実際に運用段階に入る前に，ロシアが

GLONASSを2011年までに完成させ，GPSに次ぐグローバル・スタンダードを確保することを目的とするものであった[36]．実際プーチンは，欧州や中国に有人宇宙探査や有人宇宙飛行の技術協力などを申し出，インドやアフリカ諸国とGLONASSの利用を促進するための協定を締結するなど，国際的なプレーヤーとして振る舞う機会が増えている．

この中長期宇宙計画では，軍事的な側面に関しても積極的な開発を進めるとしている．ロシア軍はこれまでほとんど予算を確保できなかった宇宙インフラの整備に着手し，GLONASS（GPS同様，GLONASSも軍民両用のシステム）だけでなく，宇宙からの偵察や早期警戒に重点を置いた衛星開発と運用を進めることが計画された．これはチェチェン紛争のみならず，2008年に軍事衝突に発展したグルジア問題なども意識したロシアの軍事体制整備の一環でもあった[37]．

宇宙科学分野の復活を目指す

ソ連時代には，ルナ計画による月の裏側の探査や，1965年に世界初の金星着陸に成功したヴェネラ（ヴィーナス）計画，1971年に世界初の火星着陸を達成したマルス計画など，輝かしい成果を上げた科学探査も，ソ連崩壊後はほとんど行われなくなっていた．しかし2006年の中長期計画では，火星の衛星フォボス（ソ連時代も何度か探査機を送っている）の探査や月探査などの惑星探査プロジェクトのほか，それ以上に優先されるプログラムとしてX線宇宙望遠鏡やガンマ線宇宙望遠鏡など，宇宙物理・天文学を中心としたプログラムが用意され，ロシアの宇宙科学の再活性化も図られている．かつてのように「人類初」を狙い，アメリカの先を越すことを目的としたプロジェクトではなく，より現代的な宇宙科学研究のテーマに基づいたプロジェクトになっていることが特徴的である．

このように，プーチンが大統領としてリーダーシップを発揮し，ロシアの宇宙開発の復権が始まり，首相となってからもそれが継続されている．これは一見，かつてのソ連時代の栄光を取り戻し，宇宙開発を進めることで「ハードパワー」を獲得する試みのように見える．しかし，2006年に策定された中長期計画で中心となっているのは，アメリカのGPSに対抗する衛星測位インフラとしてのGLONASSの完成であり，有人宇宙飛行の技術的優位を用いた国際

的リーダーシップの復活，そして現実的な宇宙科学研究であった．その点に注目すると，プーチン時代のロシアの宇宙開発は，「社会インフラ」としての宇宙システムを構築し，有人技術と合わせて国際的な影響力を獲得する「ソフトパワー」の確立が目的であったと考える方が適当であろう．

まとめ

　ソ連の宇宙開発は，人工衛星の打ち上げに始まり，宇宙空間への動物の打ち上げ，ガガーリンによる有人宇宙飛行，ルナ計画といった惑星探査において，人類初の快挙を次々と成し遂げ，西側諸国を驚愕させ，恐怖に陥れた．それはソ連の政治指導部が意図して得た結果ではなく，ミサイル開発がうまくいかないがための次善の策として，コロリョフらの「チーフデザイナー」たちが苦し紛れにとった手段が生み出した偶発的な結果であった．しかし，それが人類史を変える大きなインパクトを与えたため，「チーフデザイナー」たち，とりわけコロリョフが力をもち，彼の進める有人宇宙飛行事業が推進され，「米ソ宇宙競争」のゲームのルールが「月面着陸」という方向性をもつことになった．しかし，コロリョフが死去し，ソ連の経済が斜陽化していくと，「米ソ宇宙競争」は実質的な競争にならず，ソ連はアメリカの後を追うプログラムでは空回りしながら，それでも長期有人宇宙滞在の分野ではアメリカに先んじて多くの経験を積むことができた．ソ連崩壊後，政治・経済・社会の混乱の中で，ロシアの宇宙開発はサバイバルのための商業化を進めていく．21世紀に入り，経済が立ち直ってくると，ロシアは再び国際的なリーダーシップを確立すべく宇宙開発に力を入れ始めるようになり，存在感を増している．

　ここから見てとれることは，ロシアの宇宙開発は，ソ連時代の「ハードパワー」を追求するミサイル開発から始まりつつも，偶発的にミサイル開発競争が「米ソ宇宙競争」に転化し，初戦で連勝を重ねたことで栄光を手にしたものの，いつの間にか「米ソ宇宙競争」で後れをとり，それを取り戻すために必死になることで，過去の栄光を維持・回復するための「ソフトパワー」の追求にシフトした，ということである．また，「米ソ宇宙競争」と軍事目的の宇宙開発を通じて獲得したロケット・衛星の技術は，ソ連崩壊後には「社会インフラ」と

しての役割をもつようになり，ロシアはそれに商業的な価値を見出すようになった．ただ，アメリカや西側諸国の宇宙システムがすでにグローバルなスタンダードになってしまい，さらに中国が国際市場に参入するようになってくると，ロシアが国際競争力をもつ分野は廉価で信頼性の高いロケットに限られ，衛星システムの分野ではなかなか成果が出せていない．プーチンが力を注いでいるGLONASSにしても，すでにアメリカのGPSがスタンダードになってしまっているため，ロシア国内のGPSユーザーですらGLONASSを使っていないという現状がある．ロシアが宇宙開発を通じて国際的なリーダーシップを再強化するためには，技術的な競争力をいかに「社会インフラ」として洗練し，ユーザーのニーズに適応したシステムを構築できるかが鍵になっていくであろう．

注
1) Frederick Ordway and Mitchell Sharpe, *The Rocket Team*, Collector's Guide Publishing, 2003, p. 139.
2) James Harford, *Korolev: How One Man Masterminded the Soviet Drive to Beat America to the Moon*, John Wiley & Sons, 1997.
3) ストローブ・タルボット編(タイムライフブックス編集部訳)『フルシチョフ回想録』タイムライフインターナショナル，1972年．
4) マシュー・ブレジンスキー(野中香方子訳)『レッドムーン・ショック——スプートニクと宇宙時代のはじまり』NHK出版，2009年．
5) Matt Bille and Erika Lishock, *The First Space Race: Launching the World's First Satellites*, Texas A&M University Press, 2004.
6) アメリカのロケット開発過程はアメリカのメディアによって詳細に報道されていたが，ソ連のロケット開発は機密事項とされ，ほとんど知られていなかった．Sergei Khrushchev, *Nikita Khrushchev and the Creation of a Superpower*, Pennsylvania State University Press, 2000.
7) "USSR Misjudged Importance of Sputnik Satellite: Krushchev's Son", *Agence France Presse*, October 2, 2007. また，ブレジンスキーによれば，スプートニク打ち上げの翌日の『プラウダ』(ソ連共産党の機関紙)の一面は「冬に備えて」という記事であり，スプートニクの記事は2行ほどのベタ記事だったと言われる．なおその翌日の『プラウダ』ではアメリカの反応を報じる記事が一面全段抜きの大見出しだった．ブレジンスキー，前掲書，299頁．
8) Paul Dickson, *Sputnik: The Shock of the Century*, Walker & Co, 2007.
9) Alexander Tarasov, "L'espace et l'identité nationale Russe", *HERMÈS*, Numéro

34 (edited by Isabelle Sourbès-Verger), 2002, pp. 79-91.
10) Peter A. Gorin, "Rising from a Cradle: Soviet Public Perceptions of Space Flight before Sputnik", in Roger D. Launius, John M. Logsdon, and Robert W. Smith (eds.), *Reconsidering Sputnik: Forty Years Since the Soviet Satellite*, Routledge, 2000.
11) Brian Harvey, *Soviet and Russian Lunar Exploration*, Springer/Praxis, 2007.
12) Harford, *op. cit.*
13) Deborah Cadbury, *Space Race: The Untold Story of Two Rivals and Their Struggle for the Moon*, Fourth Estate, 2005.
14) Peter Gorin, "Black 'Amber': Russian Yantar-Class Optical Reconnaissance Satellites", *Journal of the British Interplanetary Society*, no. 51, August 1998, pp. 309-320.
15) Nicholas L. Johnson, *Soviet Space Programs 1980-1985*, Univelt Press, 1987.
16) Nicholas L. Johnson, *Handbook of Soviet Manned Space Flight*, American Astronautical Society, 1980.
17) Robert Zimmerman, *Leaving Earth: Space Stations, Rival Superpowers, and the Quest for Interplanetary Travel*, Joseph Henry Press, 2003. なお，このアルマズ計画で未使用だった宇宙船を再利用し，商業的な有人宇宙飛行を計画したのは「ホリエモン」で知られる堀江貴文である．この計画は堀江の逮捕とともに立ち消えとなったが，堀江は現在でも宇宙開発に関心をもっており，ベンチャー企業のロケット開発に関与している．
18) Walter A. McDougall, *The Heavens and the Earth: A Political History of the Space Age*, Johns Hopkins University Press, 1997.
19) Khrushchev, *op. cit.*
20) Brian Harvey, *Russia in Space: The Failed Frontier?*, Springer, 2001, esp. Chapter 4.
21) Brian Harvey, *Russian Planetary Exploration: History, Development, Legacy and Prospects*, Springer/Praxis, 2007.
22) Asif A. Siddiqi, *The Soviet Space Race with Apollo*, University Press of Florida, 2003.
23) David M. Harland, *The Mir Space Station: A Precursor to Space Colonization*, Wiley & Sons, 1997.
24) Zimmerman, *op. cit.*
25) Henry Matthews, *The Secret Story of the Soviet Space Shuttle*, X-Planes Book, 1994.
26) Bart Hendrickx and Bert Vis, *Energiya-Buran: The Soviet Space Shuttle*,

Springer/Praxis, 2007.
27) 民間滞在者は，Anousheh Ansari(イラン／米国)，Richard Garriott(米国)，Guy Laliberté(カナダ)，Gregory Olsen(米国)，Mark Shuttleworth(南アフリカ)，Charles Simonyi(ハンガリー／米国)，Dennis Tito(米国)の7人(ABC順，Simonyi は 2007 年と 2009 年に 2 回滞在している)．スペースシャトルが 2011 年に退役し，ソユーズで国際宇宙ステーションに輸送する宇宙飛行士の数が増えるため，当面，民間旅行者を輸送することは困難であるが，遠くない将来に民間旅行者の輸送を再開する予定である．
28) Joan Johnson-Freese and Roger Handberg, *Space, the Dormant Frontier: Changing the Paradigm for the 21st Century*, Praeger, 1997.
29) Warren Fester, "China Wins Big in Launch Deal", *Space News*, February 6, 1995.
30) Victor Zaborsky, "U.S. Missile Nonproliferation Strategy toward the NIS and China: How Effective?", *The Nonproliferation Review*, no. 5, Fall 1997.
31) とはいえ，ミサイルをもたない国にとっては，未だにロケット開発がミサイル開発と連動していることは指摘しておかなければならない．
32) 当時のロシア宇宙産業の苦悩は James Oberg, "Russia's Space Program: Running on Empty", *Spectrum Magazine*, December 1995 が詳しい．
33) "Russians Fear Chinese Competition in Space", *Agence France Presse* (*AFP*), October 16, 2003.
34) 鈴木基也「ロシアの戦略兵器「グロナス衛星網」」『軍事研究』第 45 巻第 8 号，2010 年 8 月．
35) Bertrand de Montluc, "Russia's Resurgence: Prospects for Space Policy and International Cooperation", *Space Policy*, vol. 26, no. 1, February 2010, pp. 15-24.
36) "Glonass to Be Deployed in Full by 2010", *RIA Novosti*, August 31, 2006. GLONASS は 2010 年に完成する予定であったが，ロケットの失敗により 3 機の衛星が失われ，完成は 2011 年まで延びた．
37) Vladimir Popovkin, "Oil Riches Fuel Russian Military Space Revival", *RIA Novosti*, October 5, 2006.

第4章　中国——大国の証明

　中国は2003年にソ連，アメリカに次いで三番目に有人宇宙飛行を成功させ，中国の宇宙技術の水準の高さを証明し，世界に衝撃を与えた．また，2007年には，自国の衛星をミサイルによって撃墜し，宇宙空間に大量の宇宙デブリ（ごみ）をまき散らし，宇宙システムを利用する国々のリスクを大きくしたことで，世界中の非難を浴びることともなった．このように，中国の宇宙開発は良い面でも悪い面でも国際的な注目を集めるようになっており，宇宙開発をめぐる国際政治に中国が与える影響は否が応でも高まっている．

　にもかかわらず，中国がどのような意図をもって宇宙開発を行い，何を目的としてこれらのプログラムを実施しているのかについては，正確に理解されてこなかった．というのも，宇宙開発について中国政府が公表する資料は限りなく表面的な情報に止まっており，その政策決定の意図や目的が全く見えないこと，また，政府の意思決定にかかわる政治家，官僚，技術者，科学者などから出される情報も極めて乏しく，英語のみならず中国語での情報発信も限られているからである．冷戦期においてですら，ソ連は国際交渉の場や国際的な学術会議においてさまざまな情報提供を行い，それによって西側諸国はソ連の宇宙開発の意図と目的を推し量ることができたが，中国に関しては，そうしたヒントとなる情報もなかなか出てこないのが現状である．

　その結果，中国の宇宙開発の意図と目的の不可解さから，中国の宇宙開発をめぐってさまざまな憶測が生まれ，邪推にも似た解釈や粗雑な誤解も多数生まれている．そして多くの場合，それらは中国側からの情報に基づくものではなく，アメリカをはじめとする外部の研究者や宇宙開発関係者同士による議論に由来しており，論争の中で誤解がさらに増幅されていくという悪循環すら見られる[1]．それがしばしば「中国脅威論」と結びつき，一方的な思い込みによる解釈を引き出すほか，中国の脅威をあおることで，自国の宇宙予算の増加や，

第4章　中　国

中国に対抗するためのプログラム(たとえば有人宇宙事業)を正当化しようとする議論につながったりする場合も多い[2]．第1章で論じたように，2004年のブッシュ大統領による，月・火星の有人探査に向けた提案は，まさに2003年の中国による有人宇宙飛行の成功に触発される形で，「中国人が月に到達する前に，アメリカが月面に拠点を作るべきである」という議論の典型例であった．アポロ以来，有人宇宙事業によって雇用や予算を得ていた既得権益をもつ集団が，こうしたブッシュ大統領のビジョンを強く後押ししたことは間違いない．さらに状況を悪くしているのは，時折出てくる中国人民解放軍の高官による非公式発言が，しばしば中国の覇権的な野心を示したものと解釈され，あたかも中国政府の公式見解として紹介されたりする場合があることである[3]．したがって，中国の宇宙開発に関する情報やオピニオンは数多くあれど，何が正確なものなのかを把握することは困難である．本章では，こうした多くの情報の中で，中国を拠点に活動する宇宙政策研究者たちの解釈に依拠しながら[4]，中国の宇宙開発の意図と目的を本書の枠組みに沿って検討していきたい．

1　マッカーシズムと銭学森の帰国

中国宇宙開発の父，銭学森

　ソ連のコロリョフ，アメリカのフォン・ブラウン，欧州原子力研究機関(CERN)創設メンバーたちのように，中国にも宇宙開発の黎明期を切り開き，その基礎を築いた人物がいた．それが銭学森(Qian Xuesen ないしは Tsien Hsue-shen)である．彼は1911年に中国の浙江省杭州市の官僚の家に生まれ，優秀な成績で上海交通大学を卒業し，奨学金を得てアメリカに留学し，MITで学んだ後，カリフォルニア工科大学で宇宙開発を学んだ．彼は1944年には国防省の科学顧問となり，1949年には，後に国家航空宇宙局(NASA)の一部となるジェット推進研究所(JPL)でロケット工学の教鞭をとり，アメリカ国内でもトップを争う航空宇宙工学の専門家として評価されていた[5]．彼はJPLでアメリカの宇宙開発を支えていく技術者の育成に携わっており(とはいえ，学生の評判はあまり良くなかったようだが)，アメリカで最初にロケットエンジンを開発したロバート・ゴダード(Robert Goddard)らと惑星間旅行の研究を進め，アメリカの

初期のロケット開発に反映されるようなアイディアを次々と提案していった．

しかし，アメリカに根づき，その宇宙開発の基礎を担っていた銭学森の運命を大きく変えることになったのは，1949年の中華人民共和国の建国と，それに続くマッカーシズムの嵐であった．マッカーシズムとは，アメリカの上院議員ジョセフ・マッカーシー(Joseph McCarthy)が，中国に共産主義政権が樹立し，自由主義陣営が中国を失ったのは，アメリカ国務省に共産主義者がはびこっているからだと主張し，政府内のみならず，文化的・社会的影響のある人物に至るまで，共産主義者を徹底して排除する，いわゆる「赤狩り」を巻き起こしたことを指す．銭学森は，このマッカーシズムの影響を直接受け，共産主義者とのレッテルをはられ(彼は共産主義者ではなかったが，この事件をきっかけに中国への帰国を決意し，帰国後，中国共産党員になっている)，アメリカの宇宙開発の発展を遅らせ，サボタージュしているとして逮捕された．彼の逮捕後，彼の保釈を求める運動が起き，何度か保釈と自宅軟禁を繰り返しながら，最終的に1955年，アメリカと中国の間で朝鮮戦争時の戦争捕虜と交換する形で，アメリカに在住していた中国人科学者93人を中国に送還する取引が行われ，銭学森は中国に帰国することになった．

帰国後の銭学森

当時の中国は工業化の第一歩を踏み出した段階であり，1953年に最初の五カ年計画を発表し，機械工業といえば自動車やトラックを製造することが目標という工業技術力の水準であった．そうした中で1956年，中国の指導者であった毛沢東(Mao Zedong)主席と周恩来(Zhou Enlai)首相は，科学技術の発展が中国の近代化に必要であるとして，科学計画委員会を設置し，航空宇宙分野での開発を進めることを決定した．そこで，国防部の研究所に航空宇宙技術部門(第五研究院)を設置し，銭学森を中心に，文字通りゼロから航空宇宙技術の開発が始まった．そのとき重要な役割を果たしたのが，ソ連との関係である．スプートニク打ち上げの前年である1956年から中ソの技術協力関係が始まり，ソ連の技術者が中国に指導を行い，また中国人技術者がモスクワに留学する形で技術が習得された．しかしソ連にとっても，ロケット／ミサイル技術はトップシークレットであり(当時，コロリョフの名前すらトップシークレットとされてい

た），中国の立場からすれば，極めて限られた情報にしかアクセスできず，不満が多かった[6]．また，1957年にソ連がスプートニク打ち上げに成功し，世界に衝撃を与えたのを見た毛沢東は，中国も衛星を打ち上げる能力をもつべきと考えるようになり，1958年から衛星開発プロジェクト581計画とロケット開発プロジェクト1059計画をスタートさせた．この時期から「両弾一星(原子爆弾，水素爆弾，人工衛星)」をスローガンに掲げ，その運搬手段であるロケット／ミサイル開発の重要性が強調されるようになっていく．

このように，中国の宇宙開発はアメリカやソ連と同様，軍事的な関心からスタートし，銭学森というリーダーを得たことと，毛沢東と周恩来という政治権力の中枢にいる人物が宇宙開発に関心を示したことで順調に始まることとなった．ただ，諸外国と大きく違う点は，銭学森はコロリョフやフォン・ブラウンと同様に宇宙旅行への憧れをもち，自らの理念や理想を実現しようとしていたが，それを実現するために中国に戻ったわけではなかった，という点である．マッカーシズムの嵐が吹かなければ，彼は中国に戻ることもなく，アメリカで研究を続けていたであろうと考えられる．つまり彼は，国家の宇宙開発を推進することに情熱を燃やすというよりは，運命に翻弄される形で中国に戻り，そこで政治的な思惑に引き取られる形で宇宙開発に携わることになったのである．銭学森は，ガガーリンの宇宙飛行に刺激されて，宇宙旅行を実現させるためのシンポジウムなどを多数開催したが，中国の技術的な水準の低さから，彼の議論を支持する勢力はほとんど生まれなかった．また彼自身は，東風1号などのミサイル開発にはかかわったが，宇宙開発のプログラムを主導したわけではない．その意味で，銭学森は，中国の宇宙開発を引っ張るパイオニアやビジョナリー(先見性のあるリーダー)というわけではなく，政治家と宇宙開発コミュニティの間を調整し，大躍進や文化大革命の最中でも宇宙開発を継続することに尽力し，時代の流れを読む能力に優れていた人物と言える(彼は大躍進を支持し，文化大革命のときも柔軟に意見を変え，権力の変遷に対応した)．彼の原動力となったのは，中国への愛国心や共産主義への忠誠ではなく，偏狭なイデオロギーで彼を追放し，謝罪すらしなかったアメリカに対する恨みであり，対抗心であった[7]．彼は結局，2009年に亡くなるまでアメリカに戻ることはなく(短い滞在が1回あったが)，中国に骨をうずめた．

2 大躍進から文化大革命へ

大躍進の混乱

　しかし，中国の宇宙開発はスタート早々に大きく躓くことになる．それは1958年から始まる「大躍進」による，中国の政治経済の大混乱が大きな原因であった．「大躍進」とは，1958年から61年にかけて行われた強引な工業生産増大策である．1957年にソ連がスプートニクの打ち上げに成功した直後の共産党大会で，15年後に工業生産力でアメリカを追い越すという宣言をしたことに触発され，毛沢東は3年でイギリスの工業生産力を追い越すことを目的として，強硬な工業化政策を推し進めた．「大躍進」では鉄鋼の生産量を増やすため，原始的な溶鉱炉を農村に設置させ，全国で鉄鋼の生産を行うという「大製鉄・製鋼運動」や，「四害(ネズミ，ハエ，カ，スズメ)駆除運動」，人民公社による農業の集団化など，強引な産業政策が展開された．しかし，自然災害も重なって大規模な飢餓と物資不足が起こり，2,000万人とも2億人とも言われる数の餓死者が出た．

　大躍進では，宇宙開発に関しても，1959年10月(中華人民共和国建国10周年)に合わせて人工衛星を打ち上げることが決定されたが，当然のように，全く技術的な基盤のない状態から1年程度でロケットと衛星を開発することなどできるはずもなかった．唯一の可能性はソ連のロケット技術をそのまま移転することであったが，すでに述べたように，ソ連はロケットを最高機密扱いにしており，中国の技術移転要求を完全に無視した．結果として，大躍進によって中国の宇宙開発の目標も段取りもすべて混乱し，ほとんど前進することがなかった．その状況を立て直したのが，当時共産党総書記であった鄧小平(Deng Xiaoping)である．彼は大躍進に対して批判的であり，現実的な戦略を練らなければならないとして，ロケットの開発を優先し，衛星開発を一時棚上げすることで資源の集中を図った．また1961年には，毛沢東，周恩来もロケットの開発がミサイルの開発につながるとして，そちらを優先することを目指した[8]．当時，核兵器の開発を防衛戦略の最優先課題としていた毛沢東と周恩来としては，核弾頭を運搬するミサイルが不可欠だったのである．こうした文脈から，宇宙開発

は軍事的な目的を最優先にすることで，何とか継続されることになったのである．

中ソ対立による独自路線の強化

しかし，中国の宇宙開発にはさらなる試練が待ち受けていた．それが1960年からの中ソ対立である．毛沢東がソ連のフルシチョフの対米融和方針に反対したため，ソ連は中国に派遣していた原子力科学者とロケット技術者合わせて1,400人を引き上げ，当時，ソ連の技術支援で進められていた200近くのプロジェクトが停止することとなった．しかし，それまでに修得した技術を踏まえ，中国は東風(Dong Feng)1号と呼ばれるミサイルの開発に成功し，その後のロケット／ミサイル技術の基礎を何とか固めることができた．とはいえ，この東風1号は8,000 mしか上昇せず，ミサイルとしても，ロケットとしてもまだまだ未熟なものであった．その後1960年代前半にソ連の支援なしに開発を進めた東風2号は，何度も失敗を繰り返しながらも，1964年に打ち上げに成功し，「大躍進」で傷ついた中国の産業技術基盤を再構築し，中国の技術の近代化が成功していることの象徴として見られるようになった．この東風2号の成功により，中国の宇宙開発コミュニティは再び活気づき，このミサイルをロケットとして活用し，衛星を打ち上げるプロジェクトを再開した．1965年には中国科学院(Chinese Academy of Sciences; CAS)と，国防科学技術委員会(Committee on Science and Technology for National Defense; CSTND)において人工衛星の開発が決定された．

ここで重要であったのは，「両弾一星」のスローガンの下で進められてきた核兵器の開発に一定のめどが立ってきたことであった．中国は1964年に核実験に成功し，それを運搬するミサイルとして東風2号が成功したことで，次のステップで大陸間弾道弾を開発する技術を獲得することを目標に据えた．こうした科学技術における上昇ムードに加え，アメリカの偵察衛星(ディスカヴァラー衛星)の打ち上げ成功によって，人工衛星による偵察能力をアメリカがもったことに対抗する必要から，中国も人工衛星の開発が必要との結論に至ったのである．

この時点から，衛星開発プロジェクトは「651計画」とコードを変更し，新

たなスタートを切った．これに伴い，「651計画会議」と呼ばれる42日間に及ぶマラソン会議が1965年後半に開かれ，中国の宇宙開発戦略の青写真が描かれた．この会議が歴史的に重要なのは，第一に，中国の衛星開発の目標として「その衛星が人の目に触れる」ということを打ち出したことであった[9]．中国における衛星開発の目的は，つまるところ，その利用を目的としているのではなく，あくまでも中国が衛星を打ち上げる能力をもっていることをアピールし，国際社会において，アメリカやソ連と肩を並べる国家であると証明することであった．そのため，具体的にどのような機能やスペック（仕様）をもつべきなのか，という議論よりも，いかにしてアメリカやソ連に追いつく衛星を開発するかが議論の焦点となった．第二に，この会議を通じて，中国の宇宙開発コミュニティが一つにまとまったことにある．これまでCAS，CSTNDなどの機関に加え，人民解放軍，国防産業委員会，機械工業部などさまざまな政府関係部局に分散していた中国の宇宙開発にかかわる機関が一堂に会して議論をし，認識を共有した点にある．同時に，この会議は，最終的な意思決定権を誰がもつのかを明確にせず，中国の宇宙開発戦略の責任を曖昧にしたという負の側面ももつ．当時は最終的な権威として周恩来が控えており，ロケット開発に尽力した人民解放軍の聶栄臻(Nie Rongzhen)元帥がいたため，そうした制度的な整備をする必要はなかったが，革命第一世代が一線を退くようになると，こうした曖昧さから問題が起こるようになる．2007年の対衛星攻撃(ASAT)実験をめぐる混乱の火種は，この時期にすでに存在していたと言えよう．

文化大革命による再度の混乱

こうして再スタートを切った中国の宇宙開発は，再び大きな困難に直面することとなる．それは「文化大革命」である．「文化大革命」は，1966年から10年近くにわたり中国全土に社会的混乱を巻き起こした．これは「大躍進」の失敗によって影響力を失った毛沢東が，その権力を奪回すべく，劉少奇(Liu Shaoqi)や鄧小平らを「走資派」(資本主義に走る修正主義者)として批判し，毛沢東主義の原理に立ち返って社会主義建設を進めるべきとの運動を始め，階級社会を固定化するような高等教育や知識人・文化人の弾圧を繰り返し，大規模な粛清を行ったことによって起こった．この「文化大革命」によって，衛星開発の中

心的機関であったCASなどはエリート研究者(「ブルジョア知識人」と呼ばれた)の集まりとして真っ先に批判の対象となり,多くの科学者,技術者たちが農村での強制労働を強いられた.中でも,衛星開発の中心的な人物であった趙九章(Zhao Jiuzhang)は自殺に追い込まれ,中国の衛星開発のプロセスは大きく停滞することとなった.銭学森もロケット開発の責任者の座を追われ,「一般の労働者」として扱われた.

　このような状況の中で,周恩来は文化大革命の影響が宇宙開発に及ぶことを避けるため,人民解放軍の下に宇宙開発機関を一元化し,科学者,研究者を守ろうとした.そこで,人民解放軍に中国空間技術研究院(China Academy for Space Technology; CAST)を設立し,銭学森を所長に迎えて宇宙開発の中心とした.その結果,現在に至るまで中国の宇宙開発は人民解放軍の影響を強く受けることになるが,他方で,もともと文民として宇宙開発に携わってきた組織の伝統も継続している.現在では中国の宇宙開発の大部分が国防科学技術工業委員会[10](COSTIND)の下で行われている.COSTINDは中国政府(国務院)に属しており,人民解放軍(中国共産党の軍隊であり中国政府の軍ではない)の下にあるわけではないため,軍の統制が完全に及んでいるとは言えないものの,国防の基盤となる組織の下にあるため,軍事戦略の影響を強く受けている.こうした組織的な「ずれ」が問題となるのは,中国における宇宙開発が一方では文民的な組織文化の中で技術開発を進め,国際的な技術大国としての認知を得ようとする動機を強くもち,他方では,軍事的な要請に基づいて,必要な「ハードパワー」を提供することが求められている,というジレンマを抱えているからである.中国の宇宙開発の意図と目的がわかりにくくなるのは,こうした制度的な整理がきちんとなされず,役割分担と統一的な戦略を欠いたまま,それぞれの組織が独自に行動しているからにほかならない.

　いずれにせよ,周恩来の計らいで人民解放軍の下で庇護されることになったロケットと衛星開発は,文化大革命のさなかでも進められることとなり,1970年に長征(Chang Zheng)1号ロケットによって,衛星の東方紅(Dong Fang Hong)1号が打ち上げられることとなった.この長征1号は,中国初の大陸間弾道弾である東風4号をベースに改良されたものであり,衛星を打ち上げる能力を証明することで,中国の核兵器をアメリカをはじめ,あらゆる場所に運搬できる

ことを証明することが目的とされた．そのため，東方紅は「目に触れる」ものでなければならず，2カ月前に打ち上げに成功した日本の「おおすみ」よりもはるかに大きく，しかも40 m^{2}の太陽光反射板を搭載し（これによって肉眼でも地上から衛星を見ることができた），「East is Red（東方紅）」という革命歌を放送した．これはつまり，衛星を「社会インフラ」として用いる意図はなく，他国に対して自国の技術力をアピールするためのプロパガンダないしは「ソフトパワー」の誇示を目的としていたと言うことができるだろう．とりわけ，この時期は「米ソ宇宙競争」が佳境に入り，アポロ11号が月面着陸に成功した直後であったため，中国もその競争に参入する能力を証明する意図があった．また，日本が衛星とロケットの開発を進めていたこともあり，日本よりも先に衛星を打ち上げることで，中国の国際的な地位を高め，国内に向けても中国共産党の偉大さを知らしめる意図もあった（ただし，結果的に日本に先を越された）．

　文化大革命の嵐の中で宇宙開発を正当化するためには，それが合理的に何らかの役に立つということを主張したところで政治的に受け入れられることは難しく，「米ソへのキャッチアップ」や「日本より先に衛星を打ち上げる」といった，よりシンプルな目的を掲げ，政治的な議論を引き起こさない方が，プロジェクトを進めやすかったことも確かである．つまりこの時期の中国の宇宙開発は，人民解放軍の下で進められたとはいえ，軍事的な「ハードパワー」としての宇宙開発というニュアンスは極めて弱かったと言える．東方紅の打ち上げ成功により，中国はロシア，アメリカ，欧州（フランス），日本に次ぐ5番目の衛星打ち上げ国となった．しかし，1971年に2機目の衛星である実践（Shi Jian）1号を打ち上げた後，1975年まで衛星を打ち上げることはなかった[11]．それは文化大革命の嵐の中，プロパガンダ以上の価値がないものは否定され，資金を投入する意味を見出すことができなかったのである．

　このように黎明期の中国の宇宙開発は，政治的環境の極端な変化に翻弄され，極めて不安定な環境の中で開発を続けなければならなかった．また，こうした政治的な動揺の結果，多くの有能な科学者，技術者を失い，宇宙開発の過程が停滞，後退していった．しかし，周恩来という宇宙開発に強い関心をもつ有力政治家がいたことで，中国の宇宙開発の流れは維持され，1970年に衛星の打ち上げに成功した．ただ，それもプロパガンダとしての衛星の打ち上げでしか

なく,「ハードパワー」としても「ソフトパワー」としても,十分な機能を果たさず,また,「社会インフラ」としての発展可能性は非常に低かった.こうした状況は文化大革命が収束する1975年まで続くこととなった.

3　宇宙開発の再スタート

「社会インフラ」としての宇宙開発へ

　1970年に衛星の打ち上げに成功した中国であったが,文化大革命の影響は続き,1976年に文革を主導した「四人組」が逮捕されるまで,宇宙開発を積極的に進めるのはほぼ不可能であった.しかし,中国が国内的な事情で宇宙開発を停滞させている間に,世界の宇宙開発の環境は大きく変わりつつあった.1960年代の後半から通信衛星による国際的な商業サービスが始まり,静止軌道上の軌道スロットや周波数への需要が高まっていった.この軌道スロットや周波数の配分は国際電気通信連合(ITU)において調整されるのであるが(第8章参照),中国は衛星を打ち上げる計画どころか,静止軌道に衛星を打ち上げる能力すら獲得できていない状況であった.そのため,早期に通信衛星の開発を進め,静止軌道まで打ち上げる能力をもつロケットを開発する必要性に駆られた.また,この時期,アメリカの偵察衛星の打ち上げに始まる地球観測衛星の開発が進み,ランドサットの衛星画像なども一般に入手できるようになってきた.こうした地球観測衛星がもつ他国の偵察能力は,ソ連やインド,ベトナムとの国境紛争などを抱えている中国にとっては重要な意味をもつようになった.

　したがって,文化大革命以降に力をつけ,権力を掌握した鄧小平は,1978年に「宇宙開発に関する限り,我々は宇宙競争には参画しない.我々は月に行く必要はない.我々の資源を集中しなければならないのは,緊急を必要とする衛星であり,機能的で実践的な衛星である[12]」と述べ,中国の宇宙開発の意図と目的を「社会インフラ」の構築へと大きくシフトさせることとなった.これは鄧小平が進めた「四つの近代化」,つまり,20世紀末までに工業,農業,国防,科学技術の四つの分野で近代化を進めるという運動の一環であった.「四つの近代化」は,もともと1964年に周恩来が主張し,文化大革命によって中断されていたが,鄧小平は周恩来の意思を引き継ぎ,中国の近代化を進めるこ

とが，文化大革命で疲弊した国家を建て直す道筋だと確信していた．経済の面では1978年に改革開放を訴え，外国からの技術や製品の導入も認めるようになり，中国の宇宙開発は一気に加速することとなった．

FSW と通信衛星

しかし，中国が1970年代の終わりから1980年代の初めに限られた人的・財政的資源を集中したのは，「返回式衛星(Fanhui Shi Weixing; FSW)」と呼ばれる回収型衛星であった．このプロジェクトに関する情報は極めて少なく，そのため軍事偵察衛星であると考えられているが，それすら確認されていない状況である．このFSWは1975年に最初の初期技術実証モデル(FSW 0)が8機打ち上げられたほか，実用モデルとしてFSW1, 2, 3と呼ばれるシリーズが合計26機打ち上げられたと言われているが，正確なところは定かではない[13]．しかし，このFSWのプロジェクトから次のことが明らかになる．第一に，回収型衛星は，軌道上を周回する衛星を開発するよりもはるかに技術的に困難なプログラムであり，中国が文化大革命を経て，再び宇宙開発を進めるにあたって，最初から難しい路線を選んだのは，技術発展のロードマップから見ると，やや合理性に欠けるという点である．これは第二の点として，FSWが大陸間弾道弾の開発と密接にかかわるものであったことを示唆している．回収型衛星は，一度宇宙空間に放出した衛星を再び大気圏内に突入させ，回収する衛星であるが，それは大気圏を脱して，再突入する大陸間弾道弾と全く同じ技術を要するものである．再突入の際の摩擦に耐えられる耐熱タイルの技術や，衛星を回収するために狙った場所に帰還させることは，ミサイルの命中精度を高めることと同じだからである．第三に，こうした回収型衛星の技術は有人宇宙事業に不可欠な技術であり，中国は将来的な有人宇宙飛行に向けての準備をこの時期から始めていたと言えるだろう．そして第四に，回収型衛星は，アメリカとソ連が1960年代に偵察衛星の技術として成功させていたが，中国よりも先行していた日本や欧州では実現しておらず（第2章，第6章で論じるように日欧では軍事的な利用が進まなかったことが原因であるが），中国は世界で3番目に衛星の回収に成功した国となった．これは「四つの近代化」を実現するうえでシンボリックな意味をもっており，中国の技術が国際水準にあることを示すことができるプロ

ジェクトとして位置づけられていた．軍事的な目的で開発されたと考えられているFSWは，このようにさまざまな意図と目的をもっていた．

　このFSWと同時に開発が進められたのが通信衛星であった．中国の広大な国土をカバーするインフラとして通信衛星に注目が集まったのは「途上国」としては当然のことであり，地上の固定回線よりも通信衛星を使って通信ネットワークを構築するのは「四つの近代化」を進めるうえで不可欠と考えられていた．また，通信衛星を用いたテレビ放送は，中国全土に情報と共産党の指導を伝達することを可能にし，学校が整備されていない地方においても教育を受けられるような環境を作ることができる．この通信衛星開発のプロジェクトは毛沢東の死の直前に裁可され，1975年に共産党中央委員会で承認され，「311計画」とコードがつけられた．しかし，実質的にプロジェクトが動き出したのは，鄧小平が権力を握り，通信衛星の重要性を強調した1978年からである．当初，中国が独自の衛星を開発し，自らのロケットで打ち上げることが想定されていたが，鄧小平は「四つの近代化」を進めるための教育を普及させるうえで，衛星が最も効率的であり，中国製の衛星にこだわる必要はないとして，アメリカから衛星を調達する交渉を始めた．この時期，中国はアメリカとの国交回復の交渉を続けており，米中の関係が極めて良好であったことから，アメリカとの交渉に期待がかかったが，結果的に交渉は決裂した．その背景には，中国は自国製の部品を使ってアメリカの衛星開発に参画し，衛星開発のノウハウを得ることを目指していたのに対し，アメリカは，すでに製造した衛星をそのまま販売したいと考えており，両者の思惑が一致しなかったことがある[14]．そのため，中国は独自に衛星を開発する路線を選ぶこととなった．

　中国はアメリカを含め，他国から技術移転を受けるのは極めて困難であることを理解し，他国に依存しない技術開発が重要であるとの認識を高めた．同時に，鄧小平が衛星による通信ネットワークの早急な構築を目指していたにもかかわらず，静止軌道へ衛星を投入するロケット（長征3号）の開発が遅れたため，1984年まで通信衛星（東方紅2号）を打ち上げることができず，通信ネットワークの構築は遅れることにもなった．

商業打ち上げサービス市場への参入

　1984年の通信衛星の打ち上げ成功は，アメリカ，ソ連，欧州，日本に次ぐ5番目の静止軌道への衛星投入が可能な国家としての自信を中国に与え，中国の宇宙開発の技術的基盤が高い水準にあることの証明ともなった．しかし1970年代の後半から財政事情が悪化し，宇宙開発への予算の配分が減らされることになったため，中国は，宇宙技術を用いた商業的な活動を通じて，自ら収益を得ることが求められるようになった．そのため，中国は欧州におけるアリアンスペース社と同様の打ち上げサービスを提供する中国長城工業総公司(China Great Wall Industry Corporation; CGWIC)を設立し，長征3号による衛星打ち上げサービス提供を開始した．ロケットの打ち上げサービスは，欧州のアリアンスペース社が最大手として圧倒的な市場シェアをもつ一方，アメリカは，スペースシャトルを導入したことで使い捨てロケットによる衛星の打ち上げ事業では後れをとっており，打ち上げコストの安い中国が参入するチャンスは大きかった．中国は，1987年に商業的な受注に成功してから2010年まで，合計で30機の衛星を商業的に打ち上げることに成功している[15]．こうした商業打ち上げサービスの展開は，国際社会における中国のステータスを上げることに貢献するだけでなく，宇宙開発を進めていくための資金を稼ぎ出す手段でもあり，また，「四つの近代化」を進めていく「社会インフラ」としてのロケットという位置づけも明確となっていく．

　しかし，このロケットの商業化は大きな障害に直面することとなる．中国が衛星の商業打ち上げを開始してから間もなくして，アメリカが安全保障上の技術移転の管理を名目に，中国のロケットによる市場参入を制限しようと圧力をかけてきたのである．1984年に西側諸国はミサイル技術管理レジーム(Missile Technology Control Regime; MTCR)を確立し，中国に対しミサイルに関連する技術の管理を強化することを求めた．そのため，アメリカは中国のロケット技術を第三国(たとえばパキスタンやイラン)に流出させないために，商業市場において一定の割当を提供することで，中国のロケットによる収益を一定程度確保する代わりに，技術輸出により外貨を稼ぐことを控えるよう求めたのである．新規に市場に参入する中国も，一定の市場へのアクセスが得られることを歓迎し，この提案を受け入れ，1988年に中国はアメリカと1994年までの6年間で9機

第 4 章 中　　国

の静止軌道への打ち上げを割り当てることに合意した．また，1995 年には 2001 年までの 6 年間で 15 機を打ち上げる(欧米のロケット価格の 85% 以上の価格)ことに合意した．

　ところが，この協定の実施は難しい問題をはらんでいた．1989 年の天安門事件により，アメリカ議会は中国に対して経済制裁を行うことを決定し，アメリカの衛星を中国から打ち上げることを禁止しようとした．また，中国が軍事用のミサイルをパキスタンに輸出したことに対して，さらなる経済制裁を加えようとした．しかしアメリカは，大統領の免責権限によって，この経済制裁を商業打ち上げサービスには適用せず，中国のロケットで衛星を打ち上げることを認めた．これは，アメリカが中国に強硬な姿勢をとることで，中国が逆にパキスタンやイラン，北朝鮮への技術移転を進めることが懸念されたからであり，打ち上げ割当を認めることで，MTCR に沿った行動を期待したからであった．中国は，パキスタンやイラン，北朝鮮への技術移転やミサイルの輸出を否定しているが，現実には何らかの形で技術移転を行っているのではないかとの疑いをもたれている[16]．

　このような形で商業打ち上げサービス市場に参入した中国であったが，さらなる障害が立ちはだかることとなった．1999 年に出された『中国の軍事／商業的懸念とアメリカの安全保障[17]』(通称コックス報告書(Cox Report))という報告書は，中国がアメリカの核技術をスパイ行為によって盗んだことを指摘し，アメリカからの技術流出によって中国の安全保障上の能力が高まっていることに警鐘を鳴らした．この中で，アメリカの衛星メーカーが中国のロケットで衛星を打ち上げる際に，衛星技術を中国に流出させたことも指摘された．これをきっかけにアメリカの衛星を中国のロケットで打ち上げることへの懸念が高まり，衛星を輸出管理上の武器リスト(Munitions List)に含め，武器と同様，ITAR と呼ばれる輸出管理政策の対象とした．それまで衛星の輸出の許認可を出していたのは商務省であったが，1999 年からは国務省が許認可を出すようになり，事実上，中国のロケットでアメリカ製の衛星を打ち上げることはできなくなった．さらに，ITAR は完成品としての衛星だけでなく，アメリカ製の部品の第三国への輸出にも及ぶため，アメリカ製部品を含む外国製の衛星(日本や欧州の衛星)も中国のロケットで打ち上げることができない仕組みとなっている[18]．

ITAR-Free

これまで見てきたように,中国の商業打ち上げサービス市場への参入は,アメリカの介入によって何度も大きく阻害されることになったが,これは一方で,アメリカが中国の技術の進歩に対して強い脅威を抱いていることを示しており,他方で,中国のロケットが国際市場において強い競争力をもっていることを示している.その一つの証拠が,「ITAR-Free」と呼ばれる動きである.第2章で見たように,欧州の衛星メーカーはITARによって市場シェア拡大の機会を得たが,同時にアメリカのITARは,完成品だけでなく,部品にも適用され,欧州製の衛星にアメリカ製の部品が搭載されていると,アメリカ政府の輸出管理が適用され,中国のロケットで打ち上げることができなくなる.そのため,欧州の衛星メーカーが,アメリカ製の部品を使わずに衛星を製造し,多少衛星製造のコストが高くなったとしても,アメリカ製の部品を使わずに中国のロケットを使う方がトータルコストを下げることができる.結果として,ITARはアメリカ製の部品の売り上げを下げ,アメリカの宇宙産業の輸出を阻害するだけとなっている[19].さらに言えば,アメリカをはじめとする西側諸国からの技術移転が期待できなくなった中国において,独自技術の開発に拍車がかかり,技術水準が急速に高まるという効果も生まれている.こうした中国の技術力の進展は,ITARがなくても起きた可能性もあるが,少なくとも外国に依存できないという状況になったことで,中国の宇宙開発コミュニティが団結して技術開発に邁進するきっかけを作ったことは確かであろう.その意味では,アメリカの意図したことはすべて裏目に出ていると言える[20].

このように,文化大革命で大きく出遅れた中国の宇宙開発は,1980年代の後半には国際的な水準に到達するだけでなく,それよりもさらに高いレベルへと宇宙技術を発展させることができた.鄧小平の掛け声により,「社会インフラ」としての宇宙開発という路線を徹底し,改革開放の波に乗ってその技術が飛躍的に進歩したことで,実用衛星やロケットが国際水準を超えるレベルに達することになったのである.それによって中国は宇宙開発への自信を深め,さらなる技術的挑戦へと向かっていくこととなる.

4 有人宇宙飛行への野心

「社会インフラ」と有人宇宙事業のジレンマ

　中国の宇宙開発をリードした銭学森は，フォン・ブラウンやコロリョフ同様，宇宙旅行への憧れを隠さず，初期の段階から有人宇宙飛行に向けての宇宙開発という方向性を示していた．1971年には「714計画」と名づけられた有人宇宙事業に向けたプロジェクトが始動し，宇宙飛行士の選抜と訓練が始まった．しかし，すでに見てきたように，文化大革命の混乱の中で「714計画」を推進した林彪(Lin Biao)は，毛沢東暗殺失敗の後，ソ連へ逃亡する道中で飛行機事故(ないしは撃墜)によって死亡し，「714計画」はうやむやとなってしまった．毛沢東自身は有人宇宙事業に関心を示さず，宇宙に行くよりも地上の問題を解決することを優先すべき，との立場をとった．また，文化大革命後に権力を握った鄧小平も「社会インフラ」としての宇宙開発を優先し，有人宇宙事業には関心を示さなかった．

　しかし，1983年にアメリカのレーガン大統領が戦略防衛構想(SDI)，いわゆるスター・ウォーズ計画を発表したことで，状況が変わった．SDIは宇宙空間で弾道ミサイルを撃墜することを含む，壮大なハイテク技術プロジェクトであり，鄧小平はこれを深刻な脅威と見なしていた．実際に宇宙空間でのミサイルの撃墜が可能かどうかは定かではなかったが，SDIによってアメリカがはるかに高い水準の技術開発を行うことで，中国がアメリカの技術にキャッチアップできなくなることについての懸念は高まっていった[21]．そこで中国は，1986年に「863計画」と呼ばれるハイテク技術推進計画を策定し，バイオ技術，情報技術，レーザー技術など，九つの分野に特化した研究開発推進プログラムを設定し，そのうちの一つが宇宙技術であり，有人宇宙飛行であった[22]．

　こうして有人宇宙飛行は，中国の宇宙開発のアジェンダとして復活することになったが，鄧小平が進める「社会インフラ」としての宇宙開発と有人宇宙飛行の矛盾に悩むこととなる．一方で，有人宇宙事業は中国の国際的な地位を高め，国家威信を高めるものであるとして，積極的に有人宇宙事業を進めようとするグループがおり，他方で，有人宇宙事業はリスクが高く，多額の費用がか

かり，アメリカやソ連の二番煎じをすることの意味がないばかりか，米ソとも有人宇宙事業によって得た便益は少ない，と主張するグループもあった[23]．このような議論が延々と続く中，アメリカのSDIは規模を縮小し，「863計画」が想定していたような，アメリカの技術開発の飛躍的進展は見られなくなり，他方で，冷戦が崩壊し，ソ連が消滅する中で，中国の共産主義の在り方も再検討されるようになったこと，さらには，1989年の天安門事件で中国の国際的な立場が極端に悪化したことなどから，中国における宇宙開発の在り方も再定義の必要性に迫られた．その際，宇宙開発がもつ「ソフトパワー」としての要素と，国内に向けての国家統一のシンボルとしての要素が重視されるようになった．とりわけ，ソ連の崩壊後，マルクス＝レーニン主義が否定されたことにより，中国の共産主義体制の動揺と天安門事件をきっかけとした国内社会における民主化要求と社会的分裂を抑えるためにも，共産党の権威を回復し，ナショナリズムを強化して国内社会の安定を目指す必要性が認識されるようになった．その結果，1992年に共産党書記局は有人宇宙飛行を進める決定を出した．

有人宇宙事業への邁進

　中国における有人宇宙飛行の技術は極めて限られていた．1970年代の回収型衛星によって再突入の技術などは獲得していたが，有人宇宙飛行に不可欠な生命維持装置などについては全くのゼロからのスタートであった．また，欧州の共産主義国はソ連との友好関係を象徴するため，宇宙飛行士をソユーズに搭乗させる機会を得たが，中国は1960年代からの中ソ対立の結果，一度も中国人宇宙飛行士をソ連で訓練させることができなかったため，宇宙飛行士の訓練についてもゼロからスタートすることとなった．中国はソ連崩壊後のロシアからソユーズを調達し，有人宇宙技術の移転を試みたが，中ロ関係も正常化していない状況の下で重要な技術に関してはほとんどアクセスすることができず，結局，独自の技術を開発しなければならない状況に追い込まれた．ただ，宇宙飛行士の訓練と健康管理についてはロシアが商業事業として請け負った（今日では，中国は自前の訓練施設をもち，独自の訓練を行っている）．

　しかし，中国における有人宇宙開発への熱意と資源の集中投入の結果は目覚ましく，1999年には神舟1号と名づけられた無人カプセルの打ち上げに成功し，

2003年には神舟5号で中国人として初めて宇宙飛行士，楊利偉(Yang Liwei)を打ち上げることに成功し，2005年には神舟6号で2人の宇宙飛行士を，2008年の神舟7号では翟志剛(Zhai Zhigang)による初の船外活動(宇宙遊泳)にも成功している．中国は現在「天宮1号」と呼ばれる宇宙ステーションの計画も進めており，有人宇宙事業の次の段階は宇宙長期滞在を目標としていると考えられている．また，2007年には嫦娥1号を打ち上げ，無人の探査機による月面探査を行ったことから，将来的には月面着陸も計画していると言われている．また，ロシアと協力して火星探査事業も進めると言われており，中国の有人宇宙飛行が最終的な目標をどこに設定しているかは定かではない．

　この中国の有人宇宙事業から明らかになったのは，第一に，有人宇宙事業が「ソフトパワー」の獲得を目指しており，それ以上のことは想定しにくいということである．中国においても，他国と同様，有人宇宙飛行のリスクやコストの問題が議論され，無条件で有人宇宙飛行を進めるような政治的環境にあるわけではない．にもかかわらず，有人宇宙事業を進めているのは，そこから得られるメリットが見出されているからである．そのメリットとは，中国の宇宙開発が国際的に認知され，中国が「大国」として認められることであり，有人宇宙事業を行うだけの技術力があることを示すことで，中国の「先進工業国」としてのイメージを作り出すということである．2008年，神舟7号がBX-1と呼ばれる小型衛星を宇宙船から発射し，宇宙空間における戦闘行為も可能になったことが問題とされたが，同じことは無人でも可能であり，わざわざリスクを負って有人で行う必要はない．ゆえに有人宇宙事業が，軍事的な「ハードパワー」を目指したものとは考えにくいのである．第二に，中国は新たな「宇宙競争」を進めようとしているわけではない，ということである．かつての「米ソ宇宙競争」時代には，米ソが先を競って月面着陸を目指し，ケネディ大統領が宣言したように10年で月面着陸を成功させることが目標とされていたため，かなり強引なスケジュールを設定したが，中国は，一つの宇宙船を打ち上げるために2-3年かけて準備し，万全を期しながら有人プログラムを進めている．また，中国は競争相手を明確に意識しているわけではなく，他国も中国の宇宙開発のペースに追いつこうとしているわけではない(第5章で論じるように，インドは多少その意識をもっているようだが)．つまり，中国は誰かと競争しているわ

けではなく,かつて米ソが行った有人宇宙事業を後追いしているだけなのである.外国に向けては中国の技術的な水準を,国内に向けては国家統一のシンボルを提供し,共産党支配の正統性を主張することを目的として考えるのが,最も合理的な解釈と考えられる.

5 対衛星攻撃実験と軍事宇宙システム

不透明な軍事宇宙利用

以上のように中国の宇宙開発は,人民解放軍の下にありながらも,主として民生部門を中心に発達してきた.しかしそれは,あくまでも表に出てくる情報に基づく分析であり,中国が具体的に軍事目的でどのように宇宙を利用しているのかについては,ほとんど知られておらず,それだけに多くの憶測を呼んでいる.特にアメリカにおいては,中国の宇宙開発がもつ軍事的なポテンシャルについて分析が盛んであるが,必ずしもその根拠が明確とは言えないものも多い[24].代表的な例として,アメリカ議会が毎年発行を義務づけている『中華人民共和国における軍事安全保障の進展(Military and Security Developments Involving the People's Republic of China)』と呼ばれる報告書では,中国の偵察衛星(民生向けの地球観測衛星のデータを用いた偵察),アメリカのGPSに対抗する「北斗(Beidou)」と呼ばれる測位衛星,通信衛星,そしてレーザー光線やジャミング,そしてミサイルによるASAT能力の開発などが列挙され,中国の軍の近代化と軍事予算の増大による軍事力の強化の一環として宇宙開発が行われているという評価がなされている[25].しかし,これまで見てきたとおり,通信や地球観測衛星はあくまでも民生向けの「社会インフラ」として構築されたものであり,それ自身が軍事的目的に基づいて開発されたものとは言いがたい.また,宇宙システムはすべからく軍民両用技術である以上,民生用の宇宙システムは容易に軍事目的に利用されうる.その意味で,軍事目的のために宇宙開発を進めているという解釈には無理があり,いたずらに中国の脅威をあおる議論に見える.

ASAT実験はなぜ実施されたか

とはいえ,ASAT能力に関しては,重大な問題があると言えよう.2007年

1月，アメリカの航空宇宙専門誌である *Aviation Week and Space Technology* の1月17日付の記事（電子版）で，中国が1月11日に退役が予定されていた中国自身が保有する気象衛星である風雲1号C(Feng Yun 1C)という衛星をミサイルで撃ち落とした，と報じたことがきっかけとなり，世界が騒然となる事態が起きた．この記事は，アメリカの情報当局が中国のASAT実験を確認している段階での報道であり，当初，中国外交部は実験そのものを否定していた．しかし，衛星破壊の結果として大量の宇宙デブリが発生し，デブリの雲ができたことで，その事実を隠すこともできなくなり，報道が出てから5日後にはこの事実を肯定した．各国から非難のメッセージが出されたのに対し，中国政府は以下のようなメッセージを出して自らの立場を主張した．

　　中国政府は一貫して宇宙の平和利用を主張し，宇宙の軍事化と軍拡競争に反対してきた．われわれは，国際的な法的文書の締結が，宇宙の軍事化と軍拡競争を防止する最良の道だと考える．中国やロシアなどの国は，ジュネーブ軍縮会議に多くの骨子案を共同提出し，多数の国の支持を得た．引き続き各国と共に努力し，この目標を実現させたい．
　　われわれは，宇宙は全人類の共通財産であり，平和目的に利用されるべきだと主張する．この面で国際協力を強化していきたい．宇宙の軍事化と軍拡競争に反対するという，われわれの立場に変更はない[26]．

実際にASAT実験を実施し，大量のデブリを発生させておきながら，宇宙の平和利用の推進と宇宙の軍事化・軍拡競争に反対してきたというステートメントには多くの国が当惑し，中国の宇宙開発に対する姿勢を理解するのは困難と考えるようになった．しかし，中国における宇宙開発は，軍が管轄しつつも，各部局が全く連携しないままバラバラに事業を展開するのが一般的であり，今回のASAT実験も，人民解放軍のミサイル部隊（第二砲兵隊）と外交部，中国の宇宙機関である国家航天局(CNSA)との間で全く連携のないまま，人民解放軍の独自の判断で行ったものと考えられている．それゆえ，実際に人民解放軍が行った行為と，外交部が発したメッセージに大きな食い違いがあったと考えられている．

では，なぜ中国（人民解放軍）はデブリを大量発生させることがわかっていて，また，国際的な非難を浴びる可能性があるにもかかわらず，このようなASAT実験を行ったのであろうか．その大きな理由として考えられるのは，2006年にアメリカが公表した国家宇宙政策（National Space Policy; NSP）で，アメリカは宇宙空間の支配権を確立し，アメリカの主権として宇宙空間を自由に使うことを強調し，アメリカの行動の自由を制約するような国際的な取り決めには参加しないと断言し，アメリカの自由を脅かす存在に対しては宇宙空間へのアクセスを拒否する（denial of access）ことを宣言したことである[27]．中国はこのようなアメリカの単独行動主義的な姿勢に強く反応したと考えられている．中国は，第8章で論じるように，2000年から宇宙における攻撃的兵器の配置に反対していたが，その狙いは，アメリカが進めているミサイル防衛システムにより，宇宙空間に大陸間弾道弾の迎撃システムが配備されることを止めるためであった．また，アメリカが宇宙空間を独占的に利用することになれば，「社会インフラ」として構築してきた中国の宇宙システムがアメリカの管理下に置かれると認識し，アメリカの都合で自国の宇宙システムの運用がコントロールされることを嫌ったと言える．さらに，アメリカは1970年代にASAT実験を行っており，もし中国がアメリカとの関係を悪化させるようなことになれば，中国の宇宙システムはアメリカによって撃墜される可能性がある，という懸念も生まれた[28]．

そのため中国は，自らのASAT能力を保有していることを証明し，アメリカの行動を抑止する必要があるとの認識に至ったものと考えられる．また，ASAT実験を行った人民解放軍は，自らが宇宙システムに依存している度合いが低いこともあり，デブリが大量発生することについて敏感ではなかった．中国共産党の執行部も具体的にASAT実験のもたらすインパクトやデブリの問題について十分に理解していたとは考えにくく，そのため，人民解放軍と外交部，CNSAの間の連携が十分ではなかったと言えよう[29]．いずれにせよ，中国は，このASAT実験を通じて，国際社会の反発の強さを実感し，またASAT実験によって発生した大量のデブリが，中国の「社会インフラ」となっている宇宙システムに対するリスクとなっていることも認識している．第8章で論じるように，ASAT実験の直後に中国はロシアと共同で宇宙空間の「兵

器化 (weaponization)」を禁ずる条約案を提出し，宇宙システムに対する脅威を取り除くために国際的なルールを作るべきと主張している．胡錦濤(Hu Jintao)国家主席も宇宙空間での破壊行為に反対する声明を出しており，こうしたASAT実験を繰り返すということは考えにくい．しかし，台湾や朝鮮半島，尖閣諸島や南沙諸島，西沙諸島，さらにはチベットや新疆ウイグルといった紛争の火種になりかねない問題を中国は数多く抱えており，何らかの形で中国とアメリカが軍事的に対立するようなことがあれば，そのときは米中ともに相手の軍事的能力を低減しようとして，ASAT攻撃を行う可能性も否定できない．宇宙空間の秩序を保ち，安定した宇宙利用を可能にするためには，宇宙空間での問題よりも地上における領土紛争や国家間対立を解消することが真の解決となるのである．

まとめ

中国における宇宙開発は，その能力が急速に高まっているにもかかわらず，具体的な情報が発信されていないため，さまざまな憶測を呼び，多くの誤解を招いている．そうした問題を解決するため，中国国務院は2000年と2006年に『中国的航天』(宇宙白書)を公表し，中国の宇宙開発の原則と，具体的なプログラムと将来に向けての計画を示している[30]．ここで中国の宇宙開発の「理念と原則」として掲げられているのは，①平和目的のため，人類の利益のための宇宙開発，②発展途上国としての問題を解決し，近代化を進めるための宇宙開発，③経済発展，安全保障，社会発展，国益保護，国力強化のための宇宙開発，④独立，自主自立のための宇宙開発，⑤国民を統合し，中国を再活性化するための宇宙開発，という点である．これまでの議論で見てきたように，中国の宇宙開発はゼロからスタートして，ソ連，アメリカに依存することもできず，独力でその能力を構築してきた．また，大躍進や文化大革命といった政治の混乱に翻弄されながらも，「社会インフラ」の構築を目標に掲げ，国内の社会経済問題の解決と国際的地位の向上に力を注いできた．ここから明らかになるのは，中国の目覚ましい経済発展に伴う軍事力の増強などとは異なり，宇宙開発の分野では，中国が他国に攻撃的に影響を与えようとしたのではなく，あくまでも

米ソが歩んできた宇宙開発の過程をなぞり，その能力を獲得しようと努力してきたことである．言い方を換えれば，宇宙開発を通じて，米ソ（とりわけアメリカ）がもつ「ハードパワー」と同じ水準に達しながら，アメリカの「ソフトパワー」とも肩を並べるだけのパワーを求めてきたと言えるだろう．

しかし，第7章でも論じるように，中国のパワーは別のところから生じている．2000年代の後半に入ってから，中国はナイジェリア，ベネズエラ，ボリビア，インドネシアと協定を結び，極めて安い価格で通信衛星を製造し，打ち上げる契約を結んでいる．これらの国々を見れば一目瞭然であるが，中国は宇宙システムを提供することで，資源国との関係を強化し，資源外交を有利に進めようとしているのである．こうした宇宙システムを用いた他国への影響力の行使は，アメリカでも十分成功してこなかっただけに，中国の宇宙・資源外交のしたたかさと巧妙さが目立つ．このように宇宙技術を「ソフトパワー」として活用できるようになったのは，文化大革命後の中国の宇宙開発が「社会インフラ」の構築を目標に設定していたからであり，ASAT実験のような「ハードパワー」をもっているからではない．こうした見方からすると，中国の宇宙開発の透明性が低いとはいえ，不必要に中国を脅威と見なし，その宇宙開発の過程に過剰に反応する必要はないと言えるのではないだろうか．

注
1) その一例として Richard Fisher, "Closer Look: Shenzhou-7's Close Pass by the International Space Station", *International Assessment and Strategy Center*, 9 October, 2008. http://www.strategycenter.net/research/pubID.191/pub_detail.asp. などが挙げられよう．これは神舟7号という有人宇宙船が国際宇宙ステーションに向かって極小衛星を放出したことが，アメリカに対する攻撃の意図を示していると解釈しているが，実際は極小衛星は国際宇宙ステーションに向かって放出されたわけではなく，中国が宇宙飛行士の宇宙遊泳を行うための実験であった．
2) 日本でもこうした議論は多数ある．たとえば中野不二男・五代富文『日中宇宙戦争』（文春新書，2004年）や，中冨信夫『中国が月着陸に成功すると何が起こるか』（光文社ペーパーバックス，2006年）など，「戦争」や「覇権」といった刺激的な表現を使いながら，中国の目覚ましい宇宙開発の進展に対抗すべく，日本の宇宙開発も促進されるべき，との主張を展開している．
3) Craig Covault, "China Readies Military Space Station—Launch Coincides with

第4章　中　国

　　Shuttle Phaseout", *Spaceflight Now*, 2 March, 2009. http://spaceflightnow.com/news/n0903/02chinastation/
4）最も信頼できる中国の宇宙政策研究者として「憂慮する科学者同盟(Union of Concerned Scientist)」の Gregory Kulacki と「世界安全保障研究所(World Security Institute)」の Eric Hagt を挙げることができるだろう．彼らは中国に拠点を置き，中国語も堪能であり，中国における宇宙政策の意思決定にかかわる人脈をもつ数少ない研究者である．本章は彼らの最近の代表的研究である Gregory Kulacki and Jeffrey G. Lewis, *A Place for One's Mat: China's Space Program, 1956-2003*, American Academy of Arts and Sciences, 2009 と，Eric Hagt et al. (eds.), China's Space Ambition, *China Security*, no. 2, 2006 (Hagt が責任編集を行った *China Security* という雑誌の特集号)から多くの示唆を得た．
5）銭学森のアメリカ時代の評伝としては Iris Chang, *Thread of the Silkworm*, Basic Books, 1995 が詳しい．
6）Brian Harvey, *The Chinese Space Porogramme: From Conception to Future Capabilities*, Praxis, 1998.
7）Chang, *op. cit.*
8）Zhang Jun (ed.), *The Chinese Space Industry Today*, China Social Sciences Publishing, 1986.
9）Kulacki と Lewis によれば，この会議の結論として "get it up, follow it around, make it seen, make it heard" というスローガンが掲げられたという．Kulacki and Lewis, *op. cit.*
10）上述の CSTND と国防産業委員会(Committee on Industry for National Defense; CIND)が合併してできた組織．
11）実践1号は，もともと開発されてきた衛星であった．しかし，東方紅1号が後から計画されたにもかかわらず，先に打ち上げられたため，実践1号が余ってしまう形になり，1971年に打ち上げられた．「651計画会議」で議論した結果，中国も通信，放送，気象などの実用衛星を開発する方向性を明確に打ち出し，実践1号はその基礎となる技術実証を行うはずであったが，それよりもプロパガンダ衛星である東方紅1号が優先されたのである．
12）Kulacki and Lewis, *op. cit.*, p. 21 からの再引用．第5章で紹介する，インドにおけるサラバイの言葉と酷似している点も興味深い．
13）Phillip S. Clark, *China's Recoverable Satellite Programme*, Molniya Space Consultancy, 1994.
14）Robert Ross, *Negotiating Cooperation: The United States and China, 1969-1989*, Stanford University Press, 1995.
15）中国の商業打ち上げの記録は http://www.cgwic.com/LaunchServices/LaunchRe

cord/Commercial.html で閲覧することができる.
16) Victor Zaborsky, "Economics vs. Nonproliferation: US Launch Quota Policy toward Russia, Ukraine, and China", *The Nonproliferation Review*, Fall-Winter 2000, pp.152-161.
17) The United States House of Representatives Select Committee, *U. S. National Security and Military/Commercial Concerns with the People's Republic of China*, 105th Congress, 2nd Session, Report 105-851, 1999.
18) ITAR の詳細については, Ryan J. Zelnioa, "Whose Jurisdiction over the US Commercial Satellite Industry? Factors Affecting International Security and Competition", *Space Policy*, vol. 23, no. 4, November 2007, pp. 221-233 を参照.
19) Stephen Clark, "Eutelsat Swaps Rockets for Satellite Launch This Summer", *Spaceflight Now*, 19 February, 2010.
20) Guo Xiaobing, "U. S. Regulatory Policies on Space Technology Exports to China", *China Security*, vol. 2, no. 1, 2006, pp. 73-83.
21) これは欧州でも同様の反応があり, SDI をミサイル防衛構想としてとらえるよりは, アメリカの国家主導型科学技術プロジェクトと見て, 欧州でもアメリカに置いていかれないようにするための研究開発を進めるべきとの政策をとり始めるようになった. それが EC (EU の前身) で行われた ESPRIT, 欧州各国の政府間協力として進められた EUREKA などの技術開発プロジェクトにつながっていった. この点については, 拙稿「欧州産業政策の政治経済学――先端技術開発政策への統合領域の拡大」, 石黒馨・関寛治・関下稔編『現代の国際政治経済学――学際知の実験』法律文化社, 1998 年, 155-170 頁.
22) Evan A. Feigenbaum, *China's Techno-Warriors: National Security and Strategic Competition from the Nuclear to the Information Age*, Stanford University Press, 2003.
23) Kulacki and Lewis, *op. cit.*
24) Ashley J. Tellis, "China's Military Space Strategy", *Survival*, vol. 49, no. 3, 2007, pp. 41-72.
25) Office of the Secretary of Defense, *Military and Security Developments Involving the People's Republic of China*, A Report to Congress, 2010.
26) 「宇宙の軍事化を防止するため国際条約締結を――外交部」『人民網日本語版』2007 年 1 月 31 日. http://j.people.com.cn/2007/01/31/jp20070131_67426.html
27) White House, U. S. National Space Policy, August 31, 2006.
28) Bao Shixiu, "Deterrence Revisited: Outer Space", *China Security*, no. 5, 2007, pp. 2-11.
29) David E. Sanger and Joseph Kahn, "U. S. Tries to Interpret China's Silence over

Test", *The New York Times*, January 21, 2007.
30) 2000年の宇宙白書は、http://www.spaceref.co.jp/homepage/colum/whitepaper.htm に日本語訳があるが，2006年の宇宙白書は英文のみで http://www.fas.org/spp/guide/china/wp2006.pdf などで閲覧することができる．

第5章　インド——途上国としての戦略

　インドにおける宇宙開発は，さまざまな点でユニークであり，これまで論じてきた国々とは，宇宙開発を進める意図と目的が大きく異なる．こうした特殊性が生まれたのは，意図的な選択の結果というよりは，インドが置かれた国際的環境と経済的・技術的条件の制約下での選択であった．結果として，インドの行ってきた宇宙開発は，冷戦の枠組みから受ける影響が少なかった分，「ハードパワー」や「ソフトパワー」といった国家のパワーを獲得する手段としての宇宙開発という位置づけが弱くなっている．逆に，途上国としてのアイデンティティをもちながら，宇宙開発を進めることの意味を「社会インフラ」の構築に見出し，国際社会との接点をあまりもたないまま，自国のための宇宙開発を推し進めるという方向性で一貫している．しかし2000年代に入り，インドの経済成長が急速に進み，「社会インフラ」としての宇宙開発が一定程度の成熟度を見せるようになると，宇宙探査への関心が高まり，将来的な有人宇宙飛行に向けての計画が進むなど，新たな宇宙開発分野への進出の野心が高まっているほか，安全保障の分野でも宇宙利用を進めることが検討されている．本章では，インドの宇宙開発の変化はなぜ起こったのか，それが国際政治にどのような意味をもってくるのかについて，論じていきたい．

1　独立と宇宙開発

独立後のインド

　1947年にイギリスから独立したインドは，その独立の過程で，イスラム教徒との建国路線の対立から，パキスタンと分離し，緊張関係が続いた．両国はカシミール地方の領有をめぐって対立し，1947年に始まった第一次インド・パキスタン戦争(印パ戦争)を皮切りに，三次にわたってインドとパキスタンの

戦争が起きているが，独立当初からインドの外交政策においてパキスタンとの関係は決定的な意味をもっていた．

インドの国際関係でもう一つ重要な問題となっていたのが，中国との関係である．1950年代には，中国のチベットに対する支配権強化により，中印間の緊張が高まっていたが，中国がソ連との国境紛争を激化させる中でインドがソ連を支援し，中印関係は最悪の状態となった．その結果，カシミール地方の周辺をめぐって中国の人民解放軍とインド軍の武力衝突が1959年に起き，1962年には大規模な武力衝突が起こった．このように，インドは独立以来，領土紛争を常に抱えており，現在に至るまで，地域的な安全保障構造がインドにおける外交政策の中心的な関心となっている．

また，国内の政治経済の仕組みとして採用されたのが「混合経済」と呼ばれる体制であった．混合経済体制とは，公企業が基幹産業を支えながら，その周辺産業で民間企業の育成を支援するものであり，国家主導型の産業開発の仕組みである．混合経済体制は戦後の欧州諸国でも採用され，インド特有の経済体制ではないが，ここで重要なのは，インドの混合体制は国家主導型の傾向が強く，民間企業育成のプライオリティが低かった，ということであろう．そのため，民間企業の市場参入は極めて制限されており，政府のライセンスがなければ参入できないという規制が敷かれていた．これは，インドの産業が外国資本に影響されることを避け，独自の技術開発を進め，自律性の高い経済体制の確立を目指したためであった．しかし，インドは国土が広く，人口が多いため，完全に自律的な経済体制を確立することは困難であり，対外的な支援や経済協力関係が必要であった．

インドは1954年の平和五原則，そして1955年のバンドン会議で主導的な役割を果たした．首相のネルーは非同盟運動の中心的な人物として活躍しており，米ソ冷戦の構造の中で，どちらの陣営にも属さないという戦略的な立場をとっていた．しかし，安全保障の同盟関係と切り離された経済援助の分野では，インドはアメリカとソ連の間をうまく立ち回っていた．インドが独自の産業を国家主導で育成していくうえで経済援助は不可欠であったが，アメリカは当時，国家主導型の産業政策には批判的であり，インドに対してはインフラ整備などの支援にとどめていた．それに対しソ連は，インドが1956年からの第2次五

第Ⅰ部　宇宙開発国の政策目的

カ年計画で推し進めようとした製鉄所建設に資金を提供したことをきっかけに，インドとの関係を深めていった．これに対抗する形で，アメリカもインドの産業育成に資金を提供するようになり，インドは米ソ両陣営から支援を受けながら，独自技術の開発を進めていくようになる．

「途上国の宇宙開発」という理念

インドにおける宇宙開発は，こうした文脈の中で始まることとなった．他の多くの国と同様，1957年のソ連によるスプートニクの打ち上げは，インドの科学者や技術者に大きな衝撃を与えた．彼らは，このスプートニクの技術は軍事的なインプリケーションもさることながら，社会的な価値があることに即座に気がつき，その研究開発の必要性を認識するようになった．その鍵を握っていたのがヴィクラム・サラバイ(Vikram Sarabhai)である．彼は今日に至るまで，インド宇宙開発の父として敬愛され，インドの宇宙開発の基盤となる理念を打ち立てた．その理念とは次のとおりである．

　　発展途上国における宇宙開発の妥当性について疑問をもつ者もいるだろう．しかし，我々にとって，宇宙開発の目的は明白である．我々は経済的に進んだ国々と月や天体の探査，有人宇宙飛行で競争するといった幻想はもっていない．しかし，我々は，国内で，そして国際社会で意味のある役割を果たすことができれば，人類社会の現実的な問題に対する先進的な技術の適用で最先端を行くことができると確信している[1]．

同様に，サラバイは米ソの宇宙開発が国家威信を高め，国内の社会統合と国際社会に対するアピールを目指していると判断したうえで，インドの宇宙開発は「国内外に向けて，偽りの偉大さというイメージを作り出[2]」してはならないという理念を一貫して訴え続けていた．ここから読み取れることは，第一に，インドの宇宙開発は人類社会の問題を解決するために行うものであって，当時「米ソ宇宙競争」が激化する中で，その競争に参画することは考えていない，ということである．にもかかわらず，第二にインドは，宇宙技術のアプリケーションや実用の分野では国際的なリーダーシップを発揮し，国際社会において

優位に立とうとする意図が見える．つまり，当時の「米ソ宇宙競争」が生み出した「ゲームのルール」には従わないが，インドは途上国として，アプリケーション分野での「宇宙競争」という「別のゲームのルール」を作り出し，その中で抜きん出ることを目指すという，新たな「ソフトパワー」の創出を目指していたとも言える．ただ，長い間，アプリケーション分野での「宇宙競争」は起こらず，それが「ソフトパワー」として認識されることはなかったが，終章で述べるように，2000年代の宇宙開発は，次第に「社会インフラ」としての性格を強めており，宇宙開発国が他国に対して宇宙システムを提供することで影響力の競争を繰り広げていることを考えると，サラバイの理念は当時としては炯眼だったと言えよう．

インド宇宙開発の基礎となったサラバイの構想

　サラバイの家族はインド独立にあたって，ガンジーやネルーとともに行動したため，彼は有力政治家とのネットワークをもち，政策決定に影響力を与えることができる立場にあった．そこで彼は，科学技術がインドの発展に重要な役割を果たすことを理解しているネルー首相にかけあい，宇宙開発がインドの社会経済的な発展に重要な意味をもつことを主張し，結果として1961年に原子力省の下に宇宙開発部局を設置するという同意を取り付けた．また，当時のエネルギー省でも宇宙開発の重要性は認識されており，1962年にはエネルギー省の下にインド国家宇宙研究委員会(INCOSPAR)が設置され，サラバイ自身が委員長に就任した[3]．ここで彼は，広大な領土をカバーし，地上のインフラ構築よりも効率的な通信衛星の開発と，赤道直下からヒマラヤ山脈のふもとまで，多様な気候を有するインドにおける気象学の発達と，それに基づく農業生産の効率化のための気象衛星の開発が重要だと考えていた[4]．また，ネルーの娘で，当時首相であったインディラ・ガンジー(Indira Gandhi)との親交を通じて，より直接的かつ政治的に宇宙開発を支援できるような制度再編をすべきであると主張した．その結果，1969年にはINCOSPARからインド宇宙研究機関(Indian Space Research Organization; ISRO)が生まれ(サラバイが初代長官)，ISROを監督し，政治的な決定を行い，予算を策定する官庁として，インド宇宙庁が1972年に発足した．この背景には，1971年の第三次印パ戦争を経て，パキスタンと中

国が急速に接近し，ニクソン大統領の電撃的訪中で米中関係が強化されることによって，次第にアメリカ-中国-パキスタンの関係が強化されてきたことがある．これまでアメリカとソ連との間をうまく立ち回っていたインドは，宇宙開発を外国に依存することなく，想定外の国際情勢の変動にも対応できるよう，独自の宇宙開発を進める必要性があると強く認識するようになった．インディラ・ガンジーをはじめとして，インド国民会議派の政治家たちは，宇宙開発を進めていくことで，潜在的な軍事技術のレベルも上がっていくとして，より強い政治的なコミットメントを求めた[5]．

サラバイは，インドが独自の宇宙システムを保有し，社会の問題を解決していくべきだと考えていたが，何が何でもインド独自の技術でなければならない，という姿勢をとっていたわけではなかった．むしろ外国からの技術を導入しながら，インドの技術の進展を促し，技術ギャップを埋めていこうと考えていた．この点は，日本がとった戦略と極めて類似しており[6]，いずれも自国の技術開発にこだわりながら，外国からの技術導入が自国技術を発展させるための最速の方法であると認識していた．ただし，日本とインドでは，宇宙開発を進める意図と目的が大きく異なっている．サラバイが，途上国であるインドが経済発展していくためのインフラとして宇宙開発を進めていくことを目指したのに対し，日本では，技術開発そのものが自己目的化していた．また，日本はアメリカとの関係に圧倒的に傾斜していたが(第6章参照)，インドはアメリカ，ソ連，フランスなど多方面での国際協力を進めていった．宇宙開発の黎明期にあって，宇宙開発は安全保障と密接な関係にあり，国際協力の枠組みも安全保障上の関係に影響されることが多かったことの証と言えよう．

「社会インフラ」路線の確立

このように，サラバイという強烈な個性によって率いられたインドの宇宙開発は，アメリカやソ連が進める宇宙開発とは一線を画し，有人宇宙飛行による「ソフトパワー」の獲得といったことには一切関心を示さなかった．むしろ，米ソ両陣営から自律的な立場を維持しながら，適宜，それらの国々の能力を利用し，自国の社会の問題に直接応用できるような技術を開発していくという路線を突き進むこととなった．それは，サラバイが1971年に没した後，ISRO

の長官となり，インドの宇宙開発をリードし，サラバイの理念を具体的なプログラムとして実現していったサティシュ・ダワン(Satish Dhawan)にも引き継がれ，「社会インフラ」としての宇宙開発という流れがインドの政策規範となって定着することとなる．

　ここで興味深いのは，米ソの宇宙開発の原動力であった「ハードパワー」としての宇宙開発という側面は，インドの宇宙開発にもあった，ということである．すでに述べたように，インドは独立以来，パキスタン，そして中国の脅威に対抗するため，ロケット／ミサイル技術の開発を続けていた．インド防衛研究開発機関(Defense Research and Development Organization; DRDO)が中心となって，アメリカのナイキロケットの技術供与を受けたRH-75(Rohini)と呼ばれる観測用のロケットの開発が1950年代から続けられており，その技術を応用した中距離弾道弾の開発も進められてきた．しかしながら，技術的・科学的な人的基盤の弱さ，ミサイルによる抑止効果とミサイル開発への資金投入に対して懐疑的であった軍の反対，そして政治的な支持の弱さなどがあり，ロケット／ミサイル技術の開発は一向に進まなかった．また，アメリカ，ソ連とのバランスを重視したインドの外交により，インドは両陣営から，最先端のロケット技術をインドに移転することによって相手陣営に技術が筒抜けになってしまう恐れがあるとされ，ロケット開発に対する技術的な支援はほとんど得られなかった[7]．その結果として，外国の技術を活用したロケット開発はほぼ実現不可能な状況になり，時間をかけて独自技術によるロケット開発を進めるよりほかに方法がなくなった．その結果，インドにおける宇宙開発は，原則として「社会インフラ」となる衛星の開発に集中することになったのである．

2　インドのロケット開発

　このように，サラバイのリーダーシップで始まったインドの宇宙開発は，彼が掲げた理想である，「社会インフラ」としての宇宙開発への道へと進んでいった．サラバイはアメリカ国家航空宇宙局(NASA)の放送衛星研究プロジェクトに参加し，衛星から直接電波を発し，それを個々の受信機が受け取る方式は，最も経済的にインド国内にテレビ放送を行う方法であると認識し，衛星を使っ

た通信と放送インフラを整えることを最初の目標に据えることとなった．同時に，1970年代に国際的な輸出管理レジームが発達したことによって，外国からの技術移転が困難になり，他方で，インドが進める核開発を警戒した米ソ両陣営の宇宙先進国が，インドに対してロケット技術の供与を制限するようになってきた．そのため，インドが独自の宇宙開発を進めていくためには，衛星を独自で打ち上げる能力を獲得しなければならないとの認識が高まり，RH-75 シリーズを基礎とした独自ロケットの開発をISROが中心となって進めていくこととなった．

インドにおける最初の衛星の打ち上げは，日本や中国よりも5年遅く，1975年のことであった．このとき打ち上げられた「アリアバーター[8]」と呼ばれる実験衛星は，X線天文学などの観測機器を搭載していたが，基本的には技術実証衛星であり，インドが衛星を独自に開発できることを証明するためのものであった．この衛星はソ連のコスモス3Mロケットで打ち上げられ，それに続くバスカラ衛星は地球観測衛星のプロトタイプとして1979年にソ連のロケットで打ち上げられた．

民生技術によるロケット開発

これらの衛星を開発するのと並行して，独自ロケットの開発も着々と進められた．それがSLV (Satellite Launch Vehicle) と呼ばれるロケットである．これは，アメリカのスカウトロケットをモデルにした固体燃料による4段ロケットであるが[9]，その特徴は何と言っても，純粋な民生技術によるロケットであり，ミサイルの技術から派生したものではない，という点である．第6章で論じる日本を除けば，主要国のロケットは，すべて軍事的なミサイル技術の研究開発の成果を流用する形で開発が進められたが，インドにおいてはそうではない．さらに興味深いことに，インドにおける軍事用のミサイルは，民生用のロケット技術をベースにして進んでいるということである[10]．SLVは固体燃料のロケットであることもあり，ミサイルへの転用は比較的容易である．ISROを率いていたサラバイやダワンは，SLVを軍事転用することに強く反対したが，インド国防省の研究機関であるDRDOは，ISROからSLV開発に携わった人材を引き抜いた．後にインド大統領に就任するアブドゥル・カラム (A. P. J. Abdul

Kalam)は当初SLVの開発責任者であったが，彼もDRDOに引き抜かれる形で軍事ミサイルの開発に参画することとなった[11]．インドの中距離弾道ミサイルはアグニ(Agni.「火」を意味する)と呼ばれ，1983年に技術実証のテストが行われ，1989年から1992年の間に3回の実験を行った．このアグニミサイルの第1段目はSLVの技術を用いたものである．

　このSLVは1979年に初めて打ち上げられたが，衛星を軌道に投入することができず，結果的に失敗に終わっている．しかし，1980年には2回目の打ち上げに成功し，Rohini RS-D1という技術実証衛星の軌道投入に成功している．インドにおけるロケット技術は，SLVから派生する形で，1988年には全段固体燃料の5段式ロケットであるASLV(Augmented Satellite Launch Vehicle)の打ち上げに成功し，1994年には，固体燃料と液体燃料を組み合わせた4段ロケットであるPSLV(Polar Satellite Launch Vehicle)の打ち上げに成功している．このPSLVは，1段目と3段目が固体燃料，2段目と4段目が液体燃料という混合システムをとっており，2段目の液体ロケットエンジンはフランスからの技術移転をベースにしていた．しかし，1980年代にロケット／ミサイル技術の輸出管理の国際レジームであるMTCRが強化されたため，フランスはインドに対して液体ロケットエンジンの技術を提供することを制限し，インドは再び独自の技術開発を余儀なくされた[12]．

　すでに序章で述べたが，固体燃料のロケットは打ち上げられる衛星の重さに限界があり，より比推力(簡単に言えば，ロケットエンジンの燃焼効率のこと)に優れた液体燃料のロケットでなければ，大きく，重たい衛星を打ち上げることはできない．フランスから移転された技術を基礎に，独自開発を進めた結果，インドはPSLVで念願の液体燃料技術を手に入れ，その後のロケット開発への足掛かりを得た．PSLVは1993年に行われた試験打ち上げでは失敗したが，それ以外の16回の打ち上げはすべて成功している(うち1回は所定の軌道に投入できなかったため，部分的な成功であるが)優秀なロケットであり，2008年には10機の衛星(Cartosatと呼ばれる衛星のほかは小型衛星であったが)を同時に打ち上げ，それらをすべて軌道に投入することに成功している．とはいえ，PSLVは地球を南北に周回する極軌道への打ち上げを目的としたロケットであり，衛星を投入できるのは低軌道までである．つまり，静止軌道に衛星を打ち上げるために

は，ロシアやアメリカ，欧州のロケットを使わなければならず，インドは外国に依存せざるをえなかった．

低軌道から静止軌道へ

そのため，PSLVの成功をバネにして，インドは静止軌道に衛星を投入するためのGSLV (Geosynchronous Satellite Launch Vehicle) の開発に1990年から着手した．これは1段目が固体燃料，2, 3段目が液体燃料のロケットであり，2段目のロケットエンジン技術をロシアから導入していた (GSLV Mark-1)．しかし，冷戦終焉後，ロシアの技術が国外に流出することを恐れたアメリカは，インドとロシアに圧力をかけ，技術供与のプロセスを停止させた．その結果，インドは再度独力で液体燃料エンジンを開発しなければならなくなった (GSLV Mark-2)．ところが，これはインドの宇宙開発にとって大きなブレーキとなる．2001年の試験打ち上げに失敗した後 (インドはSLV，ASLV，PSLVでも最初の試験打ち上げは失敗している)，2度の打ち上げには成功しているが，その後，2006年から2010年にかけて，4度の打ち上げに失敗し (うち1回は衛星の燃料を使って何とか静止軌道まで上昇することができたが)，新規技術の獲得の困難さをインドは痛感している．特にロシアからの技術供与を受けていたGSLV Mark-1は成功した経験があるが，独自に開発したGSLV Mark-2はすべて失敗していることが，インドにとっては致命的なダメージとなっている．宇宙開発において，商業衛星が集中する静止軌道に到達することができるロケットの重要性は明白であり，将来的に商業的な打ち上げサービスを展開しようとしているインドとしては，GSLVの失敗は大きな傷手である．インドはすでに，PSLVではイタリアの衛星などを商業的に打ち上げることに成功し，実績と信頼を築いてきただけに，これからの宇宙開発において，GSLVの成功が鍵となってくるであろう．現時点で静止軌道に衛星を打ち上げる能力をもつのは，アメリカ，ロシア，欧州，中国，日本だけであり，インドはそれに続く宇宙大国としての地位をかけて，GSLVを成功させようとしている．

このように，インドのロケット開発は，一方で外国からの技術供与を受けながら効率的に進めようとし，他方で外国の干渉によって独自開発を余儀なくされている．ロシア (当時はソ連) は，インドとの特殊な関係を強化するシンボル

として，インドの宇宙飛行士をソユーズに搭乗させる機会を提供し，1984年にラケッシュ・シャルマ（Rakesh Sharma）がインド人として初めて宇宙に行くこととなった．また，2008年にアメリカとインドが原子力協定を結んだ際も，米印の間で宇宙開発の協力がテーマとして含められ，また2010年の1年間に，ロシア，中国，イギリス，フランスの首脳がインドを訪問したが，こうした際には常に宇宙開発が議題に上っている．背景には，インドにおける宇宙開発の技術，とりわけロケットの技術が十分達していない中で，衛星開発の技術は抜きん出ており，衛星を打ち上げる需要が大きいということがある．このように，インドのロケット開発は外国からさまざまな便宜を供与される一方で，さまざまな干渉も受けており，外国に翻弄されながら進んできた．インドにおけるロケットをめぐる問題は，宇宙開発の国際政治の縮図のように見える．

3 「社会インフラ」としての宇宙開発

インドの宇宙開発の特徴は何と言っても，「社会インフラ」として宇宙を利用することを徹底させているところにある．インドの最初の実用衛星は，1982年にアメリカのデルタロケットで打ち上げられたINSAT-1A（Indian National Satellite）と呼ばれる通信と気象観測の機能を搭載した衛星である．しかしこの衛星は，インドが独自に開発したものではなく，アメリカのフォードによって製造された衛星である．この衛星は結果的に6カ月しか稼働せず，自国の衛星開発能力の向上を待たずに外国から衛星も打ち上げサービスも調達したにもかかわらず，実働期間はごく短いものであった．このことは，外国に依存することのリスクを実感させ，インドが独自に衛星を開発する必要性を強く認識させる出来事となった．その後，1983年に打ち上げられたINSAT-1Bは，1Aと全く同じ衛星であったが，1A同様，軌道上で太陽電池パドルが開かないという状況に見舞われ，その稼働が危ぶまれたが，結果としてパドルが正常に作動し，7年間の寿命を全うすることができた．また，1988年に打ち上げられたIRS-1Aと呼ばれる地球観測衛星は，インドが独自に開発した最初の実用衛星であり，3年の設計寿命であったにもかかわらず8年以上稼働し，インドの宇宙開発の大きな自信となった．

第Ⅰ部　宇宙開発国の政策目的

選択と集中が徹底した衛星開発

　このように，1980年代の後半に入り，インドは独自に開発した衛星を打ち上げられるようになってきたが，そのほとんどは通信・放送衛星と地球観測衛星に特化しており，技術開発の幅を広げるというよりは，いくつかの機能に技術テーマを絞り込み，そのレベルをどんどん上げていく，というパターンをとっている．中でも興味深いのは，これらの衛星を極めて限られた目的にのみ使用するという設計をしているという点である．たとえば，2003年に打ち上げられたResourcesatは，すでに10機打ち上げられた地球観測衛星のIRSシリーズのIRS-1Cと-1Dの2機と入れ替えるための衛星ではあったが，その名のとおり，資源の有効利用を目的とした衛星であり，5.8mという比較的高い分解能をもち，可視光線と赤外線のセンサーを搭載している．この衛星を用いて，土地利用と水資源の利用のマネージメントを容易にし，農業と農業関連事業に貢献することが想定されている．また，同じくIRSシリーズの後継機としてCartosatと呼ばれる地図作成を目的とした衛星もシリーズとして運用されている．

　また，非常にユニークな衛星として，2004年にGSLVで打ち上げられたEdusatがある（2回しか成功していないGSLV打ち上げの一つ）．このEdusatは，世界でも類を見ない，教育に特化した通信衛星である．インドは11億人の人口を抱え，人口が100万人を超える都市だけでも40以上ある．また無数とも言える町や村が地方に点在しており，それらの自治体の規模も極めて大きい．これらの都市に学校を建設し，教員を配置することは，人材育成の面で弱味をもつインドにおいてはかなり難しい問題である．したがって，多数の教員を配置せずとも質の高い教育を行うためには，テレビを通じた通信教育が最も効率がよいと考えられている．そのため，学校教育のためのテレビ番組を放送するインフラが必要となるが，日本の放送大学のように，一つのチャンネルで時間を変えて異なる番組を提供するのではなく，学校の授業時間の間，さまざまな学年に対応した科目を提供しなければならず，複数のチャンネルで大量のデータを放送する必要がある．そのため，地上波のテレビでは周波数の帯域が不足し，十分な授業が提供できないことから，通信衛星を使って多くのチャンネルを提供することを目指したのである．このEdusatは，ロケット科学者で

ISROの長官を経験し，インド大統領となったカラムが主導して進められたプロジェクトであり，衛星の打ち上げとともに，2005年にViCTERS(Virtual Class Technology on Educat for Rural Schools)という教育施設を設置し，放送衛星だけでなく，インターネットによる双方向通信の技術と組み合わせた，インタラクティブな授業が展開できるようになっている．このEdusatは12,500の学校で受信され，500万人の生徒がEdusatを通じた教育を受けたとされている[13]．

アプリケーション主導の宇宙開発

これらの「社会インフラ」としての宇宙システムは，宇宙空間に打ち上げるハードウェアだけでは十分な機能を果たさない．重要なことは，宇宙空間に打ち上げたハードウェアに対応する，地上の受信機やアプリケーション，ソフトウェアを充実させることである．いかに素晴らしい衛星を打ち上げたとしても，それを使って社会の問題を解決するためには，地上でそのデータを受信し，それを解析し，社会の問題に合致したソリューションとして提供することがなければ，宝の持ち腐れにしかならない．そのため，ISROでは遠隔医療，遠隔教育などについてのアプリケーションと地上システム，コンテンツの充実にも取り組んでいる．インドでは，医療機関の75％が都市部，23％が郊外に集中し，農村部には2％しかないにもかかわらず，人口の7割以上は農村部に居住するという医療のミスマッチが起きており，農村部における医療の充実が問題となっているが，ISROでは2001年から衛星を使った遠隔医療のプロジェクトを進めている．ここでは，都市部の病院と農村部の病院を衛星回線でつなぐほか，移動診療車など，モバイルな医療設備を提供し，それを衛星で結ぶことで，どこに移動しても診療が受けられるような事業が展開されている．現在では，306の農村部の病院と，16の移動診療車，51の大規模病院とが衛星で結ばれ，15万人の患者がこのサービスを受けている[14]．

また，地球観測衛星を使ったデータ解析とそのアプリケーションも，農村部の生産性向上や災害回避を目的とした情報の提供を目指したものが多いが，こうした情報の重要なポイントは，それが宇宙開発や地球観測データを扱う技術や知識がなくても簡単に理解できる情報になっているかどうか，という点であ

る．衛星が取得するデータは，一見しただけでは，それが何を意味しているのか必ずしも明確ではない．可視光線の画像であれば，航空写真のように眺めることはできるが，それが農業にどのように役に立つのかわからない．また，赤外線やマルチスペクトラムなどのデータ，さらにはレーダー衛星の画像などは，きちんとした解析技術がなければデータの意味すらわからない(インドは2009年にRISATというレーダー衛星を初めて打ち上げた)．そのため，データと地理空間情報などを組み合わせ，意味のある情報に変換していく作業が必要である．インドでは，ISROがそうしたデータの解析をするだけでなく，ISROの商業部門であるアントリクス社が，ユーザーに使いやすいデータを作成して，インド国内だけでなく，グローバルに販売している．

さらに，ISROはVRC(Village Resource Centre)と呼ばれる農村部の中核都市に配置された，宇宙技術を活用するセンターを運営している．このVRCはインド全国に500近くあり，その地方の農業大学や職業訓練校，病院といった施設と連携しながら，宇宙からのデータを活かしたサービスを提供している．このVRCでは6,500のプログラムが提供され，農業，漁業，畜産業，水資源管理，遠隔医療，女性の地位向上，補助的な教育，マイクロクレジットなどといったサービスを提供しており，すでに50万人の人がVRCを通じたデータやサービスを受けている[15]．

このように，インドにおける「社会インフラ」としての宇宙開発は，サラバイの理念に沿った形で幅広い分野において展開されており，地上でのサービスに特化した衛星ハードウェアが開発されているだけでなく，宇宙技術を使ったアプリケーションを開発し，サービスを提供している．インドでは宇宙開発を徹底して「社会インフラ」として位置づけているため，ISROで開発される衛星は，その目的に合わせて設計され，スペック(仕様)が決められている．また，こうした利用者に使われることを前提として宇宙システムを構築しているため，宇宙利用のニーズが高まっているアフリカやアジアにおいても，インドの経験に学ぶところが大きい．中国とは異なり，インドは国家的な利益を前面に出してアフリカ諸国やラテンアメリカ諸国に進出しているわけではないが，それでも小さい規模ながら，東南アジア諸国やアフリカ諸国に技術協力を行い，援助を提供している[16]．

第5章　インド

「社会インフラ」の商業化

また，このように「社会インフラ」としての宇宙開発が成熟してくると，それが国際市場において競争力のあるインフラとなっていることが認識されるようになった．実際インドは，稼働中の地球観測衛星の数ではアメリカに匹敵する水準にあり，そのデータ解析の能力も他国をしのぐレベルに達している．それゆえ，1992年にアントリクスが創設され，打ち上げサービス，通信衛星を使った通信サービス，地球観測データ配信サービス，そして衛星そのものの販売を行う，宇宙技術の総合商社のような事業を始めた．欧米における宇宙開発の商業化が，財政的な補完や，国際市場におけるシェア拡大といったことを目指しているのに対し，アントリクスはISROのプログラムによって成熟した宇宙技術を用いたソリューションを提供するということに主眼を置いており，欧米の民間企業が衛星メーカーや地球観測データ頒布など，一つの分野に集中した営業を行っているのに対し，アントリクスは，宇宙システムから地上におけるソフトウェアのコンサルタント業務まで含む，幅広いサービスを提供することで，欧米の企業とは異なる市場で活動している．こうしたアントリクスのサービスは，宇宙利用の経験のない国や，宇宙システムを保有・運用していても，それを有効に活用できない国にとっては大きな魅力であり，途上国を中心にそのシェアを広げている．また，PSLVの信頼性が高まったことから，打ち上げサービス分野でもイタリアや韓国の衛星を打ち上げるなど，次第に実績を蓄積している．とはいえ，グローバルな市場の多くは宇宙開発先進国にあり，そこにアグレッシブに参入しようとするものではない．アントリクスはあくまでも政府が保有する企業であり，そのビジネスは利潤を追求するというよりは，政府の政策に沿った形で展開されている．

4　大国としての宇宙開発——月探査と有人宇宙事業

「途上国」からの卒業

インドの宇宙開発は，「社会インフラ」の構築という理念を掲げ，一貫して民生分野における宇宙開発に重点を置きながら，通信，気象，地球観測の分野を中心に目覚ましい発展を遂げた．それだけでなく，衛星の打ち上げに加えて，

地上におけるアプリケーションやソフトウェアの整備も進み，その理念に到達する段階にまで至ったと言える．2000年代の後半にこのような段階に入ったことで，インドの宇宙開発は新たな目標と理念を見出す作業を始めている．現時点では，まだインドの宇宙開発の将来がどちらの方向に向いていくか明確ではなく，さまざまな意見が政治家，技術者，シンクタンクなどから出されており，それらのアイディアがすべて実現するわけではないにせよ，これからのインドの宇宙開発が進みうる方向性を示している．ここでは，いくつかの意見を整理しながら，これからのインドの宇宙開発がどのような方向性をもちうるのかを検討してみたい．

　また，2000年代はインドが飛躍的な経済発展を遂げた時期でもある．インドは独立直後から進めてきた混合経済体制と社会主義的な計画経済に基づき，外国資本や民間企業の参入を制限してきたが，冷戦が終わり，ソ連からの経済的な支援が得られなくなったことや，1990-91年の湾岸危機・湾岸戦争による石油価格の高騰や，海外出稼ぎ労働者からの送金停止（湾岸地域には多くのインド人出稼ぎ労働者が出ており，海外送金がインドの主要な外貨獲得手段であった）などにより，インドの経常収支が極端に悪化し，混合経済体制を放棄して，市場を開放し，規制を緩和するといった政策をとることとなった．こうした開放経済化が，混合経済時代に進めてきた自律的な科学技術育成政策と合致し，優れた技術者，とりわけ情報技術（IT）関連の技術が牽引する形で，著しい経済発展を実現することが可能となった．このような経済発展は，当然ながら国家財政に余裕を生み出し，それがさらなる宇宙開発への資金として投入されるようになったことで，これまでの「途上国の宇宙開発」として，「社会インフラ」を構築するというだけでなく，「大国としての宇宙開発」として，新たな「ハードパワー」と「ソフトパワー」の獲得へと向かっていく方向性を示している．

　その中でとりわけ重要な意味をもってくるのが，中国への対抗意識である．すでに論じたように，インドは独立以来，中国との間で複雑な関係を築いており，一方で，平和五原則やバンドン会議のように，アジアの途上国としての協力関係もあれば，他方で，領土紛争を抱えるライバルでもあり，仮想敵国でもある．宇宙開発の分野において，インドにとって中国は，同じ後発の宇宙開発国であり，また安全保障の側面でも重要な意味をもつ国である．その中国が

第5章　インド

2003年に有人宇宙飛行に成功し，また2007年には月探査衛星の嫦娥1号を打ち上げるなど，急速に宇宙大国としての地位を固めつつあり，その技術進歩はインドをはるかにしのぐ勢いにあると見られていた．

宇宙開発の拡大局面へ

いずれにしても，「社会インフラ」構築が一段落したこと，急速な経済成長によって宇宙開発を進める余地が増えたこと，それによって「大国意識」に基づく宇宙開発への野心が生まれたこと，さらに中国が急速に宇宙技術を進歩させたことなどが重なり，インドの宇宙開発も新たな「拡大局面[17]（expansion phase）」に入ることになった．その中で，最も明白な新しい方向性として打ち出されたのが，惑星探査を中心とする宇宙科学分野の重点化である．これまで，インドの宇宙開発を主導してきたのは技術者たちであり，惑星科学や天文科学などの分野に関しては，理論的な研究は進んでいたとはいえ，探査機を開発して打ち上げるといったことはなされてこなかった．しかし，インドの宇宙開発が新たな段階に入ってくると，惑星探査，特に月探査の関心が高まった．その背景としては，月の資源探査が将来的な「ゲームのルール」になる可能性があるとの認識があった．2004年にアメリカのブッシュ大統領が「ブッシュ・ビジョン」を提唱し，月面基地建設の可能性を示唆したことで，インドも月探査衛星による探査を行えば，アメリカとの国際的な協力が容易になるとの期待もあった．実際，インドが打ち上げた月探査機には，アメリカが開発した観測機器が搭載され，アメリカの月面基地建設計画と密接に連動していた（同時期に月探査衛星を打ち上げた日本や中国は，一国プロジェクトとして進めており，国際協力は行っていない）．と同時に，中国も同じ時期に嫦娥計画を進め，月探査への野心を示していたことが，インドのライバル心に火をつけた，とも言えるだろう．

このようにして，インドはチャンドラヤーン（Chandrayaan）と呼ばれる月探査衛星を2008年に打ち上げ，初の惑星探査プロジェクトであったにもかかわらず，月の科学的な調査を順調に進め，すべて設計通りのパフォーマンスを発揮してミッションを終了した．インドではこの成功は大きく取り上げられ，社会的な反響も出ている．これまでインドの宇宙開発は，米ソや日本，中国の後塵を拝してきたが，ここにきて，宇宙大国と同等に渡り合える技術をもったと

の認識が高まり、国民的な宇宙開発への支持が高まっている。インドの主力産業であるIT産業の技術者たちが、チャンドラヤーンの成功から宇宙開発に興味をもち、優秀な人材が宇宙開発に流れ込んできているのである[18]。また、この成功を受けて、現在インドではチャンドラヤーン2号の開発を進めており、ここでは月面にローバー(探査車)を着陸させ、長期にわたって月面の調査を行うという計画が立てられている。この計画も、中国の嫦娥2号の計画と類似したものであり、その意味でインドは、中国の宇宙開発のペースに取り残されないように努力しているとも言えるだろう。

　こうした月探査、惑星探査の究極の目標として掲げられているのが、有人宇宙飛行である。まだ計画段階であり、どの程度まで実現可能なのかは疑問が残るところもあるが、インドは着々と有人宇宙飛行の準備を進めている。2008年にはロシアと覚書を交わし、インド人の宇宙飛行士をロシアで訓練し、2013年をめどにインド人飛行士をソユーズで打ち上げることが合意された。また、ロシアの宇宙機関であるRoscosmosと協力して、ISROが有人宇宙船を開発し、2015年までに有人宇宙事業に参入するということも検討されている[19]。インドはバンガロールに宇宙飛行士の訓練センターを設立しており、200人の応募者の中から2人の宇宙飛行士を選抜する過程に入っている。また、2007年にはSRE(Space Recovery Experiment)と呼ばれる無人宇宙カプセルを打ち上げ、その回収に成功しており、将来の有人宇宙船開発の技術的一歩を踏み出している。

　しかし、すでに論じたように、有人宇宙船を打ち上げるためのロケットとして考えられているGSLVは失敗が続いており、有人宇宙飛行に必要な信頼性を獲得するための障害は大きい。また、インド独自の有人宇宙飛行に関するアイディアは、ISROのナイル(Madhavan Nair)長官の発言でしかなく、長官とはいえ、彼の発言だけで予算がどの程度配分されるのかについては定かではない。したがって、インドの有人宇宙事業は、その可能性は高いとはいえ、越えなければならないハードルが多く、その実現は遠い将来のことになるかもしれない。しかし今後、中国が有人宇宙飛行で目覚ましい成果を上げ、国際的な認知度が高まり、中国の「ソフトパワー」が高まっていくことになれば、インドもそれに取り残されまいとして、有人宇宙事業に邁進する可能性もあると言える。

アジアにおける「宇宙競争」?

インドの月探査,有人宇宙事業への関心が,中国を意識したものであることから,アジアにおける新たな「宇宙競争」が始まっていると見る論者も多い[20].確かに,日本の「かぐや」と中国の「嫦娥」,インドの「チャンドラヤーン」は同じ時期に打ち上げられ,日本やインドの有人宇宙事業への関与を見れば,中国に対抗していると解釈することもできるであろう.しかし,第4章,第6章で論じるように,中国はインドに対する関心は低く,日本も独自の論理で宇宙開発を進めており,おおよそ「宇宙競争」と言えるような状況にはない[21].「米ソ宇宙競争」のイメージが強く残るアメリカにおいては,アジアにおける「宇宙競争」が,日本や中国,インドの宇宙開発の急速な発展を促し,それによって欧米が凌駕されるのではないかという不安があると考えられるが[22],同時に,アジアにおける「宇宙競争」に乗り遅れる懸念を強調することで,再度,冷戦期のように宇宙開発への政治的関心を引き付け,予算を確保するという発想も見え隠れする.これまで本書で論じてきたように,「米ソ宇宙競争」は,特殊な環境と,いくつかの偶然が重なったことや,宇宙開発の黎明期にあって,相手の宇宙開発での成功が自国にどのような問題をもたらすかがはっきりしていなかった時代の産物であったと言える.しかし,現在のアジアにおいては,同様の条件は当てはまらず,すでに「米ソ宇宙競争」が費用に比べて成果が乏しく,「ソフトパワー」としての効果を超えるものは取り立ててなかったと考えると,同じような「宇宙競争」が繰り広げられるとは考えにくい.

5　大国としての宇宙開発——軍事宇宙利用

安全保障と不即不離の宇宙開発

宇宙技術が「社会インフラ」として成立していく過程では,軍事的に開発された技術が民生部門にスピンオフし,その技術を基盤に商業的なビジネスが構築されていくというパターンとなるのが一般的とこれまでは考えられていた.欧州においては,この流れは異なっており,欧州宇宙機関(ESA)など民生部門で開発された技術が軍事部門に応用されるという過程を経たが,インドにおける民生部門と安全保障部門の関係も欧州に近いと考えるべきであろう.インド

において，安全保障の問題は宇宙開発の原動力にならなかったばかりか，サラバイたちは軍の関与を否定しながら宇宙開発を進めてきた．そのため，ISROは純粋に民生部門の宇宙機関であると言えるが，しかしそれは，インドの宇宙開発が軍の関心をひかなかったというわけではない．すでに紹介したカラムのように，ISROから軍のミサイル開発に移る人材も多く，軍とISROの垣根はそれほど高いわけではなかった．また，ISROが開発してきた衛星は，その目的が教育や遠隔医療に向けたものであったとしても，通信衛星や地球観測衛星は，即座に軍事通信衛星や偵察衛星として機能することになるため，インドの宇宙開発には軍事的野心が潜んでいるのではないかという疑いも，常につきまとってきた．実際，2000年代の後半に開発されたCartosat-2と呼ばれる地図作成を目的とした衛星は，80 cmの分解能をもち，偵察衛星としての能力と同等の水準にあると考えられている．また2009年に打ち上げられたRISATと呼ばれるレーダー衛星は，2008年11月のムンバイにおけるテロ攻撃を受けて，海からのテロリストの接近を監視するために打ち上げ日が繰り上げられたことから，安全保障上の情報収集を目的としていると考えられるようになった．さらに，ISROではなくDRDOが公に偵察衛星として開発しているCCI-SAT (Communication Centric Intelligence Satellite)と呼ばれる衛星が2014年に打ち上げられる予定になっている．このCCI-SATは無線通信などの電波を傍受するELINT (Electronic Intelligence)衛星であり，この衛星を開発する能力をもつのは，現在のところアメリカ，ロシア，フランスだけである[23]．

　このように，インドにおける宇宙開発は，民生目的であることは間違いないのだが，安全保障上の関心と不即不離の関係にあり，イデオロギー的に民生目的に限定しているわけではない，ということは確かであろう．中国，パキスタンという隣国との緊張を常に抱えているインドとしては，こうした柔軟な形で軍民関係を整理することが適切な戦略だと考えられている．中でも重要な問題となっているのが，ミサイル防衛と対衛星攻撃(ASAT)能力との関連である．すでに述べたように，インド軍はSLVをベースにしながら，独自のミサイル開発を行ってきたが，その目指すところはともに核保有国であり，中距離弾道弾をもつ中国とパキスタンのミサイルを抑止することであった．しかし，アメリカが1980年代に戦略防衛構想(SDI．いわゆるスター・ウォーズ計画)を発表し，

第5章　インド

ミサイル防衛の技術開発を進めると，インドでもミサイル防衛への関心が高まり，2006年からミサイル防衛技術のテストを数回行っている[24]．

ASATと宇宙システムの保護

このような状況の中で2007年に中国が行ったASAT実験は，「社会インフラ」として宇宙利用を進めているインドにとって，中国との緊張が高まった際に，インドの衛星が中国によって撃墜される可能性があることを示していた．もっとも第4章で見たように，中国はインドの衛星を撃ち落とす意図は全くなく，純粋にアメリカに対して行ったデモンストレーションという意味合いが強かった．それでも，前ISRO長官であったカツリランガン(K. Katsurirangan)が述べるように「インドは多額の費用をかけて能力を高め，宇宙システムを整備しており，これらを敵対勢力から保護しなければならない[25]」との意識が高まってきたことで，インドにおいても，中国のASATに対する抑止として，自らもASAT能力をもたなければならないとの認識が高まっている．しかしインドは，宇宙空間にデブリをまき散らすASAT実験を行うことには消極的であり，ミサイル防衛の能力を高めていくことで，その技術をASATに応用できるような要素技術を高めていく戦略をとっている．しかし，衛星を破壊するためには地球を周回する衛星の位置を正確に知る必要があるが，インドの宇宙状況監視(Space Situational Awareness; SSA)能力は低く，宇宙空間を周回する物体を捕捉するためのレーダーなどの施設が存在していないため，実際にミサイル防衛技術を高めたとしても，その実効性は限定的と考えられている[26]．

そのため，インドの国防省は，2010年に発表された「技術開発の方向性と能力向上のロードマップ(Technology Perspective and Capability Roadmap)」において，ミサイルによる衛星破壊だけでなく，電子的に低軌道と静止軌道の衛星を破壊する能力の開発を目指すとしている．また，敵対勢力の電子的な衛星攻撃に対する抗堪性(抵抗力)を確保する技術開発を進めることが掲げられている[27]．このロードマップは15年スパンの技術開発の方向性を示すものであり，インドの防衛産業や研究開発機関に対して，防衛技術のニーズを示すものであるが，ここで示されたように，インドは将来に向けてASAT能力を高め，自らの「社会インフラ」となっている宇宙システムを保護しなければならないと

の認識を高めている.

　このように，インドは中国に刺激される形で軍事的な宇宙利用と宇宙空間における安全保障の問題に関心を高めつつある．こうした動きはまだ緒についたばかりであるが，その目指すところは，インドがグローバルな大国として認められるといったことではなく，むしろ，これまで進めてきた「社会インフラ」としての宇宙システムをいかに保護し，いかに宇宙システムに依存しているインドの経済社会を保護するのか，という意識から進められていると言えよう.

まとめ

　インドの宇宙開発の歴史は比較的短いとはいえ，その取り組みのユニークさと，冷戦の枠組みに拘束されずに独自の路線を歩んできた姿は，現代の宇宙開発に通じるものがあると言えよう．インドは，当初から「途上国の宇宙開発」は「社会インフラ」を構築することであると明確に理念を設定し，他国の動向に左右されずに自らの宇宙開発の道を進んできた．この点は，他の宇宙開発国とは大きく異なる．しかし近年，インドが経済成長を果たし，経済的にも安全保障面でもライバルである中国の宇宙開発の飛躍的発展とともに，ASAT実験に刺激され，インドの宇宙開発は，これまでの「途上国の宇宙開発」から，「大国としての宇宙開発」へと急速にシフトしつつある．現時点では，こうした議論が確定的なものなのか，それとも過渡期の宇宙開発の中で，さまざまなアイディアが乱立している状態なのか，はっきりしない．また，ISROを中心として，インドの宇宙開発コミュニティにおいては，これまでの「社会インフラ」構築のための宇宙開発を継続すべきとの意見も多くあり，即座に方向転換ができる状態にあるわけでもない．

　しかし，一つだけ明らかなことは，インドが進めてきた「途上国の宇宙開発」は，宇宙開発の能力をもたない他の途上国にも十分適用が可能な理念であり，21世紀における宇宙開発における一つのモデルとなるということである．インドが「途上国の宇宙開発」のモデルであり続けるのか，それとも「大国としての宇宙開発」に向かって，中国との緊張関係を高め，また，アメリカやロシアなどとの摩擦を生み出していくのか．インドがこれからどの方向に進んで

第5章 インド

いくのかによって，宇宙開発をめぐる国際政治の在り方も大きく変わっていくであろう．

注
1) このサラバイの言葉はインドの宇宙開発を表現するのに最適なものとして，多くの文献等で引用されているが，さしあたって ISRO のホームページに掲載されているものを参照した．http://www.isro.org/scripts/Aboutus.aspx
2) Vikram Sarabhai (Kamla Chowdhry ed.), *Science Policy and National Development*, Macmillan, 1974, p. 23.
3) Amrita Shah, *Vikram Sarabhai: A Life*, Penguin Books India, 2007.
4) Angathevar Baskaran, "From Science to Commerce: The Evolution of Space Development Policy and Technology Accumulation in India", *Technology in Society*, no. 27, 2005, pp. 155-179.
5) Onkar Marwah, "India's Nuclear and Space Programs: Intent and Policy", *International Security*, vol. 2, no. 2, Fall 1977, p. 103.
6) Brian Harvey, *The Japanese and Indian Space Programmes: Two Roads into Space*, Springer, 2000.
7) Gaurav Kampani, "Stakeholders Analysis in the Indian Strategic Missile Program", *Nonproliferation Review*, Fall/Winter 2003, pp. 53-54.
8) アリアバーター (Aryabhata) は円周率を発見したインドの天文学・数学者の名をとっている．
9) Gary Milhollin, "India's Missiles—With a Little Help from Our Friends", *Bulletin of the Atomic Scientists*, November 1989. http://www.wisconsinproject.org/countries/india/misshelp.html
10) Richard Speier, "U.S. Satellite Space Launch Cooperation and India's Intercontinental Ballistic Missile Program", in Henry D. Sokolski (ed.), *Gauging U.S.-Indian Strategic Cooperation*, Strategic Studies Institute, United States Army War College, 2007, pp. 187-213.
11) Dinshaw Misty, "India's Emerging Space Program", *Pacific Affairs*, vol. 71, no. 2, Summer, 1998, pp. 151-174.
12) Angathevar Baskaran, "The Impact of Export Controls on Indigenous Technology Development in India's Space Programme", *International Studies*, vol. 38, no. 2, 2001, pp. 156-171.
13) A. S. Manjunath et al., "Role of Satellite Communication and Remote Sensing in Rural Development", *IETE Technical Review*, vol. 24, no. 4, July-August 2007, pp. 215-224.

14) http://www.isro.org/scripts/telemedicine.aspx
15) http://www.isro.org/scripts/villageresourcecentres.aspx
16) 2002年にはインドネシアと協定を結び，地球観測データ解析技術などを提供している．また2006年には，ASEAN諸国に対して，インドとの技術協力を呼びかけているが，いずれも規模は小さく，日本や中国と比較しても大きなインパクトは生み出せていない．
17) Dwayne A. Day, "The New Path to Space: India and China Enter the Game", *The Space Review*, 13 October, 2008. http://www.thespacereview.com/article/1231/1
18) "Young IT Professionals Prefer ISRO Now", *Press Trust of India*, 9 February, 2009.
19) "Russia to Take Indian Astronaut on Space Mission in 2013", *Press Trust of India*, 11 December, 2008.
20) 代表的なものとして，Matthew Hoey and Joan Johnson-Freese, *India: Militarizing Space with U. S. Help*, Counter Currents.org, 4 November, 2010. http://www.countercurrents.org/freese041110.htm などを参照．
21) Kazuto Suzuki, "Is There a Space Race in Asia? Different Perceptions of Space", in N. S. Sisodia and S. Kalyanaraman (eds.), *The Future of War and Peace in Asia*, Magnum Books Pvt. Ltd., 2010, pp. 181-200.
22) "Asia Could Win Next 'Space Race', US Scientists Fear", *AFP*, 30 September, 2007. http://www.moondaily.com/reports/Asia_could_win_next_Space_Race_US_scientists_fear_999.html
23) "Indian Eye in Sky Developed", *UPI*, 16 February, 2009. http://www.spacewar.com/reports/Indian_eye_in_sky_developed_999.html
24) Vivek Raghuvanshi, "India Strives to Field Missile Defense by 2012", *Defense News*, 30 March, 2009.
25) "Ex-ISRO Chief Calls China's A-SAT a Cause for Worry", *Press Trust of India*, September 14, 2009.
26) Victoria Samson, "India's Missile Defense/Anti-satellite Nexus", *The Space Review*, 10 May, 2010. http://www.thespacereview.com/article/1621/1
27) HQ Integrated Defence Staff PP&FD/WSOI Division, Maritime DTC, *Technology Perspective and Capability Roadmap*, 20 May, 2010.

第6章　日本——技術開発からの出発

　日本における宇宙開発は，他国のそれと大きく異なるところから出発している．第二次世界大戦後の平和憲法の枠組みに強く規定されながら，意図的に軍事・安全保障目的の宇宙開発を排除し，純粋に民生部門に特化した宇宙開発を進め，独自のロケット，衛星の開発に成功し，さらには国際宇宙ステーションに参加するといった高い技術水準に到達した．しかし，このように民生部門に特化し，技術開発に専念してきた日本の宇宙開発も，冷戦後の世界においては，さまざまな困難に直面することとなり，それらを乗り越えることを目指して，2008 年に宇宙基本法が成立した．これによって日本の宇宙開発の在り方を大きく変える動きが始まったのである．本章では，これまでの日本の宇宙開発が国際政治の文脈の中でどのような役割を果たし，また，国際政治からどのように影響を受けてきたのかを中心に論ずる．その際，日本が行ってきた宇宙開発がどのような意図と目的によって成立し，また，それがどのような困難に直面して，日本の宇宙政策の在り方を大きく変えることになったのか，またその変化はどの程度のものであったのかを検討してみたい．

1　学術研究としての宇宙開発とアメリカの介入

技術開発の制限と糸川英夫の功績
　第二次世界大戦後，サンフランシスコ講和条約で主権を回復するまで，日本における航空宇宙技術の研究開発は禁じられていた．連合国が零戦をはじめとする戦闘機の復活を恐れたことがその理由であった．そのため大戦中に航空機製造に関わった技術者たちは他産業に流れ，自動車産業をはじめとして，日本の戦後復興から経済成長への原動力となったが，それは航空宇宙産業の犠牲の上に成り立っていたのである．第1章，第3章で述べたように，この時期，ア

メリカとソ連は，ナチスの下で高度なロケット技術を獲得したドイツの研究者を自国に連れ帰り，急速な技術開発を推し進め，「米ソ宇宙競争」を実現していった．

このような状況下で，1955年に東京大学生産技術研究所の糸川英夫が「ペンシルロケット」と呼ばれる超小型ロケットの開発に成功し，日本の宇宙開発の糸口を開いた．糸川はほぼ独力で，ペンシルロケットの開発に賛同する企業（中島飛行機を承継したプリンス自動車，後の日産自動車）を見つけ出し，ロケットの実験をするための射場を探し出すなど，国家の支援をほとんど受けずに事業を進めてきた．糸川が個人の力でこのような事業に乗り出したのは，彼が将来的に超音速旅客機のエンジンとしてロケットエンジンが使えるかもしれないことを想定していたからである[1]．

糸川は当時の有力政治家である佐藤栄作と個人的な関係をもっており，佐藤は日本の高度成長を受けて，「一流国家」の象徴である宇宙開発を独自で進めるべきとの認識をもっていた[2]．同時に，東京大学の科学者と技術者は，1957年のスプートニク打ち上げと，それに反応したアメリカの宇宙開発に強い刺激を受けており，日本も宇宙開発を進め，米ソにキャッチアップすべき，との意識を強めていた[3]．宇宙開発において何よりも重要なのは，宇宙へのアクセス，すなわち軌道上に人工衛星などを打ち上げるためのロケットの開発であった．糸川や他の研究者たちは，当時，西側諸国で唯一打ち上げ能力をもっていたアメリカに依存することは，日本が自由に宇宙へアクセスすることが困難になることを意味するため，アメリカの影響を受けない仕組みを強く求めていた．そこで，大学規模ではありながら，独自で衛星を打ち上げることを可能にするためのロケットをもつことを目標に据えたのである[4]．

アメリカの懸念

糸川ら東京大学の研究者は，首相となった佐藤の支援を受け，東京大学宇宙科学研究所(ISAS)を設置した．ここでは，「ペンシルロケット」から発展した固体燃料を用いたロケットを開発し，1970年には衛星を打ち上げられる能力を得ることを目標としていた．しかしながら，こうした日本のロケット技術の発展に対し，アメリカは強い懸念をもっていた．その第一の理由として，

第6章　日　　本

ISASが開発した固体燃料のロケットは，そのままミサイル技術に転用可能な技術であり，日本が独自のミサイルを開発する技術的可能性が高まっただけでなく，学術機関による技術開発であるため，研究成果の発表を通じて外国（とりわけ1964年に核開発に成功した中国）への技術移転の可能性があったからである．実際，ISASのロケットはユーゴスラビアとインドネシアに輸出されることが検討されており，これらの国々に弾道ミサイルに直結するロケットを輸出することは大きな問題としてアメリカのみならず，日本でも取り上げられていた[5]．

第二に，日本が独自の衛星打ち上げ能力をもつことで，日本がアメリカへの依存を弱め，この分野におけるアメリカのリーダーシップを発揮することが困難になる，という懸念である[6]．第二次世界大戦後，圧倒的な技術的優位を国際政治における権力資源としてきたアメリカは，原子力技術や宇宙技術などの供与を通じて，同盟国へのコントロールを強化しており，その権力資源が失われることを懸念していた．

第三に，日本が独自に衛星を打ち上げることで，アメリカ企業が独占している国際衛星通信ネットワークに競争相手が出てくることを懸念した．1964年に設立された国際衛星通信機構（インテルサット）は，衛星の開発から打ち上げ，運用までアメリカ企業が独占しており，諸外国の通信会社は顧客としてインテルサットに出資し，使用料を支払っていた．日本が独自の衛星通信網を作ることになれば，この独占が崩れ，アメリカは宇宙産業の強力な収益源を失うことになる（第1章参照）．

アメリカからの「ギフト」と日本の対応

これらの懸念を解消するため，アメリカは，日本に対して液体燃料ロケット，ソー・デルタ（Thor-Delta）の技術を供与し，日本が保有していない高度な技術という「寛大なギフト」を提供することを提案した．ソー・デルタはアメリカではすでに時代遅れのロケットであったが，日本のロケットは固体燃料ロケットであり，液体燃料のロケット開発は困難と見られていたため，このアメリカの提案は日本の技術者にとっては魅力的なものであった．また，将来的により大きくて重たい衛星を打ち上げるためには固体燃料ロケットでは打ち上げ能力に限界があり，液体燃料ロケットの技術は日本の宇宙開発の発展にも必要と考

えられていた．アメリカとしては，ソー・デルタの技術を供与することでアメリカのリーダーシップを回復するだけでなく，日本のロケット技術を固体燃料から液体燃料にシフトさせ，アメリカの技術への依存を強めさせることを目指したのである．

　この提案は日本において大きな議論を呼び起こした．第一に，ISASの研究者たちは，日本独自の技術が崩壊するとして，自国の技術の保護を前面に打ち出して反対した．他方，政治家たち，とりわけISASの支援者であった佐藤栄作首相は，アメリカの提案を積極的に受け入れる姿勢を見せた．佐藤にとって最も重要な政治的課題は沖縄返還であり，アメリカとの同盟関係を維持し，良好な関係を築くことが重要であった．そのため，日米繊維交渉やベトナム戦争への貢献などの困難な問題を処理し，沖縄返還へと結びつけるべく，さまざまな政治的駆け引きをする必要に迫られていた．したがって，アメリカの「寛大なギフト」であるロケット技術の提供を断ることは，必要以上に日米関係を複雑にし，最重要課題である沖縄返還への障害となる可能性があった[7]．

　第二に，佐藤と木内四郎科学技術庁長官は，アメリカのロケット技術を取り入れることで国際社会における日本の地位向上に積極的な姿勢を見せていた．佐藤の支援を受けた木内は，1968年の国会答弁で「日本は，ヨーロッパの諸国みたいに，アメリカのロケットを借りて衛星を打ち上げるという気持じゃないのですから，私どもは自分でロケットも衛星も開発していこうというのがわれわれの従来からの考え方ですから，アメリカのロケットを借りて，イギリスみたいに衛星を打ち上げてもらおうなんという，そういう根性にはならないのです[8]」と述べ，日本が自律的な打ち上げ能力を獲得することを重要な目的と位置づけた．

　第三に，1956年に設立された科学技術庁は，アイゼンハワー政権が進めた「平和のための原子力技術協力（Atoms for Peace）」を契機に設置されたが，原子力と並ぶ「巨大科学プロジェクト（Big Science）」である宇宙開発を所掌に含めるべく，積極的に政府内で働きかけた．科学技術庁は，原子力と宇宙はともにアメリカが最先端を行く巨大科学技術部門であり，また，核兵器・ミサイルという戦略的な技術にも転用可能な技術であることから，宇宙開発はこれまで東京大学の研究所を所掌していた文部省ではなく，科学技術庁にあるべきであ

る,と主張した.

　日本の宇宙開発は,占領期の制約によって大学の技術研究という姿を借りながら,独自の技術を開発し,あくまでも研究開発という枠組みの中で進められていたが,アメリカはそれを国家的野心のある戦略として見ていた.しかし,技術者レベルではスプートニク・ショックの影響もあったが,政治的には他国で見られたようなソ連の技術力に対する脅威や安全保障上の構造変化に対する反応は見られなかった.また,その後の「米ソ宇宙競争」に関しても,あくまでも傍観者的な立場をとりながら,アメリカの技術を借りて最先端の技術を獲得することで,国際的な地位を得ることを重要な動機にしていた.つまり,この時期の日本の宇宙開発は,技術者レベルでは独自の技術開発を進めようとするエネルギーが充満しつつも,政治的には日米関係への配慮と国際的な地位への関心が圧倒しており,具体的に衛星を打ち上げて何かを成し遂げるといった野心的な戦略的発想が十分になかったと言うことができる.言い方を換えれば,日本は「ハードパワー」としての宇宙システムには全く関心を示さず,あくまでも宇宙開発は「ソフトパワー」,しかも,国際的な地位や名声といった表面的な「ソフトパワー」を獲得するための手段として見ていたことが読み取れる.

2　「平和利用原則」の確立

アメリカが求めた「平和利用」

　上述したロケット技術の移転に関する日米合意において重要な課題となったのが,「平和利用」の原則であった.アメリカは日本にロケット技術を提供する際に,第一の条件としてロケット技術が平和的目的のみに利用されることを求めたが,これは日本がロケット技術をミサイルに転用することをアメリカ側も懸念していたことを意味する.また,当時アメリカの強い懸念であった中国の核開発に関連し,日本に供与する技術が第三国(とりわけ中国)へ流出することを恐れていた[9].そのため,アメリカ側の代表団は,ロケット技術の供与に関して,スパイ防止法ないしは機密保護法の設置を強く求めたが,日本側の代表団は民生技術である宇宙技術の機密保持に,スパイ防止法のように野党が反対し,国民も反発するような政治的にリスクのある措置はとることができない

として，交渉は平行線をたどった．

　最終的に，この交渉ではアメリカ側が妥協し，日本が行政指導を強化して第三国への輸出を管理することで技術の流出に歯止めをかけ，それと同時に，国際的には対共産圏輸出統制委員会(COCOM)の枠組みで厳しく管理するということになった．しかし，この一連の交渉によって，宇宙開発と安全保障の問題に関する日米の理解に大きな乖離があることが明白になった．アメリカ側の代表団は，国務省のジョンソン大使を中心に，国防総省，商務省などの防衛・商業関連の実務家を中心に戦略的政策調整を目指していたのに対し，日本側は宇宙開発委員会の技術者，科学者が中心であり，彼らは国家的な戦略を判断する立場にはなく，純粋に科学技術という観点から交渉に臨んだため，双方の認識の差は埋めがたいものであった[10]．さらに，アメリカが要求する機密保護の強化は野党の強い反発を生み，機密保護法の制定やアメリカへの従属といった問題に発展したため，日本側の交渉者の手足は縛られた状態にあった[11]．当時はベトナム反戦運動を軸とする左派勢力全盛の時代であり，国会においても与野党が伯仲していたため，宇宙開発を軍事的なコンテキストから切り離すことは極めて重要な政治的意味をもっていたのである．

　さらに事態を混乱させたのは，1968年12月にジョンソン大使が経団連で行った講演，いわゆる「ジョンソン・メモ」であった．これは事前に日本政府と協議しないまま，アメリカがロケット技術を提供する用意があることを公にしただけでなく，この講演を日本政府が公表する際に「平和的利用」の表現に修正を加えたことで大きな問題となった．ジョンソンの提案では，アメリカの技術は「両国が合意する場合を除き，平和的目的に用いられる(employed for peaceful purposes except as may be otherwise mutually agreed)」とあったのに対し，日本政府が出した文書ではexcept以下の文言が削られており，「平和的目的に用いられる」とだけ記されていた[12]．世論は日米宇宙合意が将来的な軍事利用を意図しており，それを故意に隠していると受け止めたのである[13]．与野党が伯仲し，ベトナム反戦運動が激化する状況下で，こうした疑念を払拭することがアメリカとの交渉を進める宇宙開発関係者と自民党の最優先事項となった．

日本では意識されなかった「平和利用」の問題

　ここで一つ注意を喚起しておきたいのは，日本における宇宙開発，とりわけミサイル技術へ転用可能な固体燃料ロケットの技術が1950年代から開発されていたにもかかわらず，「平和利用」についての議論は，1960年代後半に始まった宇宙条約の批准や日米交渉において「平和利用」が問題とされるようになってから始まった，という点である．つまり，宇宙開発を進めてきた科学者や技術者たちは，宇宙開発は純粋に「技術的研究開発」の問題であり，それゆえ「平和利用」であるという思い込みとも言える信念をもっていた．彼らは，宇宙開発は軍事的な技術ではなく，徹頭徹尾，科学者・技術者による，人類の未来に向けた研究開発として認識していたのである．アメリカの技術導入以前の宇宙開発に主導的な役割を果たした糸川は，自らが開発したロケットの打ち上げ実験を行うにあたって，自衛隊のミサイル訓練に用いられた新島を避け，秋田県の道川を選んだのも，防衛庁・自衛隊と一線を画した活動として位置づけていたからである[14]．しかしそれだけに，彼らが開発する技術が国際社会においてどのような意味をもつのか，認識が甘かったということも言える．それが上述した，インドネシアやユーゴスラビアといった，非同盟諸国ではあるが，中国やソ連と一定の関係をもつ諸国へのミサイル転用可能技術の輸出につながった．この時期，日本の独自技術による宇宙開発は，軍事的野心のない科学者・技術者によるものであるから「平和利用」であり，アメリカの宇宙開発は，軍事的なミサイル技術から転用されているから「軍事利用」である，という単純な理解が一般的に広がっていたため，日本のロケット開発は「平和利用」に限定するといった制約をかける必要がなかったのである．

　宇宙開発における「平和利用」の認識があまねく広がっている中で，アメリカの技術を導入することを決定した日本政府に対し，野党や国民からは，ミサイル技術を転用して開発されたアメリカのロケットを導入することで，ひそかに日本もミサイルを開発する野心があるのではないかという疑いが高まった．1969年にアメリカのロケット技術の受け皿として宇宙開発事業団(NASDA)が設置されることになったが，1969年5月の宇宙開発事業団法(以下，事業団法)をめぐる国会の議論で，この平和利用原則にかかわる問題が取り扱われることとなった．政府は，日本の宇宙開発は「平和利用」であるとの認識から，アメ

リカの技術を導入する際にも，そうした「平和利用」に限定するための制約を入れる必要を感じていなかった．しかし，政府が事業団法案を提出した際，石川次夫(社会党)が「平和利用」に関する規定がないことを強く懸念し，事業団法案にかかわる審議が終了した後にもかからず，「やはり原子力基本法というものに見合うところの宇宙開発基本法というものをもたない宇宙開発事業団法の第一条には，当然，平和の目的に限るということを入れることが至当ではないか[15]」と主張した．そのうえで，石川は自民党，社会党，公明党，民社党の四党共同で事業団法案に対する修正案を提案し，「事業団設立の目的について，平和の目的に限ることが明記されておりませんが，わが国における宇宙開発は，憲法の趣旨にのっとり，非核・非軍事を趣旨として平和の目的に限ることを明確にする必要があると認め，お手元に配付してあります修正案のとおり，第一条に「平和の目的に限り」を加え」るとした．

「平和利用原則」決議の採択

このように政府と野党の間で，宇宙開発は「平和利用」に限定すべきとの認識が共有され，しかも，「平和利用」とは「非核・非軍事」であるとの解釈が共有されていった．それが最終的な形でまとまったのが1969年5月に緊急動議によって発議された「我が国における宇宙の開発及び利用の基本に関する決議」，いわゆる「宇宙の平和利用原則」国会決議である．この決議は事業団法の付帯決議として事業団法修正案と同じ四党によって発議され，全会一致で採択された．ここでは，日本の宇宙開発は「平和の目的に限り，学術の進歩，国民生活の向上及び人類社会の福祉をはかり，あわせて産業技術の発展に寄与するとともに，進んで国際協力に資するためこれを行うものとする[16]」とされ，特に「平和の目的」が何を指すのかは明記されなかったが，これまでの国会答弁や審議の流れから見て，ここでの「平和の目的」とは「非核・非軍事」との認識は当然視されていた．つまり，防衛庁・自衛隊は資金提供も，宇宙システムの保有も，その運用も認められないということを意味していた．この解釈はその後も変更されることなく，2008年の宇宙基本法が成立するまで継続されていた．

技術管理においては，「最終使用者」と「最終使用目的」を区別するのが一

般的であるが，このとき日本は，まさに「最終使用者」に防衛庁・自衛隊を含めないことによって，技術の管理を行うことを想定していたのである．一般に宇宙条約などの国際的な規範では，「最終使用者」である軍の利用については一定の許容範囲（通信や偵察など）を設けて認めつつも，「最終使用目的」としての攻撃的利用は認めないとされている．国際的な規範では軍による資金提供や，衛星システムの保有，運用を排除しているわけでない．つまり，「最終使用目的」を管理することで，技術の利用に関する制限を設けているのである．逆に，日本においては，「最終使用者」を管理することで，その技術を一切防衛目的に利用できないようにするという厳しい技術管理を行っている．その意味では，「宇宙の平和利用原則」は，国際規範よりもさらに厳しく宇宙開発から軍事的な要素を取り除き，日本の宇宙開発を純粋な科学技術政策としての宇宙開発と性格づけた．これは，日本の宇宙開発が，軍事的な「ハードパワー」になるということを一切放棄し，技術開発による米ソ宇宙先進国へのキャッチアップを政策的な目標に掲げ，最終的に国際社会で大国と認められることを目指した「ソフトパワー」としての宇宙開発という方向性が決定的となったことを意味した．

3 キャッチアップと「研究開発」への邁進

宇宙開発コミュニティの形成

アメリカのロケット技術の導入に伴い，政府はISASとは別組織として科学技術庁の下にNASDAを設置し，ロケット開発と実用衛星の開発を進めることとなった．NASDAは当面の目標として通信衛星，放送衛星，気象衛星の三つの実用衛星技術の開発に力を注ぎ，同時にそれを打ち上げる能力をもつロケットの開発を進めることとなった．ロケット・衛星ともにアメリカの技術を全面的に導入しつつ，徐々に国産部品の点数を増やすことで，国内産業の技術競争力を強化させ，最終的にはアメリカの技術に依存しない，自律的な宇宙技術の獲得を目指した．また，通信衛星のユーザーを電電公社と国際電信電話（KDD），放送衛星は日本放送協会（NHK），気象衛星は気象庁とし，公的ユーザーと一体となって技術開発を進める体制を整えた．ロケットメーカーとして三

菱重工と石川島播磨重工，日産自動車(旧中島飛行機)，衛星メーカーとして三菱電機，日本電気(NEC)，東芝の計6社が中心となった宇宙産業界を形成することとなった．

NASDAを中心にユーザーとメーカーによって形成される宇宙開発コミュニティは，互いにアメリカの技術に対する依存を減らし，独自技術の開発を推進し，宇宙先進国に「キャッチアップ」するという信念を共有することとなった[17]．というのも，アメリカから移転された技術は，その多くが「ブラックボックス」と言われる，技術の中身を見ることができない完成品として渡されたからである．そのため技術者は，アメリカから輸入された部品をリバース・エンジニアリング(完成品を分解し，再度組み立てることで技術を習得する方法)することができず，それによって技術レベルを上げることができなかった．そのため，アメリカへの依存を減らし，自国技術で宇宙システム全体を設計・開発・製造することが悲願となったのである．

それは同時にNASDA(と科技庁)が巨額の予算を確保し，産業界に技術開発の案件を提供し，自らが技術開発のロードマップをコントロールし，産業界に対して指導的立場をとる，という利益となった．逆に，産業界にとってはNASDAと科技庁が進めるプロジェクトに従っていれば，独自技術を獲得するためのプロジェクトを受注し，安定的に研究開発予算が確保されるという利益となった．ユーザーにとっては，これまで存在しない宇宙システムが稼動することで，衛星通信や衛星放送といった新たなサービスを提供することが可能になり，それによって収益源を拡大することができるようになった．また，NASDAはユーザーが新しい宇宙システムによる新しいサービスを求めていることを根拠に規模も予算も巨大化していくプロジェクトを正当化し，産業界はNASDAの予算が拡大することを歓迎し，ユーザーは新たな衛星プロジェクトを提案することで自らの予算を拡大することが可能となった．このように，日本の宇宙開発は政府(NASDA)，産業界，ユーザーがそれぞれ相互依存の状態にある宇宙開発コミュニティを形成していった．

当時，アメリカやヨーロッパは「社会インフラ」としての宇宙システムの開発を進めており，国際通信衛星機構(インテルサット)による衛星通信や，アリアンロケットの商業的な提供といった方向性が打ち出されていた．しかし，こ

第6章　日　本

うした動きに対して，後発の宇宙開発国である日本が国際競争力をもつことは容易ではないと思われていたため，産業界も政府の研究開発予算に依存して技術開発を進め，宇宙先進国にキャッチアップすることが最重要課題となった．また，宇宙産業は独立した産業ではなく，重工業，電機産業の一部門として位置づけられていたため，収益性が低くとも事業として成立しており，NASDAから継続して契約を獲得することが事業の最優先事項となった．つまり，技術的なキャッチアップが宇宙産業を支え，国際競争力をもつための基本的理念と共有された利益となっていったのである．これは上述した「宇宙の平和利用原則」が確立したことで，軍事的な利用や技術開発が封じられたため，宇宙開発にかかる巨額の予算を正当化する唯一の方向性であったとも言えよう．

キャッチアップ後の政策目標

興味深いことに，通信・放送・気象という「実用衛星」を開発していたにもかかわらず，この時期の宇宙開発に「社会インフラ」の構築という概念は入ってこなかった．確かに「社会インフラ」としての衛星を使ったサービスが生まれているが(たとえば衛星放送)，それは社会が絶対的に必要としているサービスというよりは，「あれば良い」といったサービスであった．というのも，日本は国土が狭く，放送や通信といったサービスは地上の施設でかなりの程度まかなわれていたからである．また高度成長期の日本において，増大していく宇宙予算の費用対効果などはほとんど論じられることがなかった．そのため，「社会インフラ」の構築よりも，技術開発とキャッチアップの方が政策的重要性をもったのである．

こうした日本の宇宙開発は，1970年代から80年代にかけて，通信・放送・気象衛星の三つのプログラムと，それを打ち上げるロケットの開発という路線を邁進させ，急速な技術発展を可能にした．しかし，それは同時に「キャッチアップ」という戦略的目標を順次実現させ，キャッチアップしてしまった後の，次なる政策目標の設定が必要となってくることを意味した．それが明らかになるのが1980年代の一連の変化である．第一の変化は，1980年代の半ばのH-IIロケットの国産化の決定である．NASDAが発足して以来，日本のロケットはアメリカが供与する技術に依存して開発を行ってきたため，ロケットの重要部

分にかかわる技術はすべてブラックボックス化されていた．ISAS でのロケット開発に参加し，自らの手で技術開発を進めることに執念を燃やす技術者たちは，政府に対して外国への技術依存を減らし，国産技術を強化することを強く要求した[18]．当然ながら，ロケットの自主開発はコストの大幅な増加を意味していたが，バブル期の経済成長の中ではコスト増は問題とされず，アメリカの技術への依存を減らし，技術者主導の自律的ロケットの開発が優先されることとなった．

「一般化原則」の導入

　第二の変化は，日本が掲げた「宇宙の平和利用原則」と世界，とりわけアメリカの軍事目的での宇宙利用の活発化とのジレンマであった．日本は 1980 年から環太平洋合同演習（RIMPAC）に参加することになったが，この演習に参加するためには衛星システムを利用した米海軍との通信やデータ交換が不可避であり，「宇宙の平和利用原則」の下で米軍との合同演習を進めることの困難を経験するようになった．また 1981 年，アメリカは軍事用測位衛星システムである GPS の開発配備を発表し，宇宙技術はより一層軍事的な重要性を帯びていくこととなった．さらに，1980 年代の半ばにはレーガン政権が戦略防衛構想（SDI．いわゆるスターウォーズ計画）を発表し，軍事的なフィールドとしての宇宙という地平を開いた．

　こうした宇宙利用をめぐる安全保障上の環境が変化する一方で，「平和利用原則」を尊重しなければならないというジレンマが直接問題になったのが，海上自衛隊が米軍等と合同訓練を行うために，米海軍の運用するフリートサット軍事通信衛星を利用する受信設備を防衛予算に計上した 1985 年度予算審議であった．1969 年以来定着した「平和利用」＝「非軍事」の概念に則り，公明党の矢野絢也がこの設備を予算計上するのは国会決議に反するとして議論を提起した[19]．これに対し，加藤紘一防衛庁長官は，衛星通信は「ごくごく当たり前[20]」のように利用されているのであるから，「一般化原則」から見て利用は可能だと判断した．

　「一般化原則」とは，民間で入手可能なデータやサービスと「同等の機能」であれば自衛隊は利用可能である，というものである．従来，電話線や気象予

第6章　日　本

報などは，民間のものといえども自衛隊が利用することは可能であり，衛星放送を受信することも，軍事的な目的とは関係ないとされてきた．つまり，これらのサービスは一般に利用可能であるため，顧客としての自衛隊が利用することは問題がない，と判断されてきたのである[21]．加藤は「その利用が一般化している衛星及びそれと同様の機能を有する衛星につきましては，自衛隊による利用が認められるものと考えて[22]」いるとの見解を表明した．ただし，当時の総理大臣であった中曽根康弘は「[地球観測衛星のランドサットは,]ある程度は民間でも利用されてきているという面がございますが，一般の今のインテルサット程度ほど，普通の通信衛星ほどまだ普遍化はしていない[23]」として，防衛庁・自衛隊による衛星画像の利用については消極的な立場をとっていた．

このように，1980年代の「一般化原則」は，一方では「平和利用原則」の従来通りの解釈を維持しながら，他方で米軍との合同訓練に伴う問題を解決するための方策として登場した．その結果，防衛庁・自衛隊は部分的に宇宙技術を利用した行動をとることができるようになったが，それはあくまでも「利用」に限定されたものであり，防衛庁・自衛隊が自ら衛星を「開発」「保有」「運用」することは認められなかった．また，商業的に利用可能なサービスだけでなく，米軍の保有する衛星など，商業目的に運用されている衛星以外でも「同等の機能」があれば利用可能であるという見解を示した点が重要なポイントと言えよう．

日米貿易摩擦と衛星調達合意

第三の変化は，日米貿易摩擦の激化である．1980年代は「集中豪雨」的輸出によって，日本の製造業がアメリカのそれに大きな打撃を与え，アメリカ政府は自国の産業保護に高い政策の優先順位を与えていた．しかし，直接的な保護主義をとることは，冷戦期における自由経済のリーダーとして困難であったことから，アメリカは日本を不公正貿易国と名指しし，アメリカ通商法301条に基づく特別措置法，いわゆる「スーパー301条」を発動して，国際市場に対して閉鎖的な政府調達市場を開放させようと圧力をかけるようになってきた．その際，特に問題となったのが，木材，スーパーコンピュータ，人工衛星の三部門における政府調達であり，これらを開放しなければ，アメリカが一方的に

制裁措置をとることもありえた．そこで日本政府は，人工衛星調達市場の開放を国内措置として実施し，「スーパー301条」の発動に基づく制裁措置を回避しようとしたのである．その結果，政府とその関連機関（電電公社やNHKを含む）は，すべての「非研究開発(Non-R&D)衛星」を調達する際に，宇宙機器メーカーと随意契約を結ぶことは認められず，一般競争入札にすることが定められたのである[24]．これは，国際的な競争力がまだ十分にない日本企業にとっては大きな打撃となり，現在に至るまで静止軌道上にある「非研究開発衛星」は，2機（通信衛星1機と気象衛星1機）を除いてすべてアメリカから調達する結果となった．

　ここで重要なポイントは，日本の宇宙産業はこの措置に対して強く反対しなかった，という点である．日本の衛星メーカーはすべて総合電機メーカーであり，人工衛星を開発すると同時に，スーパーコンピュータも手がけるメーカーである．つまり，「スーパー301条」の対象となったうち，人工衛星よりもスーパーコンピュータに対する制裁の方が大きなダメージを受ける，という計算が働いたと言えよう．同時に，日本の宇宙開発コミュニティは，仮に「非研究開発衛星」の調達がなされなくとも，「研究開発衛星」であれば随意契約が可能であるならば，NASDA，宇宙産業，大学の工学部を含む研究機関にとっては大きな問題ではなかった．継続的に宇宙予算が配分され，実用には直接役立たない研究開発衛星であっても，新たな技術，新たなプロジェクトを進めることが可能になるのであれば，宇宙開発を継続することができるのである．また，第2章で見てきたように，ポスト冷戦期におけるアメリカの産業再編をきっかけとして，欧州のみならず，世界的に宇宙の商業化のプロセスが進み，衛星技術を新しいビジネスに活かす流れができあがったときも，日本は自らの政策の方向性を変化させることはなく，逆に「新しい技術を開発することで他国の宇宙産業と肩を並べる国際競争力をもつことができる」というキャッチアップの論理を押し通し，グローバル市場における社会インフラの構築とそれを用いた商業的な活動からは背を向け，自らの技術開発優先の政策を継続していった．

　すでに序章で述べたが，一度衛星を打ち上げてしまうと，その修繕は困難である．したがって商業的に優位な製品というのは，軌道上で実証された実績が積み上がっており，きちんと動くことが確認された，信頼性の高い製品である．

逆に，新規技術は，その技術が安定し，打ち上げ後にきちんと作動するかどうかの保証も乏しいため，商業的には忌避されるものである．しかし，日本においては「新規技術が国際競争力を生む」という宇宙開発の常識からはずれた論理を組み立てて，宇宙の商業化が進んだ1990年代にあっても，政策の変更を拒んだのである．さらに，宇宙の「社会インフラ」としての側面を軽視し，あくまでも宇宙技術は「人類の未来に向かっていく技術」であり，「夢」であるというニュアンスを強く前面に出したことで，新規技術へのチャレンジという論理も加えて宇宙開発の社会的なイメージを形成していったため，1990年の日米衛星調達合意を積極的に受け入れ，「研究開発」に邁進することを正当化していったのである．

このように，当初の政策目標であったキャッチアップを実現した日本は，H-IIの「国産化」，衛星の防衛利用に道を開く「一般化原則」，そして1990年の「日米衛星調達合意」という三つの方向転換の局面を迎えたが，いずれも従来の政策の方向性を大きく変えることなく，過去の流れがそのまま経路依存的に継続するというパターンをたどった．H-IIの国産化は，糸川のペンシルロケット以来，日本が宇宙開発で追求してきた自律的なロケットシステムの完成という意味合いをもち，防衛利用の「一般化原則」は，防衛庁・自衛隊が宇宙システムを「利用」することを可能にしつつも，宇宙システムの開発・保有・運用は認めないという原則を貫いた．また，日米衛星調達合意では，キャッチアップ時代から進めてきた技術者主導の研究開発志向を変化させることはなく，むしろ諸外国が進めていた「社会インフラ」としての宇宙システムという流れに背を向けて，これまでの政策の方向性を維持することに貢献した．これは，日本が宇宙開発を通じて国際政治におけるパワーを得ることに関心を払わず，また，「社会インフラ」を構築するということも目標としない，という状況を生み出した．結果として，日本の宇宙開発は，科学技術庁と文部省が予算を獲得し，宇宙産業は「研究開発衛星」の開発と国産技術によるH-IIロケットの開発を受注することに満足する，という形で変化することなく進められていった．つまり，これは日本における宇宙開発が，パワーの獲得でも，社会インフラの構築でもなく，単に宇宙開発を継続し，予算を獲得し続けることで宇宙産業を維持するという「公共事業としての宇宙開発」という性格を強めたことを

意味している．予算を獲得し，産業を維持することの自己目的化が，日本の宇宙開発の特性となっていったのである．

4　省庁再編と JAXA の発足

省庁再編前の政策決定システム

このように日本の宇宙開発が「公共事業としての宇宙開発」としての性格を強めていったのは，日本における政策決定システムの特性にも由来している．1968 年に総理府の下に設立され，省庁間調整機関として位置づけられた宇宙開発委員会は，本来ならば内閣の指示の下，国家戦略としての宇宙政策を展開する中心機関となるはずであった．しかし，この宇宙開発委員会の委員長を担うことになったのは科学技術庁長官であり，その事務局は科技庁の宇宙政策課(現在の文部科学省宇宙開発利用課)であった．また，宇宙開発委員会のメンバーも宇宙政策課が中心となって選定し，複雑な宇宙技術が理解できるという基準で候補を絞ったため，科学者・技術者としてのバックグラウンドをもつ個人が選出された．その結果，宇宙開発委員会での議論は，政策的・戦略的な観点が軽視され，技術的問題に特化していくようになる．つまり宇宙開発委員会は，当初期待されたような省庁間調整機関でも，国家戦略の立案組織でもなく，NASDA や ISAS の活動を監督し，その技術的な評価を行う機関としての役割を果たすようになったのである．

宇宙開発委員会が次第にその役割を小さくし，技術評価機関としての傾向を強める一方で，宇宙政策の戦略立案機能を強めていったのは NASDA であった．技術開発中心型の宇宙開発という政策規範ができあがり，宇宙先進国の技術にキャッチアップするという言説が受け入れられるようになると，技術者集団である NASDA のみが技術的な知識を独占し，どのようなロケット・衛星を開発し，どのくらいの予算をかければキャッチアップが可能なのかを判断する唯一の存在として，政策決定における権威と権力を獲得していくようになった．

このような NASDA (とその監督官庁である科技庁・宇宙開発委員会)の独占に対して，対抗勢力として台頭したのが通商産業省であった．通産省は外局である資源エネルギー庁が石油ショック後のエネルギー供給の安定化を目指して自主

開発油田戦略をとったことから，人工衛星を用いた資源探査に強い興味を示すようになった．地球観測衛星のうち，合成開口レーダーを用いることで，石油が埋蔵されている可能性の高い地層を判断することができ，それが自主開発油田の発見へとつながることが期待されていた．つまり，通産省は資源獲得を根拠に宇宙開発事業へと参入しようとしたのである．また，通産省の製造産業局には航空機武器宇宙産業課と宇宙産業室があり，これらは宇宙産業の国際競争力の強化と産業振興を主たる任務としていた．しかし，すでに論じてきたように，日本の宇宙開発においては，宇宙先進国へのキャッチアップと技術開発が国際競争力を強化するという言説が主流だったため，通産省の宇宙産業への関与は科技庁が取り扱わない無人宇宙実験システム（宇宙にカプセルを放出し，無人の実験室として素材開発や薬品開発を行う）などのニッチ事業に限られており，通産省はマージナルな役割しか果たすことはできなかった[25]．

　もう一つ，科技庁とNASDAに対抗する論理をもちえたのはISASである．すでに論じたとおり，ISASはNASDAの設立に強く反対したが，結局，政府はアメリカの技術移転の受け皿としてNASDAを設置したことで，ISASは常に廃止の圧力と闘うこととなった．ISASは，諸外国における宇宙科学の水準に追いつくためには，日本も独自の宇宙科学研究を展開すべきである，との議論を展開した．これは，NASDAの原動力となった「宇宙先進国に追いつき，追い越せ」というキャッチアップの言説を援用したISASのプログラムの正当化であり，この言説は一定の支持を得ることができたため，宇宙科学予算を定常的に確保することに成功した．ISASは日本の宇宙開発のパイオニアであり，世界に通用する科学研究の拠点としての高いプライドをもっていた．しかし政治的には，常に予算削減，機関廃止の圧力と闘い続け，キャッチアップ言説を前面に押し出すことで，何とか事業を存続することができた存在であり，NASDAに対抗する勢力とはなりえなかった．

省庁再編と三機関統合

　このようなNASDA優位の状況は，2001年の省庁再編によって，NASDAを所管する科技庁とISASを所管する文部省が統合して文部科学省が設置された後でも大きな変化はなく，また，省庁再編のフォローアップとして進められ

た2003年の特殊法人改革において，NASDAとISAS(および科技庁所管の航空宇宙技術研究所)が統合して宇宙航空研究開発機構(JAXA)が誕生した後も，NASDAが主導する宇宙開発政策の在り方に大きな変化はなかった．2001年の省庁再編，2003年の三機関統合は，政府が抱える財務負担を軽減し，世論からの官僚機構批判，特殊法人批判に対応するものであったが，宇宙開発コミュニティ(宇宙開発委員会，科技庁，NASDA，ISAS，産業界)から見れば，こうした問題は宇宙開発とは無縁のところで起こった問題であり，外在的に発生した問題の余波を受けた結果と認識されるだけであった[26]．したがって，宇宙政策の方向性を再検討することも，政策目標を再設定することもなく，宇宙開発コミュニティの構成員たちは，そのままの政策の方向性を継続していくことに疑問を抱くことはなかった．

確かに，文科省，JAXAの誕生に伴って，組織文化の違いなど，調整しなければならない問題が散見されたが，それはあくまでも調整のレベルであり，宇宙開発の政策的方向性の抜本的改革とはならなかった．また，省庁再編や特殊法人改革を推進するエネルギーとなった「小さな政府」を目指す圧力も，宇宙予算の緩やかな削減も，日本の宇宙開発の政策的方向性を修正するには至らず，わずかにISASの象徴であった固体燃料ロケットの生産が停止され，ロケット事業がJAXAの中で一本化されるという変化があったにとどまっている．

5 テポドン・ショック

情報収集衛星の導入

このように技術開発中心型の宇宙開発の言説が圧倒的に優勢であった中で，日本の宇宙開発を大きく変えるきっかけとなったのは，1998年の北朝鮮によるテポドンの打ち上げであった．この出来事は政治家だけでなく，国民全体に大きなショックを与え，何らかの形で北朝鮮のミサイル攻撃に対応しなければならないとの認識を一気に高める効果をもった．当時，アメリカではミサイル防衛の研究は進んでいたが，実戦配備が可能になるにはまだ時間があり，当面の対応としては，ミサイル発射の兆候を探知するための地球観測衛星／偵察衛星の開発くらいしか考えられていなかった．ゆえに，何らかの行動を示さなけ

ればならないと考えた政府は，情報収集衛星の開発を即座に決定した．

　というのも，この時期までグローバル市場での商業的な衛星画像の頒布事業は，主にアメリカのランドサットやフランスのSPOTといった衛星からの画像が中心であったが，これらの衛星画像は分解能（解像度）が低く（約7-10m），防衛上必要な精度の高い画像情報は得られないと考えられていた．したがって，「一般化原則」に基づいてグローバル市場で一般的に販売されている衛星画像を調達するだけでは，北朝鮮のミサイル開発や配備の動向を監視することはできないと考えられた．そこで，政府は高分解能の独自偵察衛星の保有が必要と判断したが，その際，二つの選択肢があった．一つは衛星を自力で開発し，保有・運用することであり，もう一つは外国の衛星を調達するというものである．このときの小渕恵三内閣は，外国からの調達よりも「国産スパイ衛星」を優先して検討を進めることとなった[27]．

「平和利用原則」と衛星調達合意の間で

　その際，重大な問題となったのが「平和利用原則」との関係である．防衛庁・自衛隊が衛星を「開発」「保有」「運用」することは「一般化原則」の下でも認められていないとの解釈がなされている以上，情報収集衛星を「防衛庁の衛星」として打ち上げることは不可能であった．とはいえ，防衛庁・自衛隊が独自に「開発」せず，アメリカから衛星を購入するとしても，防衛庁・自衛隊が「保有」「運用」をする限り，「平和利用原則」に抵触することになる．この状況を打開するためのロジックが「多機能・多目的衛星」であった．防衛庁は衛星を「利用」する官庁の一つとなり，その他にも災害対策や農作物育成のモニタリングなど，国土庁や建設省なども含めた，多様なユーザーに画像を提供する多目的な衛星と位置づけることで「平和利用原則」の制約を回避することが考えられた．しかしそこで，もう一つの大きな問題に直面することとなる．つまり，この衛星を多目的衛星とすると，防衛目的の衛星ではなく，民生利用も可能な「実用衛星（非研究開発衛星）」として位置づけられることになるが，「非研究開発衛星」ならば，1990年の日米衛星調達合意によって，民生用の政府調達衛星を公開入札で調達しなければならない，という義務が発生する．そうなれば，日本の安全保障に深く関係する衛星の開発・製造を外国の衛星メー

カーに委託する状態になり，安全保障上の機密を保全することが困難になるとの認識が強まった．

このジレンマを回避する方法として，当初の「多機能・多目的衛星」という位置づけを後景に退かせ，「総合的な危機管理衛星」としての位置づけが新たに付与されることとなった[28]．危機管理は必ずしも「軍事」というニュアンスを含まず，自然災害や遭難救助などにも応用が可能であり，阪神淡路大震災後に内閣官房を中心とした危機管理体制の整備が進んだことも手伝って，「軍事でもなく，民生実用衛星でもない」衛星として位置づけられ，「平和利用原則」も1990年の日米衛星調達合意も適用されない衛星として，法的な枠組みの間の極めて狭い隙間を縫うように情報収集衛星が開発・製造されることとなった．

微妙な法的解釈に基づき，危機管理衛星として位置づけられた情報収集衛星は，安全保障目的の衛星なのか，民生目的の衛星なのか，はっきりしないままプロジェクトが進行することになったが，その際，分解能をどのレベルで設定するのか，ということが大きな問題になった．仮に安全保障目的の衛星とするにしても，防衛利用には「一般化原則」が適用される．当時，既存の商業サービスで入手可能な衛星の分解能は7m程度であり，大きな建物を認識する程度の能力しかないと見られていた．安全保障目的で利用する場合，飛行機の機種やミサイル発射場の状況などを分析するためには，1m程度の分解能が必要とされる中で，このままでは防衛庁が期待する分解能をもつ衛星を開発することはできないはずであった．しかし，第1章で論じたように，1994年のアメリカの大統領令[29]によって，いくつかの企業が商業的に高分解能画像を販売すべく事業を始めており，中でもスペース・イメージング(現在はGeoEye)の「イコノス」と呼ばれる，分解能1mの衛星が間もなく打ち上げられる状況にあった[30]．これが成功すれば，「一般化原則」が定めるところの「一般的なサービスとして商業的に入手可能なものと同等の機能」をもつ衛星画像を取得することが可能になるため，情報収集衛星の分解能も1mにまで高めることができた．

情報収集衛星は，確かにテポドンの飛来という国家的な危機意識を背景に迅速に議論が進み，日本の宇宙プロジェクトとしては例外的にトップダウン方式で導入されることとなった．しかし，「平和利用原則」の解釈をめぐる審議に

時間がかかることを懸念した政府・自民党は,「平和利用原則」に挑戦することなく,それをいかに回避するかに全力を注いだ.そのため,自民党の「情報収集衛星に関するプロジェクト・チーム」のリーダーであり,「宇宙の平和利用原則」国会決議の撤廃を目指していた中山太郎の意見はかき消され[31],「平和利用原則」と「総合的な危機管理衛星」という二つのコンセプトの矛盾が残ったまま,衛星だけが打ち上げられることとなった.

情報収集衛星が抱える弊害

その結果,情報収集衛星はさまざまな弊害をもつこととなった.第一に,いかに情報収集衛星の利用が防衛庁に偏っていたとしても,「平和利用原則」の下では防衛庁の予算や人員を情報収集衛星の「保有」「運用」に使うことはできない.したがって,情報収集衛星は内閣官房内閣情報調査室に属する衛星情報センターが保有・運用することとなった.ただ,内閣情報調査室の人員規模から考えると,数百人単位の分析官を必要とする衛星情報センターを動かすことは困難である.多くの自衛官や防衛庁職員,警察・公安関係者が実質的に衛星情報センターに配属され,事実上の防衛庁・警察当局による運用が行われていると思われる.つまり,「平和利用原則」を維持しながら,場当たり的な措置として導入した「危機管理衛星」のコンセプトが,こうしたいびつな制度を作り上げてしまった.第二に,1994 年のアメリカ商業的地球観測政策の変更があったことで,イコノス衛星を基準にした技術水準の設定が可能となったが,「一般化原則」を基礎としている以上,商業的に入手可能なサービスと同等の技術水準の衛星しか保有・運用することができない.現在では商業的衛星といってもかなり分解能の高いものがあるため,大きな問題にはなっていないが,商業サービスの規制が変更され,高分解能が得られなくなるような事態が生まれれば,情報収集衛星もそれに合わせざるをえないというリスクを負っていた.第三に,「平和利用原則」と「一般化原則」が適用されたため,衛星の開発は内閣官房から委託を受けた NASDA が行ったが,上述したように,宇宙開発事業団法は 1969 年の「平和利用原則」国会決議を踏まえて策定されているため,NASDA の活動も「平和の目的に限り」という制約に縛られている.また,打ち上げには NASDA が開発・運用している H-IIA ロケットが使用されたが,

第Ⅰ部　宇宙開発国の政策目的

　これも事業団法の制定当時の木内科学技術庁長官が「防衛庁のことは私どもは承知いたしておりません．私どもは，これ[ロケット]を防衛庁に使わせるということは全然考えておりません[32]」と明言している．情報収集衛星が「多目的衛星」ないしは「危機管理衛星」であり，「内閣官房の衛星」である限り，事業団法に抵触するわけではないが，この点についても，微妙な技術情報の扱いや設計の在り方，責任の所在が曖昧なままプロジェクトが進むこととなった．

　また，情報収集衛星の開発・保有をNASDAと内閣官房が行うことによる，「一般化原則」がもつ概念上の問題も，浮き彫りにされることとなった．第一に，「一般化原則」は，そもそも通信衛星を自衛隊が利用することをイメージして定義されたため，通信衛星の機能の一部を利用することが前提となっている．もともと長距離無線通信のために運用されている商業通信衛星は，安全保障上の利用を目的としておらず，商業化されているから利用できる，という理解であった．しかし情報収集衛星は，安全保障上の目的をもって開発・保有されるものであるため，一般的に利用可能とするのはかなり無理のある議論であり，「一般化原則」を当てはめるのは論理の飛躍と見られても仕方がない状況であった．第二に，「一般化原則」が前提としているのは，外国の商業通信衛星など，すでに存在している「社会インフラ」としての衛星を利用するということである．したがって，新しく技術開発を進め，新規に衛星を打ち上げることは「一般化原則」から外れており，情報収集衛星の導入における「一般化原則」の適用には，制度運用上，相当無理があることは否めない[33]．

　しかしながら，こうしたさまざまな問題を抱えつつも，日本の安全保障における情報収集の重要性から，情報収集衛星の開発，打ち上げ，運用は滞りなく進められ，2003年の打ち上げ失敗による2機の衛星の喪失を経験しながらも，現在に至っている．これは「一般化原則」の強引な解釈ではあったとしても，当初，報道や野党が批判したような「平和利用原則」に正面から挑戦した事例とは言えない[34]．情報収集衛星の導入と「一般化原則」の適用は，むしろ日本がパニック状態にあったにもかかわらず，その決議の解釈が一定の効果をもつことを認め，それを維持する努力がなされたという点で，一層「国是」としての性格を強める結果になったと言うべきであろう．

　このように，テポドン飛来というショックを受けつつも，日本は，「平和利

用原則」を根本的に見直すことをせず，情報収集衛星を「内閣官房の危機管理衛星」として位置づけることで法的な問題を回避しつつ，実質的には安全保障目的の衛星を保有することを可能にした．しかし，こうした微妙な法的基盤に基づく衛星の開発・運用は，さまざまな問題を生み出し，その「戦略的曖昧さ」とも言える選択は，その後の宇宙開発を進めていくうえで，少なからず障害となっていく．このような「戦略的曖昧さ」を選択したのは，テポドン・ショックという安全保障上の環境変化に伴う，「ハードパワー」としての宇宙システムを獲得しなければならない，という強迫観念にも似た意識がある一方で，これまでの宇宙開発の歴史の中で強固に確立された「平和利用原則」に対する国民的支持と宇宙開発関係者のコミュニティに広く存在する規範的なコミットメントによって，容易に「平和利用原則」を見直すことができなかったという国内事情とのジレンマがあったからである．こうしたジレンマを抱えながら，法的な規定を避けつつ「ハードパワー」を獲得しようとしたことで，日本の宇宙開発は複雑な政治的状況を抱えることとなった．

6　宇宙基本法の制定

　1960年代から安定した政策決定システムを維持し，技術開発を優先した政策決定を行ってきた日本の宇宙開発にも，テポドン・ショックをきっかけに次第に変化が生まれてくるようになった．しかし，テポドン・ショックとそれに続く情報収集衛星の開発は，法的な次元では「平和利用原則」の理念を継続し，内閣官房を主体とすることで防衛当局を排除するという，これまでの政策決定システムの変更を最小限にとどめたまま，従来通りの仕組みを維持する体制をとった．その結果，JAXAや文科省は宇宙政策決定の中心であり続け，情報収集衛星を例外的な存在として扱うことで，宇宙開発をめぐる政策とそれに伴う言説は維持され続けたのである．

河村懇話会の発足
　しかし，いったん動き始めた政策の方向性の変化は，次第に旧来通りの政策決定システムの在り方と矛盾を起こすようになり，さらなる変化を生み出し

始めていた．その中心人物となったのが，自民党の河村建夫であった．彼は2003年から文部科学大臣として，日本の宇宙政策の中枢に座り，同年の情報収集衛星の打ち上げ失敗(H-IIA6号機)にロケット開発の最高責任者として立ち会うことになったのである．文部科学大臣はあくまでも宇宙技術の開発を指揮する立場にあり，JAXAが開発した打ち上げロケットであるH-IIAも，基本的な考え方は「技術開発を重視した」ロケットであった．しかし，そのロケットに搭載された情報収集衛星は，あくまでも広い意味での安全保障目的のために開発され，利用される衛星である．したがって，H-IIA6号機の失敗に対して，文科省／JAXAとしては「技術開発の途上であるがゆえに事故は不可避である」という立場をとる一方で，情報収集衛星を運営する内閣官房は「国家の安全保障を担う衛星を失うことは許されない」という立場をとる．ゆえに，技術開発の責任者として状況を説明した河村を，内閣官房長官である福田康夫をはじめとする政府・与党関係者は激しく非難したのである．

　この経験から，河村は宇宙政策の現状に強い疑問をもつようになり，内閣改造に伴って大臣の職を去った2005年に，私的な勉強会「国家宇宙戦略立案懇話会」，通称「河村懇話会」を発足させ，文科省，経済産業省，外務省，防衛省などの副大臣をメンバーとして，宇宙政策の勉強会を定期的に開催した．ここで興味深いのは，「文教族」と言われた河村が，宇宙政策は文科省に限定されるべきものではなく，産業政策，外交政策，防衛政策と連動したものであるべきとの意識をもっていた，という点である．つまり河村は，宇宙開発をこれまでの技術開発を中心とした政策から脱却させ，「社会インフラ」としての宇宙システムとして見直したうえで，政府のさまざまな政策に貢献し，日本の宇宙産業の活性化に資するような宇宙開発へと変革していくべきである，との立場に立っていた．また，自らが文科大臣を経験し，懇話会のメンバーに副大臣を集めたことで，「社会インフラ」としての利用を政治主導で進める環境を整備し，この懇話会での議論を宇宙政策以外の各省が行う政策に反映させることを期待していた．

　この河村懇話会での議論がきっかけとなり，自民党政務調査会の宇宙開発特別委員会を中心に，日本の宇宙開発の在り方を見直す議論が進められることになった．2006年3月には，同委員会において，「平和利用」＝「非核・非軍事」

の解釈を変更し，自衛権の範囲での防衛目的による宇宙利用は可能とする法案を提出することが示された[35]．さらに，宇宙開発特別委員会と並行して，石破茂を座長とした懇談会「日本の安全保障に関する宇宙利用を考える会」が発足し，「宇宙の平和利用」決議の解釈を変更した際に起こりうる防衛上の課題や，実際の防衛目的の利用を行ううえでの技術的課題，またミサイル防衛も含めた日米防衛協力の在り方を議題とする討議が行われた[36]．ここでの議論は宇宙開発特別委員会にフィードバックされ，「宇宙基本法」に反映された．

「平和利用原則」の解釈見直しの背景

これまで「不磨の大典」として変更されることなく維持されてきた「平和利用」=「非核・非軍事」の解釈が，河村懇話会を契機に，なぜこの時期になって一気に解釈の見直しへと動いていったのであろうか．確かに河村個人の経験は大きなきっかけではあったが，それはあくまでもきっかけに過ぎず，それだけでは多くの議員を動かす力にはならない．何がその背景にあったのであろうか．

第一に，2003年12月に閣議決定されたミサイル防衛の研究開発が進み，本格的にミサイル防衛システムの導入が検討され始めたことがある．弾道ミサイル防衛には，極めて短時間でミサイルの発射をいち早く感知し，迎撃態勢をとる必要があるが，「平和利用原則」がある限り，宇宙空間における早期警戒衛星の配備は極めて困難である．したがって，日本が弾道ミサイル防衛を行ううえでは，領域内に設置したレーダーによる捕捉か，アメリカの衛星からの情報に基づく行動しかできない．しかし，レーダーは有効範囲が限られているため，ミサイル防衛を機能させるためにはアメリカの衛星に100%依存せざるをえない状況にある．情報収集衛星導入当時から，日本独自の早期警戒衛星の保有・運用を訴えてきた石破[37]が，「宇宙の平和利用」決議の解釈変更を目指した私的懇談会を開いて議論を進めているのもこうした背景があると考えられる．

第二に，第1章で述べたようなアメリカの軍改革，特に軍事上の革命(RMA)による軍事技術のハイテク化が進んだことがある．アメリカにおいては，冷戦期から宇宙は安全保障上極めて重視されていたが，冷戦後の流動的な安全保障状況は，さらにその重要性を高めることとなった．まず，ネットワーク中心戦(Network Centric Warfare; NCW)と呼ばれる，ITを駆使した防衛体制の整備は，

第Ⅰ部　宇宙開発国の政策目的

必然的に宇宙を通じた情報ネットワークの構築を必要とし，急速な勢いで技術開発が進められている．アメリカにおけるこうした新たな安全保障上の宇宙利用の進展は，日本の宇宙利用の在り方にも少なからず影響を与えている．ミサイル防衛に関しては既述の通りだが，通常兵力に関しても，米軍のNCWが進めば，それに適合的な通信インフラ，情報インフラが必要になってくる．日本の自衛隊はあくまでも専守防衛のための実力部隊であるため，広範な地域を移動することが前提とされていなかったが，国連PKOへの参加や，災害復興援助支援，また尖閣諸島などの離島防衛問題が起こると，宇宙システムを使った通信や偵察，情報収集の必要性が生まれてくる．さらにアメリカのNCWが進めば，日米が共同で行動する際に部隊の共同運用などに支障をきたす可能性がある．

すでにアメリカサイドでは，「平和利用原則」の厳格な解釈によって，日米による安全保障上の宇宙利用の調整が困難になっているとして，対日政策の一環として，日本の宇宙政策の在り方が議論されている．戦略国際問題研究所（CSIS）が2003年に出した『日米宇宙政策』と呼ばれるポリシー・ペーパーでも1969年の「国会決議は全く時代遅れのものとなっており，地域における日本の安全保障政策の足かせとなっている[38]」と厳しい表現で日本の政策変更を迫っている．第2章で述べたように，日本と同様の「平和利用」概念をもっていた欧州では，ボスニアやコソボにおけるオペレーションを通じて，安全保障能力の欠如が強く認識され，1990年代の後半から欧州能力向上アクションプログラム（ECAP）などが実施されており，その一環として宇宙開発が位置づけられている[39]．日本においても，遠くない将来においてこの問題が取り上げられる可能性があり，そのためにも「平和利用原則」を見直し，安全保障上の宇宙利用の問題について，議論を深めておく必要があると認識されたのである．

第三に，2003年に米ソ（ロ）に次いで世界で3番目の有人宇宙飛行を成功させた中国の宇宙開発が，世界からの注目を一身に集めるようになったことがある．しかし，河村懇話会で注目されたのは，中国の有人宇宙飛行や月面への有人探査への野心といった新聞の一面を飾るようなニュースではなく，こうした宇宙開発の成功に裏付けられる中国の技術力の向上と，その技術力を使った外交姿勢であった．第7章で述べるように，中国は南米大陸やアフリカ大陸の資

源国をターゲットに資源外交を積極的に展開しており，実際，産油国であるナイジェリアやベネズエラに対して，国際市場の価格よりも大幅に低い価格で衛星を開発し，打ち上げることで，それらの国における石油権益を確保しようとしたと見られている．また，有人宇宙飛行の成功に続いて，中国はアジア太平洋宇宙協力機構(APSCO)の設立に向け動き出し，イランやパキスタン，ミャンマー，タイ，バングラディッシュ，モンゴルといった国々と宇宙開発の協力制度を構築していった．APSCO は，これまで宇宙開発とはかかわりないと考えられていたアジアの途上国に，廉価で技術移転を行い，宇宙利用を活発化させるとともに，中国がリーダーシップを発揮し，これらの国々との外交関係を強化するツールとして宇宙開発を利用しているという側面がある．さらに，イランやパキスタンのように，アメリカをはじめとする西側諸国が宇宙技術の移転を手控えていた国々にも中国の技術が移転されることによって，軍事転用可能な宇宙技術の拡散が懸念された．

　こうした中国の資源外交と宇宙開発の結びつきは，河村懇話会に参加していた政治家たちにとって大きなショックであった．というのも，これまでアジアにおける唯一の宇宙大国として，日本が外交的なリーダーシップを発揮できると期待していた宇宙分野で中国に追い越され，また，日本は高い技術力をもっているにもかかわらず，それを外交分野で活用することは全く想定されていなかったからである．日本は1993年からアジア太平洋地域宇宙機関会議(Asia-Pacific Regional Space Agency Forum; APRSAF)を主催しており，アジアにおける宇宙開発のリーダーとしての自覚をもっていた．ただし，APRSAF は宇宙機関同士の意見交換や人的交流にとどまり，あくまでも技術先進国としてアジア諸国にサービスや衛星画像を提供するといった意味合いが強く，宇宙技術を外交の取引材料として見ることはしてこなかった．しかし，中国主導の APSCO の登場によって，河村懇話会に参加した政治家たちだけでなく，JAXA や文科省においても中国の台頭が印象づけられ，早急に APRSAF の改革を進めるべきとの声が上がるようになった．

　第四に，日本周辺の安全保障環境が不安定になってきたことが挙げられる．北朝鮮は言うに及ばず，台湾海峡をめぐる問題，マラッカ海峡やアデン湾における海賊とシーレーン防衛，東南アジア諸国のテロリスト活動，津波や地震時

の災害復興など，日本が独自に情報収集をして緊急事態に備えておかなければならない状況が多発している．国外だけでなく，国内においても，地震や台風といった自然災害が多発する中で，防災関連の情報収集や，環境汚染に関するデータ解析などの重要性が高まったことも要因に含まれるだろう．また，1992年に成立した国際平和協力法(PKO協力法)やテロ特措法・イラク特措法に基づく派遣，インドネシアやパキスタン，ハイチにおける災害救助活動など，自衛隊の海外派遣の機会が増加しているが，こうした部隊との連絡を保つため，防衛省は「一般化原則」に基づいて商用衛星を用いた通信を行っている．こうした通信では，秘匿通信ができないだけでなく，派遣が長引けば，その分通信コストがかさむという問題がある．かつ域外派遣部隊に対する通信を確保することは，シビリアン・コントロールを維持する意味でも重要となる．日本を取り巻くこうした安全保障環境の変化に対応するためにも宇宙技術は重要な役割を果たすとの認識が高まっており，それによって「平和利用原則」が冷戦後の状況に適合していないものとして認識されるようになってきたのである．

宇宙の「産業化」

河村懇話会が関心を示したのは「平和利用原則」をめぐる安全保障問題ばかりではなかった．この懇話会のもう一つの重要なテーマが宇宙産業の「産業化」であった．1990年の日米衛星調達合意で商業的な市場を失い，国際競争力を失った日本の宇宙産業は，国際市場に参入するのが極めて難しい状態になり，このまま官需に依存して産業の命脈を保つか，新たな産業政策を展開し，国際市場の競争の中で生き残るかの瀬戸際にある，という認識が政治家の間で共有されるようになった．当初は衛星調達合意を撤廃し，政府が発注する衛星調達契約を随意契約に戻すといった議論もあったが，グローバル化し，競争が激化する宇宙機器市場に逆行するような選択は困難であるという判断が働き，次第に議論は具体的な国際競争力強化を目指した産業政策へと展開していくようになった．そこで出されたのが「アンカー・テナンシー」と呼ばれる方法であった．これは，第2章で紹介した，欧州における官民連携(PPP)によるSKYNETの成功を踏まえた構想であり，政府が固定的な利用者としてコミットすることで，民間企業が政府を顧客としたサービスを提供するために衛星を

開発するという手法である．政府が直接衛星を調達するのとは異なるため，衛星調達合意に抵触しないと考えられていた．また，政府がアンカー(錨)となって固定的な利用料を支払いつつも，衛星事業者はサービスを政府以外の顧客にも提供し，それによって収益を確保することも期待されていた．はたして，この仕組みがうまくいくかどうかは定かではないが，政府内部では，このような仕組みには大きなメリットがあると考えられている．というのも，アンカー・テナンシー方式であれば，衛星開発にかかる初期コストを運用期間内で分散することができるからである．つまり，衛星を開発するには，技術開発から衛星の製造，打ち上げまでに多額のコストが一時的に集中するが，衛星の開発が終わり，打ち上げた後は運用にかかる比較的低いコストだけを負担する．従来は技術開発中心の宇宙開発の仕組みであったため，初期コストだけが「宇宙開発予算」と見られており，運用にかかる費用はほとんど重視されてこなかった．しかし，衛星の利用に重点が置かれ，利用官庁が予算を拠出することになると，衛星の開発などにかかる初期コストの負担が大きく，利用が進まない可能性がある．このアンカー・テナンシー方式であれば，衛星開発の初期コストを長期の運用期間で分割して支払うため，初期コストが突出して大きくならず，利用官庁としては資金を提供しやすくなるというメリットがある．

宇宙基本法の制定

こうして河村懇話会から出発し，自民党の案として合意を得た「宇宙基本法案」は，議員立法として国会に提出されることになったが，そこで河村はさらにもう一つのユニークな提案を行う．それは，宇宙基本法を単に自民党の案とするのではなく，当時連立政権を組んでいた公明党，さらには野党である民主党にも働きかけ，超党派の法案として議員立法を進めようとしたのである．

また，宇宙政策決定システムに関しても，河村懇話会では重要なテーマとして議論されていた．それまでの日本の宇宙開発が技術開発一辺倒であり，「一般化原則」や「日米衛星調達合意」またはテポドン・ショックによっても政策の方向性が変化しなかったのは，科技庁(文科省)とNASDA(JAXA)が宇宙開発の中心にあり，宇宙開発を科学技術開発として性格づけていたことが大きいとの認識が強かった．そのため，「平和利用原則」の再解釈においても，また

「産業化」を進めるにあたっても，文科省とJAXAが宇宙開発を仕切っている限り，政策は大きく変化しないと考えられていた．こうしたことから，宇宙基本法は，「宇宙開発体制の一元化」を目標の一つにしており，これまで存在しなかった宇宙開発担当大臣のポストを設定し，総理大臣を本部長とし，すべての大臣がメンバーとなる宇宙開発戦略本部を設置することが定められた．これは，文科省だけでなく，すべての省庁が宇宙システムのユーザーとなるべきであり，利用官庁が宇宙政策の意思決定に参画することで宇宙利用を広げていく，というコンセプトに基づく措置であった．総理を本部長とする「戦略本部」は，宇宙基本法と同時期に制定が進められた海洋基本法や知的財産基本法，科学技術基本法などでも使われている方式である．内閣に宇宙開発戦略本部ができたことで，内閣官房に宇宙開発戦略本部事務局が設置され，文科省からは切り離された．宇宙開発を戦略的に扱う行政組織が生まれることとなった．宇宙開発担当大臣を設置したことで，宇宙開発の政治行政上の責任の所在を明確にしたことは大きい．これによって，文科省／JAXAが進めてきた技術開発中心の宇宙開発から，利用官庁を巻き込んだ宇宙開発へと大きくシフトすることが可能になったのである．

　いずれにしても，宇宙基本法の制定は日本の宇宙開発の在り方に大きな変化をもたらした．その変化は，単に「平和利用原則」の解釈を変更したことや，新たな制度的枠組みを導入したということだけではない．その根源にある発想は，宇宙開発を「社会インフラ」として評価しなおし，日本がもつ技術を国内外の問題解決に用いるべきである，というものであり，このような発想に突き動かされる形で宇宙基本法は成立したのである．そこには，以前のままの技術開発中心の宇宙開発では，財政状況が逼迫する中で，一層の予算削減が迫られることが想定され，グローバル市場で競争力をもたなければ，日本の宇宙産業や宇宙開発コミュニティは生き残れなくなる，という危機感があったことも確かである．また，これまで見てきたように，諸外国の宇宙開発は軍事も含めた政治的なコミットメントによって推進されてきた部分が大きく，特に第2章で見た欧州では，政府が後ろ盾となって宇宙の商業化を進めてきたのに対し，日本では，政治的なコミットメントがほとんどなく，NASDA/JAXAという技術開発機関が宇宙開発を進めてきたことで，グローバル市場での競争からは隔

離されたような，いわゆる宇宙開発の「ガラパゴス化」が起きている，との認識があったとも言える．そのため宇宙基本法は，政治家が宇宙開発にコミットし，単に技術力で勝負するのではなく，政府が後ろ盾となる形で日本の宇宙開発を支援していかなければならない，という方向性を打ち出したのである．そこには「公共事業としての宇宙開発」から脱却し，「社会インフラ」としての宇宙システムの構築，しかも，日本国内だけではなく，アジア地域にまで拡大した「社会インフラ」としての宇宙システムを構築する，という意識があったものと考えられる．

まとめ

　日本の宇宙開発は，諸外国のケースと異なり，軍事・安全保障を排除した形で進められてきた．それは，宇宙開発の初期段階でアメリカからのロケット技術の提供を受け，ミサイル技術から発展したアメリカのロケット技術を，日本がミサイル技術に転用することを妨げようとしたことに端を発している．しかし，すでに述べたように，日本が独自に開発した固体燃料ロケットの方がミサイル技術により近いものであった．東京大学で固体燃料ロケットの開発を進めている間は，このような平和利用の問題が出てこなかった点から見ても，日本の政治において宇宙開発への十分な議論のないまま，「平和利用原則」が国民の間に広く浸透していた反戦意識と共鳴し，宇宙開発の規範として確立したことを意味していた．このような国民や政治家による日本特有の宇宙開発に対する認識は，宇宙開発がロケット開発だけでなく，衛星開発利用という点に移ってからも大きく変わることはなかった．こうした認識に基づいて組み立てられた宇宙開発に関する政治的コンセンサスは，さまざまな外的な環境変化——日米の軍事演習における宇宙利用，1990年の日米衛星調達合意，テポドン・ショック，省庁再編と三機関統合——にも耐え，長期的な持続性を見せた．

　しかし，情報収集衛星の導入にあたって，現実のグローバルな安全保障環境の変化と，日本国内に強固に発達した宇宙開発の諸制度との間に齟齬が生まれてくると，その矛盾は大きくなり，2003年のH-IIA6号機の失敗によって，その矛盾が限界に達した．それがきっかけとなって，従来の技術開発中心の宇宙

開発の在り方を全面的に見直し，利用を中心とする宇宙開発へと大きく政策の方向性を変化させることとなった．こうした変化は当然，既得権益をもつ文科省やJAXA，また一部の宇宙産業などからの抵抗を受け，すべてがうまく行っているわけではないが，少なくとも宇宙基本法が制定されたことで，日本における宇宙開発関係者の認識は大きく変化し，利用を中心とした宇宙開発を進めなければ，日本の宇宙開発の将来展望がなくなるとの認識が広く共有されるようになった．

このように，日本の宇宙開発は「ハードパワー」としての宇宙開発を否定し，大国の一員であるという国際的なステータスを求める「ソフトパワー」を得る手段として追求されたが，日本がキャッチアップを果たし，自他ともに大国として認められるようになると，「公共事業としての宇宙開発」という性格をもつようになっていった．しかし，外的な環境の変化から，民生中心で平和利用を前面に出した「ソフトパワー」を維持しながら，情報収集衛星という「ハードパワー」を獲得しようとしたことで，矛盾に悩むこととなる．その結果，宇宙基本法という形で「平和利用原則」の解釈を改め，「ハードパワー」としての宇宙開発を可能にしただけでなく，「社会インフラ」としての宇宙開発へと乗り出す方向に，日本は舵を切ったのである．「公共事業としての宇宙開発」という軛を離れ，「社会インフラ」としての宇宙システムを確立し，グローバル市場で生き残れる宇宙技術基盤を維持できるかどうかは，今後の政策の展開と政治的意思にかかっているだろう．

注

1) 的川泰宣『やんちゃな独創——糸川英夫伝』日刊工業新聞社，2004年．
2) 斎藤成文『日本宇宙開発物語——国産衛星にかけた先駆者たちの夢』三田出版会，1992年．
3) 五代富文『国産ロケットH-II——宇宙への挑戦』徳間書店，1994年．
4) 松浦晋也『国産ロケットはなぜ墜ちるのか』日経BP社，2004年．
5) 斎藤，前掲書．
6) Yasushi Sato, "A Contested Gift of Power: American Assistance to Japan's Space Launch Vehicle Technology, 1965-1970", *Historia Scientiarum*, vol. 11, no. 2, 2001.
7) U. Alexis Johnson, *The Right Hand of Power*, Prentice-Hall, 1984.

8) 衆議院科学技術振興対策特別委員会(1969年4月2日)木内四郎科学技術庁長官.
9) 中国の核実験の成功(1964年)の影響は大きかった. 一方で, アメリカは, 日本の核武装に対する懸念を強め, 日本が科学技術の平和的利用を推進するようアメリカの影響力を行使することを目指し, 他方で, 日本が宇宙開発を自主的に進めることで中国に対抗できる能力があることを示す必要が生まれた. 黒崎輝「日本の宇宙開発と米国」『国際政治』第133号, 2003年8月, 141-156頁.
10) この背景には, 1950年代の半ばから自主開発を進めてきた大学の学術研究の自主性を維持しようとするグループと, 科学技術行政を「一元化」したい科技庁, 実用技術の獲得を進めようとする産業界, アメリカとの関係を重視する外務省などが激しく対立し, 特に科技庁と東京大学(文部省)との対立は新聞紙上を賑わす激しいものであった. 我が国の宇宙開発のあゆみ編集委員会『我が国の宇宙開発のあゆみ』(宇宙開発委員会, 1978年)を参照.
11) Sato, *op. cit.*
12) 『朝日新聞』1968年12月14日.
13) 『朝日新聞』1968年12月18日.
14) 的川泰宣・黒田泰弘・和地英麿「戦後復興期のロケット技術」, 大澤弘之編『日本ロケット物語』三田出版会, 1996年.
15) 衆議院科学技術振興対策特別委員会(1969年5月8日)石川次夫議員.
16) 衆議院本会議決議(1969年5月9日).
17) 斎藤, 前掲書.
18) 五代, 前掲書.
19) 衆議院予算委員会(1985年2月5日)矢野絢也議員.
20) 衆議院予算委員会(1985年2月5日)加藤紘一防衛庁長官.
21) この点に関して青木節子は, 「公平・無差別原則」で十分であり, あえて「一般化原則」を持ち出す必要はないとしている. この点については筆者も同意するが, 議論を整理するために敢えて区別をしないまま議論する. 青木節子「宇宙のウェポニゼーション時代における国会決議の意味」, 藤田勝利・工藤聡一編『航空宇宙法の新展開』八千代出版, 2005年, 383-412頁.
22) 衆議院予算委員会(1985年2月6日)加藤紘一防衛庁長官.
23) 衆議院予算委員会(1985年2月6日)中曽根康弘総理大臣.
24) Masahiko Sato, Toshio Kosuge, and Peter van Fenema, "Legal Implications on Satellite Procurement and Trade Issues between Japan and the United States", Paperpresented in Institute of International Space Law Conference(IISL-99-IISL.3.13), 1999.
25) 通産省の宇宙開発に対する認識や役割については, 通商産業省宇宙産業課編『90年代の宇宙産業ビジョン』(通商産業調査会, 1989年)などを見るとよくわかる. 宇

宙産業を振興することがその任務であるため，宇宙が「ビジネス」として成立するという，やや強引な論理の展開が見える．しかし，ここでも技術開発が宇宙ビジネスの振興には不可欠との認識が明確に打ち出されており，科技庁の宇宙開発予算を通産省にシフトさせていくべきとの意図が見え隠れする．

26) Kazuto Suzuki, "Administrative Reforms and Policy Logics of Japanese Space Policy", *Space Policy*, vol. 21, no. 1, February 2005, pp. 11-19.
27) 春原剛『誕生国産スパイ衛星――独自情報網と日米同盟』日本経済新聞社，2005年．
28) 春原，同．
29) President Executive Office, *Landsat Remote Sensing Strategy*, (PDD/NSTC-3), 1994; President Executive Office, *Foreign Access to Remote Sensing Space Capabilities*, (PDD/NSC-23), 1994.
30) この時期の商業地球観測衛星に関しては，John C. Baker, Kevin M. O'Connell, and Ray A. Williamson(eds.), *Commercial Observation Satellites: At the Leading Edge of Global Transparency*, RAND/ASPRS Publications, 2001 を参照．
31) 春原，前掲書．
32) 参議院科学技術振興対策特別委員会(1969年6月8日)木内四郎科学技術庁長官．
33) この点は，情報収集衛星導入に際しての国会審議においても，公明党の斉藤鉄夫議員に指摘されている．衆議院予算委員会(1998年12月8日)斉藤鉄夫議員．
34) こうした批判の代表的なものとして，「宇宙基本法――あまりに安易な大転換」(『朝日新聞』社説，2008年5月10日)などを参照．
35) 『朝日新聞』2006年3月29日．
36) 『産経新聞』2005年12月31日．
37) 石破茂『国防』新潮社，2005年．春原，前掲書．
38) Kurt Campbell, Christian Beckner, and Yuki Tatsumi, *U. S.-Japan Space Policy: A Framework for 21st Century Cooperation*, CSIS, 2003, p. 26.
39) 拙稿「欧州における軍民両用技術開発と安全保障貿易管理」『国際安全保障』第32巻第2号，2004年9月，73-97頁．

第Ⅱ部
グローバル・ガバナンスと宇宙技術

第7章　地域協力——途上国開発への活用

　宇宙開発の歴史は「米ソ宇宙競争」をきっかけに飛躍的に発展し，1969年には人類が月面に立つところまで技術が進歩した．その頃，宇宙開発はさらに飛躍的に進化し，地球の重力を離れても人類が生活できるような世界がやってくると思われていた．しかし，すでに第Ⅰ部で見てきたように，そのような世界は訪れなかったし，これからも当分訪れそうにもない．第1章で述べたとおり，アメリカはアポロ11号による月面着陸に成功した後，月面での有人活動の政治的意義を見失い，スペースシャトル，そして宇宙ステーションと有人宇宙活動を続けたが，これらは「輝かしい人類の未来」に向かっていくというよりは「公共事業としての宇宙開発」を続けた結果に過ぎず，冷戦が終焉して競争相手であるソ連が存在しなくなると，有人宇宙活動そのものを継続することすら困難となるような状況に追い込まれた．ソ連も結果としてアメリカに追いつくことができず，ミール宇宙ステーションなど独自の宇宙開発も，ソ連崩壊とともに失速した．
　逆に，「米ソ宇宙競争」に刺激を受けながらも，米ソと同じレベルでの宇宙開発を目指さず，「社会インフラ」としての宇宙開発を進めたのは欧州とインドであった．欧州は已むに已まれず商業化という道を選ばざるをえなかったのに対し，インドは最初から「社会インフラ」として宇宙開発を進めていったという違いはあるが，欧州とインドによって拓かれた宇宙開発の新しい側面は，宇宙開発が国際政治における「ハードパワー」の争いとは違う次元で活用され，地上の社会に大きく貢献することを明らかにしたとともに，自国が十分な技術力をもたなくても，グローバル市場で衛星やロケットを調達することが可能となったことを示した．
　しかし，冷戦後急速に国際政治における存在感を増してきた中国は，新たなグローバル大国としての地位を確立し，宇宙開発の分野でも米ソに次いで3番

目の有人宇宙飛行に成功したことで，宇宙大国として見られるようになってきた．と同時に，自ら「発展途上国のリーダー」を名乗りつつ，実質的には資源外交の手段として宇宙開発を活用し，これまで宇宙開発に積極的に関与してこなかった国々に宇宙技術を提供し，廉価で人工衛星を製造し，打ち上げるようになった．それによって，途上国にとっても宇宙が身近なものとなり，宇宙開発に新たなプレーヤーを引き込む間口を開く結果となった．こうした動きに反応しているのが日本である．これまで技術開発主導型の宇宙開発を続けてきた日本が，中国が進める資源外交の手段としての宇宙開発という新たな政治的宇宙開発活用法を見出し，さらに欧州が進める「社会インフラ」としての宇宙開発という観点を取り入れて，新たにアジア太平洋地域においてリーダーシップを発揮しようとしている．

このように宇宙開発の歴史は，冷戦期の「ハードパワー」をめぐる競争から，次第に国際的な地位と存在感を示すための「ソフトパワー」をめぐる競争へと変化し，それが結果的に「社会インフラ」としての宇宙開発へと展開していくという流れを見せてきた．この流れの延長線上に，発展途上国における宇宙利用という状況が現れてくる．本章では，このような発展途上国の宇宙利用への参入が地域協力の形で進んでいる現状を分析し，それが国際政治の中でどのような意味をもち，どのような役割を果たすのか，また，それらの地域協力に対して，既存の宇宙大国がどのようにかかわっているのかといった点に着目して議論を進めていきたい．

1　商業サービスによる宇宙システムへのアクセス

宇宙システムへのアクセスの必要性

まず発展途上国にとって，宇宙システムにアクセスをもつことの意味から整理しておこう．途上国においては，地上の社会資本整備が十分ではなく，国内の通信ネットワークや外国との通信回線を確保することが困難である．また，多くの途上国において，電話通信会社は国営であり，官僚的な非効率性もあって，地上のネットワークの形成に長時間かかる傾向がある[1]．そのため，多額の費用と時間をかけて地上のインフラを形成するよりは，宇宙システムを利

してネットワークを整備する方が有効である．しかも，近年は携帯電話の普及により，地上における基地局の整備が進んでいるが，基地局を結ぶ地上の有線ネットワークは不効率であり，衛星を用いる方が時間もコストも大幅に削減できるというメリットがある．また，教育や医療に関する人的・設備的な資源が限られている途上国においては，衛星を使った遠隔医療(通信衛星を使った問診や，医師が地域の医療従事者を指導する等)や遠隔地教育(通信衛星を用いた広域への一斉情報配信)などの分野で宇宙システムが重要な役割を果たす．加えて，こうしたことを可能にする衛星通信のブロードバンド化による通信容量の飛躍的な拡大という技術的進歩も，途上国の宇宙システムへのアクセスを容易にさせている．

　また，通信だけでなく，地球観測データの利用に関しても，途上国での需要は高まっている．途上国で大規模災害が起こった場合，自国のみで対応することが困難であり，外国の援助や救援を仰ぐ場合がしばしばあるが，そのときも，罹災地域の画像を取得しておくことで，災害援助や復興に有益な資料を提供することができる．さらに，都市部の開発や区画整理，土地の所有権の判定などに関しても，衛星からのデータを基礎とした地図や地理空間情報が重要な役割を果たす．また，途上国の主要な産業である農業においても，焼畑の監視や植生分布の分析，土壌調査と最適な作物の選択など，さまざまな手段を通じて，農業生産の効率性を上げることが可能になる．現時点では，人工衛星からのデータを解析する技術の不足や，そのコストの高さから，途上国において衛星データ利用が普及しているわけではないが，後述するように，こうした衛星データ利用の経験が多い国が支援する形で途上国における衛星データ利用の可能性が高まっている．

　このように，途上国が宇宙システムへのアクセスを求めるのは，技術の進歩による宇宙システムの能力の向上とともに，社会インフラとしての宇宙システムの有用性に対する認識が高まってきたためである．しかし，そうした需要側の変化だけでなく，供給側にも大きな変化があったことが重要なポイントである．それが，宇宙システムの商業サービスである．

商業サービスの段階的発展

　宇宙システムの商業サービスは，歴史的に見て，三つの段階を経て発展して

きたと言える．第一に，宇宙システムを先進国が整備し，商業的に利用を開放した段階である．1960年代にアメリカが主導して国際衛星通信機構（インテルサット）を設立し，国際機関を通じて加盟国に大陸間通話を提供したところから始まり，その後，地域通信機関として欧州でユーテルサットが設立された．この段階では，衛星を開発し，運用する能力が少数の国家に限定されていながら，その利用を広く他国政府にも開放するという，国家中心的な商業サービスの展開であった．ユーザーから見れば，国際電話をかけた場合でも，それが衛星を通じた通話なのか海底ケーブルを通じたものなのかは判別できず，それゆえ，宇宙を利用しているという実感もなかった．あくまでも国際電信電話（KDD）のような国営企業のサービスを利用しているという意識で宇宙利用は進んでいったのである．また，第2章や第6章で見てきたように，こうした国家中心的な商業サービスの段階では，商業的とは言いながらも，国際政治のツールとしてサービスが利用され，国家間対立の舞台ともなってきた．

商業サービスの第二の段階は，サービスが直接利用者に届く衛星が運用されるようになった1980年代であった．この時期には，船などの移動体通信向けの衛星通信サービスとして，イギリスが主導して設立されたインマルサットのサービスが始まっている．これは，船舶に搭載されたアンテナと受信機を使い，衛星に直接電波を発信し，衛星を介して通話するというサービスであった．インマルサットも国家が指定した通信会社がサービスを提供していたため，ビジネスの構造としてはインテルサットなどと違いはないが，実際にアンテナを衛星に向けて通話しているというユーザー側の実感が伴っていた．同様に，この時期に発達したのが衛星放送のサービスである．日本でも1980年代末にNHKが衛星放送サービスを始めているが，欧州では1980年代の半ばからルクセンブルクに本拠を置く民間会社であるSES (Société Européenne des Satellites) が純粋に商業的なサービスを開始している．衛星放送もパラボラアンテナで電波を直接受信するという意味で，宇宙を使っている実感が伴うサービスであった．

この欧州における衛星放送サービスのもたらした社会・政治的な影響は非常に大きいものがあった．これまで各国ごとに放送許可と周波数の割当が設定され，各国ごとに分断されてきたテレビ放送の空間が，衛星からの電波によって

第Ⅱ部　グローバル・ガバナンスと宇宙技術

欧州全土で共通の番組を見ることができるようになり，Euronews といった欧州統合の象徴となるような番組が放送されるようになった．ただ，言語の問題や放送文化，放送の許認可制度などの違いから，各国ごとの放送情報空間は未だに維持されており，放送衛星が欧州の社会的一体感を生み出すまでには至っていない．

むしろ，衛星放送がより大きな政治的影響をもたらしたのは，ベルリンの壁の崩壊に象徴される中東欧諸国の共産主義政権の崩壊においてであった．これらの国々では，ジャミングやテレビ受像機の周波数設定によって西側諸国の地上波放送の番組を視聴することができないような措置が施されていたが，衛星放送の電波は宇宙空間から発せられるものであり，それを妨害することは極めて困難であった．そのためこれらの国々では，違法でありながら，衛星放送を受信するためのアンテナと受信機をもつ人々が増えた．彼らは西側諸国の放送を視聴し，西側諸国の生活水準や物質的豊かさを目にすることができた．これが西側諸国への「旅行」への渇望を生み出して民主化革命の原動力として機能し，1989 年のハンガリー・オーストリア国境の開放をもたらし，最終的にベルリンの壁の崩壊へとつながっていった[2]．このように，宇宙システムからのサービスが直接ユーザーに届くことによって，人々の行動が変化し，政治的に大きな影響を与えることが可能になっただけでなく，衛星放送を通じて，その発信元である西側諸国の価値観や物質的豊かさが世界中に広まっていき，文化的・社会的な収斂の原動力ともなっていった．

商業サービスの第三段階は，1990 年代の半ばから急速に進展していった．これはアメリカで巻き起こった，いわゆる IT バブルが影響している．民間企業が国家の資金に頼らず，独自の資金のみで衛星を開発・運用し，通信サービスを提供するというビジネスは，これまでであれば極めて事業リスクが高く，民間企業が十分な資金を集めることは困難と考えられていた．しかし，技術が成熟し，衛星開発のコストが下がったことと，IT バブルを支えた「ジャンクボンド市場」と呼ばれる，リスクの高いベンチャービジネスに資金を供給するマーケットができたことで，民間企業が衛星を開発・調達する資金を集めることが可能になった．このような状況の中で，低軌道に 66 機の衛星を配置して携帯端末を使って衛星通信を行うイリジウムなど，純粋な民間企業による通信

サービスが生まれた．これによって，1台の携帯端末で世界中のどこからでも通信ができるという付加価値の高いサービスが可能になると考えられていた．しかし，これらの民間企業による事業は，技術開発の遅れと，地上システム（第三世代携帯電話の発達による海外ローミングサービスの普及）の発達により，結果的に事業としては失敗に終わった．現在イリジウムは，災害時のバックアップ通信システムや，携帯電話ネットワークが発達していない地域での利用に限られているが，アメリカ軍がイリジウムを採用することで，軍に支えられた事業としてサービスが続けられている．

民間主導型サービスの発達

　純粋な民間企業による事業は失敗に終わったが，これらの事業は宇宙における商業サービスの概念を大きく変えることとなった．イリジウムなどのサービスが登場することで，伝統的な衛星通信サービスを提供してきた国際機関であるインテルサットやインマルサットが民営化され，それに伴って，地域的国際機関であったユーテルサットも民営化されることとなった．こうして「国家によって支えられる事業」としての宇宙開発は，通信衛星に関しては終焉を迎え，「民間によって自立した事業」の時代へと入っていくことになった．

　これは，第6章で論じた，日米衛星調達合意を考えるうえで，また途上国の宇宙システムへのアクセスを考えるうえで重要な含意がある．というのも，日米衛星調達合意では「非研究開発衛星」の一般公開入札が合意されたが，日本の産業界は，この調達合意を廃棄し，国家が随意契約で衛星の調達を可能にすべき，との議論を展開している[3]．しかし，衛星通信の分野が「民間によって自立した事業」として国際的に認識されている以上，仮に日米衛星調達合意を放棄しても，国際的な規範が確立している中で，日本だけが「国家によって支えられる事業」として通信衛星事業を展開することはできなくなる．

　また，途上国にとっては，通信衛星事業が「民間によって自立した事業」となったことにより，自国で衛星を開発するインセンティブはより一層薄れ，国際市場から調達することで宇宙システムにアクセスするのが当然として認識されるようになる．そうなると，衛星開発・製造能力をもつ先進国の企業は，こうした新しい市場に参入することを目指して激しく競争するが，途上国にとっ

ては自国の宇宙産業を育成しようとしても「国家によって支えられる事業」として認知されることが一層困難になっているため，この分野への参入が難しくなる．もちろんWTOで認められているように，途上国の幼稚産業(まだ十分確立していない産業分野)の保護という概念は適用されるであろうが[4]，それでも外国から調達する方が，自国で開発するよりも費用対効果が高いということになれば，自国での開発が政治的・財政的に正当性を得ることは難しくなるであろう．

　また，こうした「民間によって自立した事業」としての宇宙利用が成立していくと，通信・放送分野以外でも純粋に民間企業による事業が可能になるのではないか，という期待が高まる．それが顕著に見られたのが地球観測分野である．第1章，第2章で述べたように，フランスがSPOT衛星を使って1980年代に地球観測衛星の商業的な販売を始めたこと(これは商業化の第二段階と言える)に刺激され，アメリカも「陸域地球観測商業法」およびクリントン政権の大統領令23号によって，地球観測データの商業化を始めた．その流れと，上述した宇宙の商業化の第三段階の流れが交わる形で，純粋な民間企業による地球観測データの商業的頒布が始められたのである[5]．地球観測データには，農業や測量，地図作成，都市計画，道路やビルの建設などさまざまな用途があり，データを利用する個人や企業は数多く存在する．しかし，これらのユーザーが求めるデータは一様ではなく，単一の仕様に基づくデータを提供するのが困難であること，また宇宙からの観測データのコストが高く，個々のユーザーが費用負担をするのが困難であったこと，さらに衛星からのデータは，解析し，他の情報と組み合わせて販売しなければ一般のユーザーにとっては使いにくいといった問題があり，純粋な民間企業による事業として成立しなかった．その結果，アメリカの民間企業も，アメリカ軍にデータを提供することを主たる事業とすることで何とか維持されている状態である[6]．つまり，地球観測の分野においては結果的に「国家によって支えられる事業」としてしか成立しないということが明らかになっている．

小型衛星事業の展開

　しかし，宇宙商業化の第三段階で生まれたもう一つの変化が，地球観測デー

タの商業的頒布にも大きく影響するようになっている．それが小型衛星事業の展開である．これまでの宇宙開発の基本的な考え方は，「より速く，より大きく，より重い」ものの開発を目標としてきた．というのも，宇宙開発の歴史は50年ほどしかなく，技術発展の限界がどこにあるかが明確ではないため，他国よりも優れたロケットや衛星を開発すること，すなわち，より通信能力や地球観測センサーの分解能が高いものを開発することが宇宙開発の目標となってきた．しかし1990年代に入って，そうした直線的な技術開発のベクトルが大きく変わってくるようになった．それは宇宙技術の成熟に伴う，技術の陳腐化ないしは「コモディティ化（汎用化）」が進み，宇宙開発が特殊な技術から一般的な技術へと変化してきたことを意味している．その象徴とも言えるのが，イギリスのサレー大学発のベンチャー企業である，サレー・サテライト・テクノロジー社(SSTL)である．SSTLはサレー大学のマーティン・スウィーティング(Sir Martin Sweeting)研究室で開発していた小型衛星を，商業的な衛星として販売する企業であるが，その生い立ちは非常に興味深い．第2章でも見たように，1980年代，サッチャー政権のイギリスは，有人宇宙飛行は無駄な投資であるとして，エルメスやコロンバスといった欧州の国際宇宙ステーションのプログラムに参加しないことを決定したが，この考え方は大学レベルの宇宙技術研究にも適用され，サレー大学は大幅な研究費削減に直面することとなった．そこで失われた研究費を工面すべく，衛星を販売するために設立されたのがSSTLであり，同時に学費の高い留学生（イギリスの大学の学費はイギリス国民，EU加盟国民，その他外国人で異なる）を受け入れることで大学財政をまかなうため，アフリカなどの途上国から多くの学生を受け入れた．その結果，SSTLは大学の研究費の範囲で製造できる小型衛星を開発することに特化し，廉価な衛星を作り上げることができるようになっただけでなく，留学生が自国に帰国し，それぞれの国における宇宙開発コミュニティの中核的エリートとなっていくことで，彼らを介して途上国に衛星を売り込めるようになった[7]．

　このSSTLのモデルは，同じ欧州の大学（ベルリン工科大学など）や中小企業（ドイツのOHBなど）にも採用され，小型衛星の市場がどんどん大きくなっている．日本においても東京大学の中須賀真一研究室が中心となって，大学連携による小型衛星開発の動きが出てきており，アメリカでも，小型衛星の開発期間の短

さや「モジュール化」技術——衛星の部品やコンポーネントを標準化して部品を組み合わせるだけですぐに衛星を製造できる仕組み——を軍が利用し，必要なときに必要な衛星を即座に打ち上げられる即応型宇宙システム(Operationally Responsive Space; ORS)へと発展させている．

このSSTLのような廉価な小型衛星を提供する企業が登場したことで，新興国・途上国は商業市場から衛星データを入手する必要がなくなり，独自の衛星を保有・運用することで自由に画像を取得できるようになった．とはいえ，そうした衛星の保有・運用や画像の取得・解析が行えるのは一部の途上国に限られており，多くの途上国は商業的な市場から画像を取得するか，さもなければ，国際援助の枠組みで提供される画像を利用するといった状況にある．

ずいぶん前置きが長くなったが，以上では，商業サービスが発達することで，宇宙システムへのアクセスが歴史的な展開を経て大きく変わってきたことを明らかにした．当初は通信分野における大陸間通信などに限られていた商業利用が，ユーザーが衛星からの電波を直接受信するサービスを受けて，宇宙事業が国家に独占されることなく，衛星と個人を結びつけるシステムに変わり，さらには純粋な民間企業による事業と，SSTLのような小型衛星の技術が発達してくることで，宇宙システムが「コモディティ化」，つまり特殊な製品ではなく，誰でもアクセスできる汎用品へと変化してきたのである．このような宇宙システムの「コモディティ化」が進むことで，途上国も宇宙システムへのアクセスが容易となり，それが宇宙利用をさらに活発化させているだけでなく，途上国同士の協力関係を強化するという方向性を生み出しているのである．

2　アジアにおける中国と日本の覇権争い

アジアにおける宇宙開発への関心

1980年代に急速な経済成長を遂げたアジア地域において，宇宙開発への関心は経済成長とともに高まっていった．この地域には，日本，中国，インドといった，それぞれ異なる意図と目的をもって宇宙開発を進めてきた国々があり，すでに多くの実績を積み重ねていたが，新しく経済発展を遂げた国々もさまざまな意図と目的をもって宇宙開発への関心を高めていくようになった．

第 7 章　地域協力

　中でも韓国と台湾は，国際社会における地位の確立と安全保障上の懸念，そして科学技術そのものに対する関心から，独自の宇宙開発への関心が高く，韓国は 1981 年に韓国航空宇宙研究所(KARI)を設立して，独自衛星の開発に着手し，すでに実用段階に至っている．現在ではロシアとの技術協力を通じて，独自ロケットの開発を進めているが，2009 年，2010 年に打ち上げられた 2 機の試験機はいずれも失敗しており，その道のりは長いと見られている．逆に台湾は，安全保障上の理由から偵察衛星としての役割をもつ地球観測衛星を欧州から調達し，独自の運用を進めている．そのほか，タイは世界最大の商業通信衛星を保有し，東南アジア向けの衛星放送や通信事業を展開しており，インドネシア，シンガポールなども商業通信衛星を独自に保有している．また，東南アジア諸国は各国の大学や研究所のレベルで宇宙科学に関心をもち，韓国はロシアとの協力ですでに韓国人宇宙飛行士をソユーズ宇宙船で飛行させており，マレーシアも宇宙飛行士を選抜して，将来，マレーシア人宇宙飛行士を宇宙に打ち上げることを期待している．

　しかし，アジアにおいて宇宙開発への関心が高い最大の理由は，この地域がさまざまな災害の多発地帯であるということにある．日本を含む東アジア，東南アジアは地震の多発地帯であり，地震によって津波の発生の確率も高い．また，活動的な火山が多数あり，フィリピンやインドネシアでは火山活動がもたらす気象や環境への影響も大きい．さらに，この地域は高温多湿の地帯が多く，大雨による洪水が多発している．多くのアジア諸国では，罹災時に必要となる，迅速な状況把握能力や復興に向けての情報が不足しており，広域の被害に対して，外国からの人道支援や NGO による救助活動などを要請するにしても，必要な地図がなく，被害状況も把握できていない場合，問題の解決が遅れるといった問題に直面している．そのため，災害において最も効果的な情報収集の手段は，地球観測衛星からのデータ取得であり，また，災害で地上の通信ネットワークが寸断された場合でも，衛星を使った通信は影響を受けないため，宇宙システムを用いる合理性が非常に高いということが認識されるようになったのである[8]．

APRSAF の設立

このようなアジア諸国における宇宙システムへのアクセスを求めるニーズに，いち早く応えたのが日本であった．日本は1993年に科学技術庁，宇宙開発事業団(NASDA)と宇宙科学研究所(ISAS)が中心となって，アジア太平洋地域宇宙機関会議(APRSAF)を設立し，アジア各国の宇宙関連の政府機関や研究所の代表が一堂に会して，アジア諸国の宇宙システムへのニーズを汲み取るための組織を作った．組織といっても APRSAF はフォーラムとしての性格が強く，欧州宇宙機関(ESA)のような共同研究開発機関というよりは，意見交換の場としての位置づけであった．そのため，各国の政府を代表する形で宇宙機関のメンバーが出席するのではなく，宇宙開発に直接携わる技術者やプロジェクト・マネージャーの集まりといった実務的な会合となっており，一つの国から複数の機関が参加(日本も宇宙航空研究開発機構(JAXA)に統合される前は NASDA と ISAS が参加)することも認められていた．さらに，APRSAF には，アジア太平洋各国のみならず，アメリカや欧州の宇宙機関も招待されており，文字通りフォーラムとしての性格が強く，出入りの自由な組織となっている[9]．表1に見られるように，1993年に最初の会議が開かれてから，第4回(1997年)までは日本で開催し，その後，アジア各地で開催するようになったが，科技庁(後に文部科学省)と NASDA および ISAS(後に JAXA)が常に共同主催者として位置づけられ，一貫して日本のリーダーシップが強調されている．

APRSAF での主要な議題は，宇宙システムを利用する応用技術に関するテーマが多く，特に環境，災害，土地利用などに関して，日本の地球観測衛星で取得したデータをいかに利用するかが議論の基調をなしている．1999年の第6回会合以来，表1のように，その年のテーマが設定されており，折々の問題関心の在り処がうかがえる．

しかし，こうした宇宙システムの利用に重点を置いたテーマ設定であるとはいえ，実質的な議論はあくまでも宇宙機関同士の意見交換が中心で，衛星データの分析手法やその結果に関する問題を扱っており，政府の研究開発機関で構成される学術的な研究会といったイメージが強い．実際，データ解析の技術や応用技術，アプリケーション・ソフトウェアの開発などが参加国の重要な関心事項であったため，各国も APRSAF に参加することに意義を感じていた．し

表1　APRSAFの開催記録

回	日時・場所	主催・テーマ
第1回	1993.9.9-10 日本・東京	<旧科学技術庁(STA)，旧宇宙開発事業団(NASDA)，旧宇宙科学研究所(ISAS)共催>
第2回	1994.10.31-11.2 日本・東京	(同上)
第3回	1996.3.13-15 日本・東京	(同上)
第4回	1997.3.17-19 日本・東京	(同上)
第5回	1998.6.21-23 モンゴル・ウランバートル	<STA，NASDA，ISAS，モンゴル国立リモートセンシングセンター(NRSC)共催>
第6回	1999.5.24-27 日本・つくば	"宇宙技術の応用"<STA，NASDA，ISAS共催>
第7回	2000.6.19-22 日本・東京	"宇宙利用への道"<STA，NASDA，ISAS共催>
第8回	2001.7.23-26 マレーシア・クアラルンプール	"アジア太平洋における宇宙新世紀"<マレーシア科学技術環境省，マレーシアリモートセンシングセンター(MACRES)，文部科学省(MEXT)，NASDA，ISAS共催>
第9回	2003.3.25-27 韓国・大田（テジョン）	"アジア・太平洋地域のための宇宙応用"<韓国科学技術省，韓国航空宇宙研究所(KARI)，MEXT，NASDA，ISAS共催>
第10回	2004.1.14-16 タイ・チェンマイ	"アジアにおける宇宙利用協力の促進に向けて"<タイ科学技術庁，タイ国家地理情報・宇宙技術開発機関(GISTDA)，MEXT，JAXA共催>
第11回	2004.11.3-5 オーストラリア・キャンベラ	"宇宙コミュニティの拡大に向けて"<豪州衛星システム共同研究センター(CRCSS)，MEXT，JAXA共催>
第12回	2005.10.11-13 日本・北九州	"宇宙からの恩恵のさらなる社会への還元を目指して"<MEXT，JAXA共催>
第13回	2006.12.5-7 インドネシア・ジャカルタ	"Work Together～安全で豊かな社会の構築～"<インドネシア研究技術省(RISTEK)，インドネシア国立航空宇宙研究所(LAPAN)，MEXT，JAXA共催>
第14回	2007.11.21-23 インド・バンガロール	"人間のエンパワーメントのための宇宙"<インド宇宙研究機関(ISRO)，MEXT，JAXA共催>
第15回	2008.12.9-12 ベトナム・ハノイ＆ハロン湾	"持続的発展のための宇宙"<ベトナム科学技術省(MOST)，ベトナム科学技術院(VAST)，MEXT，JAXA共催>

第 16 回	2010.1.26-29 タイ・バンコク	"宇宙技術の応用：人間の安心・安全への貢献"＜タイ科学技術省(MOST)，タイ地理情報・宇宙技術開発機構(GISTDA)，MEXT, JAXA 共催＞
第 17 回	2010.11.23-26 オーストラリア・メルボルン	"気候変動に対する宇宙技術と産業の役割"＜豪州イノベーション産業科学研究省(DIISR)，MEXT, JAXA 共催＞

出典：APRSAF ホームページ．http://www.aprsaf.org/jp/about/

かし，それらの技術をどのような形で各国の政策に展開するのかといった政策的課題に関する議論はほとんどなされなかった．というのも，APRSAF に出席するのはあくまでも宇宙機関や研究所であり，各国の政策的課題に言及することは，アジア諸国で大きな問題となる内政不干渉原則に抵触するという配慮もあった．そのため，技術的な課題を論じる場として APRSAF は定着していったのである．

APSCO の登場

ところが，APRSAF の在り方を大きく変えたのが，中国のイニシアチブによるアジア太平洋宇宙協力機構(APSCO)である．APSCO は，1992 年に北京で開かれたアジア太平洋諸国の宇宙技術協力会議から発展し，1994 年に発足したアジア太平洋宇宙技術・応用多国間協力機構(Asia-Pacific Multilateral Cooperation in Space Technology and Its Applications; AP-MCSTA)が母体となっている．AP-MCSTA が発足した時期からもわかるように，この機構は日本が主導した APRSAF に対抗する形で中国がリーダーシップをとろうとしたものであり，APRSAF とは異なるアプローチによって，アジアでの中国の主導権を確立しようとした．そのアプローチとは技術移転を軸とする，途上国の技術力向上のためのプログラム作りであった．特に AP-MCSTA の中核をなしたのが，SMMS(Small Multi Mission Satellite)と呼ばれる小型多目的衛星プロジェクトであった．SMMS は AP-MCSTA の機構化と同時に提案され，中国，イラン，モンゴル，パキスタン，韓国，タイの 6 カ国が参加していた(後にバングラディッシュが参加)．ここでは，中国がもつ小型衛星開発のノウハウと技術を参加国に提供するという，一方向的な技術移転が約束されており，参加する国々にとっては，自らの衛星開発能力を向上させる絶好の機会となった．とりわけ注目

に値するのが，パキスタンやイランといった，欧米の技術にアクセスしにくい国々が参加していることである．これらの国々は中国との関係を強化することで，特に安全保障関連の技術と密接な関係にある人工衛星の開発能力を獲得できるとして，積極的に参加する姿勢を見せた．

しかし，AP-MCSTA は合計 7 回の会議しか開かれず，技術移転やプロジェクトの詳細について議論を重ねたが，その歩みは遅々としたものであった．また，制度的な整備も遅れ，1994 年の発足から 7 年が経った 2001 年に事務局が北京に設置され，各国間の協力枠組みもようやっと整い始めた．こうした流れを受けて，より恒久的な制度的枠組みを設立し，本格的な国際共同開発を進める手段として，APSCO の設立が 2003 年に提案され，2005 年にバングラディッシュ，中国，インドネシア，イラン，モンゴル，パキスタン，ペルー，タイの 8 カ国が APSCO 憲章に調印した．APSCO の発足には 9 カ国の批准が必要であったが，2006 年にトルコが調印したことでようやく APSCO は発足し，事務局を北京に置くことが定められた．また，オブザーバーとしてアルゼンチン，マレーシア，フィリピン，ロシア，スリランカも APSCO に参加した経験をもつ．

APSCO では，AP-MCSTA 時代からの SMMS プログラムが継続され，2008 年には初めての共同開発衛星(実質的な中国の衛星開発に各国の技術者が参加)である環境・自然災害監視衛星 A&B(HJ-A/B)という 2 機の衛星が中国の長征ロケットによって打ち上げられた．また，毎年衛星開発や利用に関するセミナーを開催し，2007 年には 9 カ月間で修士号が取得できる技術習得プログラムを主催した．また，APSCO の事務局長にはハルピン工科大学のロケット研究者である張 偉(Zhang Wei)を起用し，APSCO における中国の影響力を確保する体制を整えている．

APSCO 憲章には，ESA と同様の「地理的均衡配分原則」や，プログラムへの「選択参加制」の概念が盛り込まれ，将来的には加盟国が共同で衛星を開発することを目指していると考えられている．ただし，ESA において問題となっていた，「地理的均衡配分原則」と「産業競争力の強化」の矛盾は，APSCO ではさらに理解しがたい状況となっており，APSCO 憲章第 5 条の「産業政策」の第 4 項では「地理的均衡配分原則がこの機関[APSCO]の産業政策の礎石

である」としているのに対し,第5項の1では「この機関[APSCO]の産業政策の目的は自由競争入札によるアジア太平洋地域の競争力の発展」としている[10].中国が技術的に圧倒的優位に立っている今日の段階では,こうした矛盾は大きな問題とはならないかもしれないが,将来的にAPSCOを通じて技術開発を進めることを他の加盟国が期待するようになった場合,この規定は大きな問題をはらむこととなるであろう.このように,APSCOはAPRSAFのフォーラム的な性格を含みつつ,より制度的に強固な国際協力の関係を築き,加盟国と非加盟国の関係を峻別し,直接的に中国の影響力が加盟国に行使できるような仕組みが整えられている.

APRSAFの方針転換

このAPSCOの発展に大きく触発されたのが,日本が主導するAPRSAFであった.APRSAFと同じ時期にAP-MCSTAが発足していたが,日本(当時の科技庁とNASDA)は特に注意を払うことはなく,実際のプログラムとしてもAP-MCSTAには大きな進展がなかったことで,中国主導の活動はAPRSAFのライバルになるとは見られてこなかった.しかし,2005年にAPSCOが調印され,国連宇宙空間平和利用委員会(UNCOPUOS)などでAPSCO加盟国が中国に同調し,国際世論の基調を作るような姿勢を見せ始めたことで,APRSAFはAPSCO設立の影響力を実感するようになった.また,第6章で論じたように,後の宇宙基本法制定につながる「河村懇話会」が2005年から活動を始め,日本の宇宙政策の大胆な変更が想定されていたこと,中でも宇宙技術を外交に活用することが議題に上っていたこともあり,文科省とJAXAは中国にアジア太平洋地域のリーダーの座を奪われることに危機感をもった.その結果,文科省とJAXAはAPRSAFの再活性化の道へと進んでいったのである.

その手始めが,2005年の北九州におけるAPRSAF-12(第12回APRSAF)で提案された「センチネル・アジア(アジアの監視員)」構想であった.センチネル・アジアは,欧州のGMESにヒントを得,日本の「だいち(ALOS)」やアメリカ国家航空宇宙局(NASA)のMODISといった地球観測衛星のデータと,慶應義塾大学のDigital Asiaと呼ばれるインターネット上の地理空間情報システ

ム(GIS)を利用し，森林火災や洪水といった災害の監視を行う構想である．これは日本の地球観測衛星の能力とそのデータ解析，GISとのマッチングによる付加価値データの作成など，日本が他のアジア諸国に対してもっている強みを強調したプログラムであり，宇宙システム利用における日本のリーダーシップを再度確立しようとする試みであった．また，2008年にはSAFE(Space Application for Environment)と呼ばれる，気候変動への対策研究として水資源，海面水位，土地被覆，森林破壊，農業生産，生態系などの観測データの提供を行うプログラムを始めた．

しかし，すでに述べたようにAPSCOは途上国が求める技術移転を中心にした組織であり，宇宙システムの利用を進めるというだけではアジア諸国のAPRSAFへの関心を高めることはできなかった．そのため，JAXAは2009年に，APRSAFの下で，APSCOのSMMSを模倣したとも言えるSTAR(Satellite Technology for the Asia-Pacific Region)プログラムを開始し，APRSAF活性化のための手を打った．このSTARプログラムとは，マレーシア，タイ，インド，韓国，インドネシア，ベトナムの宇宙機関や研究開発機関が参加し，衛星技術セミナーの実施や，アジア太平洋地域での小型の地球観測衛星ニーズの調査，そして実際にMicro-STAR，EO-STARと呼ばれる小型衛星の製造・打ち上げ・運用を目指したプログラムである．すでにSTARプログラム参加国の技術者が日本のJAXA宇宙科学研究本部に常駐して，Micro-STAR計画に取り組んでいる．このSTARプログラムは，これまで宇宙利用のみに重点を置いてきたAPRSAFが，具体的な技術移転を伴う研究開発プログラムを導入したという点で，大きな転換である．

しかしこれは，日本が独自の戦略的意図をもってAPRSAFの性格をフォーラム的性格から，国際共同研究開発機関へと移行させようとしたというわけではなく，むしろ，中国のイニシアチブに対抗するための措置として行われているものであり，その点でやや日本の腰が引けている側面は否めない．とりわけ，地球観測衛星の技術は安全保障の問題と接点があり，外国に技術移転をすることは，輸出管理上の問題や，宇宙開発事業団法を継承したJAXA法(独立行政法人宇宙航空研究開発機構法)に規定されている「平和の目的」条項に抵触する可能性などがあるため，日本のリーダーシップを獲得するための技術移転の必要

性との間でジレンマに陥っている．2008年の宇宙基本法の成立によって，安全保障上の宇宙利用が可能になったとはいえ，JAXA法は宇宙基本法が成立しても改定されておらず，両者は矛盾した状態にある．そのため，このようなジレンマが起こっているのである．

このようなAPRSAFの変化に対して，中国をはじめ，APSCOはまだ積極的に対応しているわけではないが，今後，こうした日本と中国のアジア太平洋地域におけるリーダーシップをめぐる争いは続いていくものと思われる．第4章，第8章で述べるように，2007年の中国による対衛星攻撃(ASAT)実験など，宇宙開発における中国の行動に対する疑念が高まっていること，また，中国が独自に進めている有人宇宙活動に対して，アジア諸国が参加を希望しているのに対し，中国はまだその門戸を開いていないことなどがあり，中国のリーダーシップにも一定の制約があると考えられる．しかし，財政的な制約を抱え，積極的に新しいプログラムを打ち出しにくい日本に比べ，中国はアジア諸国が求める技術を提供することに積極的であり，今後，中国における宇宙技術の成熟とともに，対外的な開放政策がより一層進めば，中国のリーダーシップが強化されることも想定できる．いずれにしても，アジアにおける地域協力は，日本と中国がそのリーダーシップを競い合うことで，より深化していくものと考えられる．

3　ラテンアメリカ

アジアよりも早い段階から，地域協力によって宇宙開発を進めていくことを目指していたのはラテンアメリカであった．この地域では，1980年代からブラジルが独自の宇宙開発を進め，ブラジル空軍が中心となって衛星，ロケットの開発を目指していたが，1994年に文民機関であるブラジル宇宙機関が設立され，民生目的の宇宙開発にシフトした．しかし，2003年のVLS(Veículo Lançador de Satélite)ロケットの失敗を一つの山場として，独自の宇宙開発に固執することなく，国際協力に柔軟な対応をとる姿勢を見せている．とはいえ，ブラジルが国際協力で求めているのは，中国をはじめとする宇宙先進国からノウハウを学ぶことであり，そうした技術移転を伴う協力を中心としている．

ところが,この地域の宇宙開発の国際協力ではブラジルがリーダーシップをとったわけではなく,ブラジル以外の国々が協力するという形で進んでいる. この地域における宇宙への関心は1980年代にブラジルが宇宙開発を始めた頃から高まっていた. 1983年から4回にわたって「汎アメリカ大陸宇宙会議 (Pan American Space Conference)」が開かれたが,ここでは自国での独自開発を主張するブラジルとその他の国々との間で折り合いがつかず,また,多くの国が十分な人的・財政的資源をもたないまま宇宙開発の協力を進めるということに抵抗もあったため,大きな展開を見ることはなかった.

CEA の設立

こうした状況を変化させ,ラテンアメリカおよびカリブ海諸国(主としてキューバ)の地域協力に貢献したのは,アメリカに在住するヒスパニック系の宇宙飛行士や技術者たちであった. 彼らはアメリカ合衆国を代表して影響力を及ぼしたというよりは,むしろ,自分の祖国に貢献しようとするモチベーションが高く,その意味でアメリカの代理人ではなく,むしろラテンアメリカ諸国の自律的な宇宙開発を促進するという方向性をこの地域協力の枠組みに与えた[11].
こうして生まれたのが「アメリカ大陸宇宙会議(Space Conference of Americas, Conferencia Espacial de las Américas; CEA)」である. このCEAの第1回会議は1990年にコスタリカで開かれた. コスタリカが選ばれたのは,ブラジルやアルゼンチン,メキシコなど,独自の宇宙開発を進めようとするラテンアメリカの大国が主催すれば,特定の国のリーダーシップが強調されることになるため,できるだけ中立的な場所で開催することが望ましいと考えられたからである.
また,この会議にはESA,NASA,JAXA,CSA(カナダ宇宙機関),ロシアからの参加者があり,ラテンアメリカ地域に限定するのではなく,広く国際社会に開かれた会議にするという方針がとられた. これはアジアにおけるAPRSAFと同様,よりフォーラム的な性格を前面に出すことで,ラテンアメリカ諸国間の対立を緩和する作用が期待されていたからである. 会議の中心テーマは具体的な技術開発や衛星開発といったプロジェクトではなく,ラテンアメリカ地域における宇宙システムを利用した社会政策と宇宙教育(宇宙科学や技術教育)に重点が置かれていた. そのため,ESAやJAXAからは宇宙教育を担

当する部局の職員が出席しており，各国の利害が衝突するようなテーマは注意深く避けられることとなった[12]．

その後，第2回を1993年にチリ・サンチャゴで，第3回を1996年にウルグアイ・プンタデルエステで，第4回を2002年にコロンビア・カルタヘナで，第5回を2006年にエクアドル・キトで，第6回を2010年にメキシコ・パチューカで行っている．これらの会議を通じてCEAが取り組むべき課題として整理されてきているのが，災害対策，遠隔地教育，遠隔医療と公衆衛生，環境保護の四つの領域であり，中でも最優先課題とされているのが遠隔医療である．遠隔医療とは，医療へのアクセスが困難な地域においても，衛星通信を用いて，都市部の医師と通信することで問診を受けたり，過疎地の医師が都市部の医師の指導を受けながら診察や手術を行うといったことを可能にするシステムである．こうしたシステムは先進国でも導入されつつあるが，ラテンアメリカ地域においては医療従事者の人材が限られており，また，地理的に交通が困難な地域が多いため，地上のインフラも十分整備されておらず，衛星を通じた遠隔医療のニーズは高い．また，一国で衛星を打ち上げ，運用するのは困難であるため，複数の国家が共同で衛星を調達・運用することで，一国当たりの負担を減らすことが想定されている．とりわけ，この地域では，ブラジルを除けばすべてスペイン語が公用語であるため，国境を越えて医療サービスを提供することが可能であり，特に医療に関しては先進的な技術をもち，国際的な貢献に積極的なキューバが含まれていることから見ても，遠隔医療のプライオリティを高めていると言えるだろう．

CEAがもたらした効用

すでに述べたように，CEAは一定の水準で宇宙開発を進めてきたアメリカ合衆国やブラジルなどに依存することなく，宇宙開発に関心はありながらも十分な人的・技術的・財政的資源のない国が宇宙利用を進めるきっかけを作る役割を果たしているが，そこで興味深い現象が起こっている．それは，CEAを開催した国々で，次々と宇宙機関が生まれているということである．第2回のチリの開催に向けて，CEAの事務局をチリが担当したことをきっかけに（CEAは常設の事務局をもたず，Pro-tempore Secretariatと呼ばれる暫定事務局が開催国に置

かれる)宇宙機関を設立することとなり，第6回のメキシコでも，その開催に合わせてメキシコ宇宙機関(Agencia Espacial Mexicana; AEXA)の設立が2009年に議会で可決された(発足は2011年)．また，CEAには宇宙法分科会があり，宇宙利用に際して必要となる国際的な取り決めや，各国国内法との調整などに関しても，相互に意見を交換し合い，問題解決に役立っている．そのため，CEAに参加する個人は技術者や科学者が多いが，各国の代表は外交官が担っており，宇宙開発と外交が密接にリンクしているとの認識が強い．第4回のCEAの事務局を務めたコロンビア大使のアレヴァロ＝イェペス(Ciro Arévalo-Yepes)は，後にUNCOPUOSの本会議議長を務めており，宇宙開発大国ではないコロンビアからでもこうした役職に就くことができる背景には，CEAを通じて宇宙開発や宇宙法の議論が高まっていることもあると言えよう．

また，CEAがもたらしたもう一つの効用として，宇宙教育への関心の高まりがある．この地域では，宇宙科学や衛星開発技術などを独自に行うには各国の人的・財政的負担が大きく，大学レベルの研究であっても，その水準を高めることは容易ではない．そのため，メキシコとブラジルが1997年に共同でラテンアメリカ・カリブ海地域宇宙科学技術教育センター(CRECTEALC)を設立し，宇宙科学と宇宙技術に関する高等教育，とりわけ大学の教員・研究者のスキル向上に向けての取り組みを開始した．このセンターはブラジルとメキシコにキャンパスをもつが，これらのキャンパスはすべてのラテンアメリカ諸国とカリブ海諸国に開放され，地球観測データや気象衛星データの解析，通信衛星と測位衛星の利用に関する技術研究，宇宙科学・大気圏研究といった分野において，国際的な水準の教育を行い，各国の宇宙システムユーザーの能力向上に貢献している[13]．また2003年には，国連宇宙局と合意を結び，国連と連携する教育機関としての地位も得ている．

中国からのアプローチ

このように，ラテンアメリカ諸国は大国の影響を受けず，地域の宇宙大国であるブラジルとも適度な距離を保ちながら，宇宙利用の推進を優先事項として宇宙開発の能力を身につけようとしているが，近年大きな変化が生まれてきている．それは中国の積極的なアプローチである．中国は1980年代からブラジ

ルとの二国間協力を進めていた．特にブラジルが独自にロケットの開発を進める中で，ミサイル技術管理レジーム(MTCR)と呼ばれるグローバルな輸出管理体制によって，ブラジルは先進国からロケット技術を得ることに難儀していたのであるが，1989年，MTCRに参加していない中国がブラジルに技術移転する協定を結んだことでブラジルのロケット開発は発展した．結果として，ブラジルのロケットは失敗し，中国との協力は実を結んでいないように見えるが，ロケット以外にも中国－ブラジル地球観測衛星(China-Brazil Earth Resources Satellite; CBERS)と呼ばれる衛星を共同開発し，1988年に初号機を打ち上げて以来，現在まで3機のCBERS衛星打ち上げに成功している[14]．このようなブラジルと中国の関係だけでなく，2000年代に入ると，中国とラテンアメリカ諸国との関係は，より複雑で戦略的なものとなっていった．

その一つがベネズエラとの協定である．中国とベネズエラは2005年に協定を結び，中国が開発した通信衛星(ラテンアメリカ独立の英雄であるシモン・ボリバルの名がつけられている)を，中国のロケットで打ち上げ，それをベネズエラに引き渡すというものである．ベネズエラのチャベス大統領は，ラテンアメリカの反米左派を代表する政治家であり，ラテンアメリカにおけるアメリカ合衆国の影響を排除するため，ラテンアメリカ独自の衛星放送システムをもたなければならないと主張し，Telesudと呼ばれるスペイン語放送を南米大陸全域で受信できるようなシステムを求めていた．それに対し，中国は2億4千万ドル(約200億円)という破格の安さで衛星の開発・製造・打ち上げを請け負うという契約を結んだのである[15]．衛星1機を開発するだけでも数百億円かかるところを，打ち上げ費用まで含めて200億円という低価格で契約を結ぶのは，中国での生産コストが安いことなど，さまざまな理由が考えられるが，ベネズエラが産油国であることを考えると，中国としては，単なる宇宙開発分野での協力というよりは，むしろベネズエラが求める衛星を打ち上げることで，ベネズエラの資源へのアクセスを容易にするという目的があったことは明らかであろう．中国は，同様の契約をボリビアとも結んでいる．2010年にボリビアの通信衛星の開発・製造・打ち上げ契約を約3億ドルで受注した[16]．ボリビアは電気自動車に使われる二次電池に不可欠なリチウムの産出国であり，ここでも中国の資源外交の意図が見え隠れする．それ以外にも中国は，メキシコ，アルゼンチ

ン，チリなどとの関係を強めており，ペルーは APSCO の加盟国にもなっている[17]．

　このように，中国が急速に影響力を高めていく中で，これまでの地域協力の関係にも微妙な影響が出てきている．確かに CEA は宇宙利用に特化した地域協力の仕組みであり，中国が衛星開発から打ち上げまでを廉価で提供し，ハードウェアを用意したとしても，その衛星を利用した地域協力を進めるということは考えられる．しかし現在，ラテンアメリカにおいて中国が二国間関係の強化を進めていくことで，同地域内に衛星を保有して，独自の社会インフラをもつ国と，そうでない国の格差が生まれつつある．もともと，ブラジルやメキシコといった地域大国の利害を避けながら，微妙なバランスの上で成立していた地域協力の関係が，中国の台頭によって不安定になることも考えられるだろう．

4　宇宙開発に目覚めるアフリカ

UNISPACE III から広がった宇宙開発への関心

　アフリカは宇宙開発においても，宇宙利用においても最も後発の地域である．1990 年代に宇宙の商業化による「社会インフラ」としての宇宙システムの利用が拡大したときも，アフリカにおいては各地で起こる地域紛争や冷戦後の政治的混乱に伴い，宇宙開発に対する関心はほとんどと言ってよいほど見られなかった．しかし，このような状況も 21 世紀に入ると次第に変化していった．

　その理由として大きいのは，複数の国家，特にナイジェリアと南アフリカにおいて，自国の宇宙技術者の育成が進んできたこと，特に上述したイギリスのサレー大学などに留学していた技術者たちが自国に戻り，国内で宇宙開発の基盤を作ったことが影響している．また南アフリカでは 2009 年に独自技術で開発した小型衛星，サンバンディラ(Sumbandila)を打ち上げることに成功し(打ち上げにはロシアのソユーズを使用)，また南アフリカ宇宙機関を設立して独自の衛星開発能力を高めようとしている．さらに重要な点は，冷戦終焉後，国連が主導した途上国における宇宙利用の促進の枠組みが整い，アフリカ諸国にも宇宙開発の利点が明確になってきたことがある．国連では 1999 年に UNCOPUOS が特別会期として「21 世紀の人類にとっての宇宙利益(Space Benefits for Humanity in the Twenty-First Century)」をテーマとする第3回国連宇宙会議(UNISPACE III)を開催し，特に途上国における経済的・社会的・文化的な成長を促すための宇宙利用について重点的な議論が行われた．ここでは，地球観測データを用いた災害防止・早期警戒・復興や，測位衛星を用いた航空管制や地理空間情報の利用，救難援助などについてのシステムの整備などが提案された[18]．また，2006年には国連総会において，「国連災害対策及び緊急対応宇宙情報プラットフォーム(United Nations Platform for Space-based Information for Disaster Management and Emergency Response; UN-SPIDER)」を採択し，災害情報に対して，いかなる国や地域も自由にアクセスできる情報データベースを構築することが定められ，とりわけ途上国における活用が推進された[19]．

　また，UNISPACEから生まれた組織として，「国際災害チャーター(International Charter Space and Major Disasters)」がある．これはもともと，欧州のESAとフランスのCNES，カナダのCSAが結んだ協定に基づいた組織であり，地球観測衛星を保有する国が災害時に当該地域の地球観測データを融通しあうことになっている．UN-SPIDERと類似したサービスではあるが，UN-SPIDERはデータへのアクセスを一般に開放しており，そのため，安全保障上，機微と思われるデータに関してはアクセスが困難であるのに対し，国際災害チャーターでは，加盟国(より正確には加盟機関)として認められた組織の間でのデータの融通に限られているため，その分，より詳細なデータで，機微なデータも取得できるという利点がある．またUN-SPIDERはインターネット上でのデータ共有システムを採用しているが，国際災害チャーターでは，ESAの施設であるESRINがデータを取りまとめる仕組みになっており，その分，アクセスコントロールが厳しい代わりに迅速な情報の更新や付加価値データの取得が可能となる[20]．

　これまで，国際災害チャーターにはESA，CNES，CSAのほか，アメリカの国家海洋大気局(NOAA)と地質調査所(USGS)，インド宇宙研究機関(ISRO)，日本のJAXA，中国国家航天局(CNSA)などが加盟しているが，2005年からイギリス国家宇宙センター(BNSC．現在のイギリス宇宙機関＝UKSA)と，そのパートナーとして「災害監視衛星群(Disaster Monitoring Constellation International Imaging; DMC)」と呼ばれる組織が加盟している．このDMCは他の国家機関と

第 7 章　地域協力

は異なり，イギリスのほか，中国，アルジェリア，ナイジェリア，スペイン，トルコが参加する国際的なコンソーシアムであるという点でユニークである．DMC では一見，奇妙な組み合わせの国々が共存しているが，これを理解する鍵となるのが，イギリスのサレー大学発のベンチャー企業である SSTL である．DMC は，SSTL が製造した小型の地球観測衛星を保有している国々によって構成されており，民間企業である SSTL が各国に働きかけて DMC を実現した．この DMC のメリットは，各国が保有する複数の衛星が代わる代わる災害地域の上空を飛行することで，より頻繁な撮像が可能になり，またそれぞれの衛星が共通するセンサーを搭載しつつ，異なるセンサーも搭載することで，継続的に同じ画像を取得できるだけでなく，異なるデータも同時に取得できるようになっている[21]．この DMC を通じて，アルジェリアやナイジェリアは地球観測衛星の運用とデータ取得・解析のノウハウを身につけ，その技術を発展させてきている．

　さらに，アルジェリアとナイジェリアは，ケニアと南アフリカとともに，アフリカ独自の資源管理と環境保護のための衛星データ利用協定を 2009 年に結んだが，これも DMC で培った技術をアフリカ全域で活用していくという方向性をもったものである．このイニシアチブは，国連や SSTL からの支援を受けつつも，将来的には自律した宇宙システムをもち，社会的な問題を独力で解決していくための独自のツールをもつというアフリカ諸国に共通した目標の実現と言えよう．アフリカ大陸においては，まさに宇宙システムの「コモディティ化」が進んでおり，それが DMC のような協力関係を生み出しているのである．

ALC の発足

　このように国連主導の UN-SPIDER や，UNISPACE III から発展した国際災害チャーターなどにより，アフリカ諸国も宇宙利用のきっかけをつかみ，急速にその能力を高めてきている．そこには SSTL が小型衛星の開発・製造・運用に関するノウハウを提供し，DMC を通じて国際災害チャーターという大きなネットワークの中で情報共有や解析データの提供を行ってきたことが大きい．こうした活動を契機に，アフリカ諸国は 21 世紀に入って，地域協力を活発化させてきているが，中でも力をつけてきたナイジェリアが 2004 年に UNCO

第Ⅱ部　グローバル・ガバナンスと宇宙技術

PUOSの場で提案したのが,「持続的発展のための宇宙科学技術に関するアフリカリーダー会議(African Leadership Conference on Space Science and Technology for Sustainable Development; ALC)」と呼ばれる新たな地域協力の枠組みであった.

ALCはアフリカ地域で宇宙開発のリーダーとなりうる国によって進められる地域協力の枠組みであり,メンバーは固定されていない.しかし,アルジェリア,ケニア,ナイジェリア,南アフリカは,2005年にナイジェリア・アブージャで開かれた第1回,2007年に南アフリカ・プレトリアで開かれた第2回[22],2009年にアルジェリア・アルジェで開かれた第3回のすべてに参加しており,この4カ国が中心的な役割を果たしながら,他の国々もテーマや関心の有無に応じて参加するといったオープンな形態をとっている.ALCの目的は,アフリカのリーダーに宇宙科学技術の重要性を理解させ,宇宙応用技術を共同で発展させるとともに,グローバルな場(UNCOPUOSなど)でのアフリカの存在感を高める,ということである.APRSAFのような技術的な課題解決やAPSCOのような技術移転といったテーマよりは,アフリカにおける宇宙開発の政治的な役割を高めることに重点を置いていると言えよう.またALCでは,災害対策や資源探査などが大きな議題となっているが,ラテンアメリカのCEAと同様に,宇宙法におけるキャパシティ・ビルディングも大きな課題となっている[23].

欧州からのアプローチ

このように,2000年代に入って,次第に力をつけ,地域協力が進むアフリカであるが,ここでも,宇宙システムに対する利用ニーズの高まりに対して,域外の国々が関与し始めている.アフリカに強い関心を抱いているのは,第一に欧州である.欧州は植民地時代の遺産として,アフリカ諸国と強いネットワークをもち,援助などに関しても強い影響力をもっている.また,アフリカ大陸と欧州は同じ経度にあり,赤道上空の静止軌道上の衛星は,欧州と同時にアフリカ大陸をカバーすることとなるため,衛星利用においては自然に協力できる関係にある.また,第2章でも述べたように,欧州の宇宙開発は「社会インフラ」としての宇宙開発がその軸にあり,アフリカが求める宇宙利用のアプリケーションと合致するところも大きい.欧州はこうした好条件に恵まれている

こともあり，アフリカに対するさまざまな技術支援や衛星利用の機会を提供してきた．その最大のものは，すでに述べたSSTLによる貢献であるが，これはサレー大学発のベンチャー企業の戦略で進められたものであり，欧州が政治的な意図をもって行っていたというわけではない．

欧州とアフリカの関係を規定するのは，2007年にリスボンで採択された「GMESとアフリカに関するリスボン宣言」である．これはミレニアム開発目標[24]を実現し，強固な平和と安全保障体制を構築し，EUとアフリカの経済関係を強化し，「良き統治 (good governance)」と人権を推進するような多国間関係を構築することを目指したものであり，これに基づいて，ESA，EUが包括的な宇宙利用プログラムをアフリカと連携して行っている[25]．GMESの枠組みでは，Geoland 2と呼ばれる研究開発プログラムの中で，アフリカの天然資源モニタリングプログラムを進め，アフリカにおける天然資源の管理に必要なデータをユーザーが使いやすいような形で加工をし，ローカルな知識や状況に合わせたデータ製品として提供することで，アフリカの政策決定者に情報提供をするというプログラムが進められている[26]．また，ESAが運用しているGPSの補完衛星であるEGNOS衛星の信号を使って，アフリカ諸国における航空管制を支援することも2010年のEU-アフリカサミットで提案され，欧州とアフリカの航空管制のシステムの共同運用を進めることが決まっている[27]．さらに，2005年からTIGERイニシアチブと呼ばれる，アフリカ大陸の水資源管理のためのデータベースとデータ解析訓練の提供を進めており，2006年からは遠隔医療のタスクフォースをESAが組織し，サハラ以南のアフリカに向けて遠隔医療を行う仕組みを整えつつある[28]．

中国の参入

このように，欧州はアフリカに対してさまざまなアプローチを試みており，アフリカで進む地域協力のプロセスに関与することで，衛星の受注やソフトウェア，システム技術の市場拡大を目指してきた．しかし，これに対抗するようにアフリカの市場に参入してきたのが中国である．ラテンアメリカと同様に，中国は2005年に資源国であるナイジェリアに対し，3億ドルで衛星の開発・製造・打ち上げを請け負い，また，中国輸出入銀行を通じて，衛星にかかる費

用の3分の2を信用供与することを決定し，2007年に Nigcomsat-1 として打ち上げに成功した[29]．この衛星は打ち上げてから3カ月経たないうちに軌道上で不具合を起こし，機能停止したが，中国はこの事故が衛星輸出事業の汚点になることを避けるために，早急にバックアップ衛星を製造して打ち上げることを約束し，さらに Nigcomsat-2 と -3 を打ち上げることも約束している[30]．すでに述べたように，ナイジェリアは独自の宇宙開発能力を高めており，政治的な思惑を伴う中国の介入と Nigcomsat-1 の失敗に対して，ナイジェリア宇宙研究開発機関(NARSDA)をはじめとする宇宙開発コミュニティは不満をもっているが，現状ではナイジェリア政府が中国との関係を重視しているため，この契約は進められ，入れ替え用の衛星が打ち上げられることとなっている．ナイジェリアが宇宙開発コミュニティの反発を受けつつも，中国との契約を進めていく背景には，アフリカ諸国における通信帯域の決定的な欠如がある．アフリカは資源価格の高騰によって著しい経済発展を経験しており，携帯電話やインターネットをはじめとする通信需要が爆発的に増大しているが，光ファイバーなどの地上ネットワークが未整備で，衛星による通信で不足分を埋めなければならない状況にある[31]．そのため，ナイジェリア独自の小型衛星では十分な通信容量を得ることができず，中国の衛星に依存しなければならなくなっているのである(欧米の衛星は打ち上げ費用まで含めると，中国との契約額の数倍になる可能性があり，ナイジェリアとしては費用を負担しきれない)．

　このように，アフリカにおいては，後発ながら宇宙システムの利用に関する関心が高まったことで，少数の国家による協力枠組みではあるが，地域協力を通じて宇宙利用を進めていく体制が整いつつある．しかし，独自の技術開発を基盤とした宇宙開発が行える状況にはないため，欧州や中国がアフリカ地域に参入し，その影響力を行使しようとしている．今後，アフリカ諸国の宇宙開発能力が高まっていくことで，こうした外部からの関与をどの程度排除できるのか，また，「宇宙のコモディティ化」が進むことで，独自の開発を進めるよりも，外部に依存した方が適切な政策判断だとの認識が高まるのか．この地域の宇宙開発の在り方は，これからの宇宙開発の行方に影響してくるであろうし，国際政治におけるツールとしての宇宙システムの位置づけにも影響してくるであろう．

第 7 章　地域協力

まとめ

　1980 年代からの経済発展で，アジア，ラテンアメリカ・カリブ海，アフリカ地域においても社会インフラの整備に宇宙システムが役立つことが認識され，1990 年代に進んだ宇宙の商業化によって，宇宙システムへのアクセスが容易になった．これに伴い，宇宙システムを保有し，運用する宇宙大国が，競い合うように途上国に対する影響力を増大させていくことで，「宇宙のコモディティ化」が一気に進んだ．このような状況を受けて，国連が主導する形でUN-SPIDER が発足し，欧州は国際災害チャーターや GMES の域外への展開を進めることで，アフリカを中心に影響力を拡大し，中国は主として産油国との二国間協定を進めて，宇宙と資源の交換のような外交を展開している．そうした影響力の競争が最も激しく見られるのがアジア地域であり，日本と中国がリーダーシップ争いを続けることで，この地域における地域協力は促進され，宇宙利用も進んでいる．アジアにおける地域協力のモデルはラテンアメリカ，アフリカにも展開され，それぞれの地域で宇宙利用を中心とする地域協力の枠組みも生まれてきている．

　こうした変化を受けて，UNCOPUOS も 2009 年に新たな方向性を打ち出している．コロンビアの外交官で CEA の活動にも深くかかわっていたアレヴァロ＝イェペスが UNCOPUOS の議長としてイニシアチブをとり，2009 年に「国連宇宙政策に向けて（Towards a United Nations Space Policy）」という文書を起草し，それが UNCOPUOS および国連総会で採択された[32]．ここでは，国連が途上国における宇宙利用の支援に積極的に関与し，地域が抱える問題を，宇宙システムを用いて解決できるような制度を確立することと，地域協力枠組みの一層の拡大と充実を求めている．中でも APRSAF は，地域協力のモデルとして取り上げられ，途上国の問題解決に貢献している点が高く評価されている．

　また，国連訓練調査研究所（United Nations Institute for Training and Research; UNITAR）は，商業地球観測衛星からのデータを購入し，人道援助・持続的開発・人間の安全保障に関係する地域の GIS データを提供する UNOSAT（UNI

TAR Operational Satellite Applications)と呼ばれるプロジェクトを2000年に発足させている[33]．このプロジェクトも，国際機関や地域機関と協力して途上国の問題解決を目指しているが，より幅広く，グーグルやNGOなどとも連携し，衛星のデータを基にしながらさまざまな付加価値をもつ情報を国際的な連携ネットワークの中で作り上げていこうとしている．

このように現代の宇宙開発では，かつてのアポロ計画や宇宙ステーションなどの「派手」な事業は次第に少なくなり，むしろ「社会インフラ」としての宇宙システムの活用や，宇宙システムの「コモディティ化」を通じた地域協力の進展が中心的なイシューになっている．もちろん，有人宇宙事業や「はやぶさ」のような宇宙探査なども，宇宙開発の重要なテーマではあり続けるであろうが，それ以上に「社会インフラ」としての宇宙システムをいかにうまく使って国際社会に影響を及ぼしていくかということが，国際政治における宇宙開発の「ゲームのルール」となりつつあるのである．

注

1) Clive Harris, *Private Participation in Infrastructure in Developing Countries: Trends, Impacts, and Policy Lessons*, World Bank Working Paper, no. 5, 2003.
2) 小関健「地球規模ネットワークとそのインパクト」，小関健・音好宏編『グローバル・メディア革命』リベルタ出版，1998年．
3) たとえば日本経済団体連合会「国家戦略としての宇宙開発利用の推進に向けた提言」2010年4月12日など．
4) 福田泰雄「WTO合意と開発途上国」『人文・自然研究』第3号，2009年，71-125頁．
5) John C. Baker, Kevin M. O'Connell, and Ray A. Williamson (eds.), *Commercial Observation Satellites: At the Leading Edge of Global Transparency*, RAND/ASPRS Publications, 2001.
6) Jason Bates, "U. S. Commits to Purchase Commercial Satellite Imagery", *Space News*, 20 January, 2003.
7) Mark Milner, "DIY Satellites Take Smaller and Smaller Steps for Mankind: Surrey Team Launches Fridge-sized Modules and Helps Keep Britain in the Space Race", *The Guardian*, 7 July, 2008.
8) そこにいち早く目をつけ，災害時に迅速に通信衛星の受信と地球観測衛星のデータの受信を可能にする簡易基地局であるEmergesatを開発したのはフランスであ

った(http://www.emergesat.org/ を参照).ここでも「社会インフラ」としての宇宙という考え方が欧州では徹底していることがわかる.
9) APRSAF に参加したことのある国は次の通り.オーストラリア,バングラディッシュ,ブータン,ブルネイ,カンボジア,カナダ,中国,フランス,ドイツ,インド,インドネシア,イタリア,日本,カザフスタン,韓国,ラオス,マレーシア,モンゴル,ミャンマー,ネパール,ニュージーランド,パキスタン,フィリピン,ロシア,シンガポール,スリランカ,台湾,タイ,イギリス,アメリカ,ベトナム.
10) http://www.apsco.int/UploadFile/2009924/F1TKF8A2009924.pdf
11) Raul Alvarado, "Pulling the Americas together from Space", *Hispanic Engineering and IT*, Summer 1990.
12) A. Ocampo et al., "Space Conference of the Americas: An Initiative for Space Collaboration in the Pan-American Continent", 35th COSPAR Scientific Assembly, 18-25 July, 2004, in Paris, France.
13) Marcos E. Machado, "Capacity-building Programmes in Latin America", *Space Policy*, vol. 41, no. 1, 2008, pp. 227-229.
14) Nicolas Peter, "The Changing Geopolitics of Space Activities", *Space Policy*, vol. 22, no. 2, May 2006, pp. 100-109.
15) "Venezuela Launches First Satellite with Chinese Technology", *AFP*, October 30, 2008. http://afp.google.com/article/ALeqM5hxki0JZy9g4ZvLf1CyQ0Yogp8qzQ
16) "Bolivia, China Sign Satellite Launching Agreement", *People's Daily Online*, April 2, 2010. http://english.peopledaily.com.cn/90001/90776/90883/6939189.html
17) Evan Ellis, "Advances in China-Latin America Space Cooperation", *China Brief*, vol. 10, no. 14, July 9, 2010.
18) "Vienna Declaration on Space and Human Development", UNISPACE III SPACE/V/9, 30 July, 1999. http://www.un.org/events/unispace3/pressrel/e30pm.htm
19) "United Nations Platform for Space-based Information for Disaster Management and Emergency Response", A/RES/61/110, 15 January, 2007. http://www.unoosa.org/pdf/gares/ARES_61_110E.pdf
20) UN-SPIDER ならびに国際災害チャーターに関しては,Bhupendra Jasani et al. (eds.), *Remote Sensing from Space: Supporting International Peace and Security*, Springer, 2009 が詳しい.
21) Adam M. Baker, Phillip Davies, and Lee Boland, "Moving towards Commercial Earth Observation Services with Small Satellite Constellations", in Rainer Sandau, Hans-Peter Röser and Arnoldo Valenzuela (eds.), *Small Satellites for Earth Observation: Selected Contributions*, Springer, 2008.

22) 第2回のALCでの討議内容はPeter Martinez, "The 2nd African Leadership Conference on Space Science and Technology for Sustainable Development", *African Skies/Cieux Africains*, no. 12, October 2008, pp. 2-11で見ることができる。
23) Kai-Uwe Schrogl, Charlotte Mathieu and Nicolas Peter (eds.), *Yearbook on Space Policy 2007/2008: From Policies to Programmes*, SpringerWienNewYork, 2009.
24) ミレニアム開発目標（MDGs）とは，国連ミレニアム・サミット（2000年9月ニューヨークで開催）で採択された国連ミレニアム宣言において，平和と安全，開発と貧困，環境，人権とグッドガバナンス（良き統治），アフリカの特別なニーズなどの課題を解決するために，2015年までに達成すべき目標として掲げられた八つの目標のこと。詳細はhttp://www.mofa.go.jp/mofaj/gaiko/oda/doukou/mdgs.htmlを参照。
25) Lisbon Declaration—EU Africa Summit, 11 December, 2007. http://www.delago.ec.europa.eu/ao/assuntos_especiais/LisbonDeclaration.doc
26) http://www.gmes-geoland.info/project-background/project-tasks/core-information-services/natural-resource-monitoring-in-africa.html
27) "EGNOS for Africa: EU and AU Join Forces", *European GNSS Agency News Letter*, 17 September, 2010. http://gsa.europa.eu/go/news/egnos-for-africa-eu-and-au-join-forces
28) ESAのTIGERプログラムへの関与についてはhttp://www.tiger.esa.int/about.aspを参照。
29) Jim Yardley, "Snubbed by U.S., China Finds New Space Partners", *New York Times*, May 24, 2007.
30) Sonny Aragba-Akpore, "Nigeria, China Seal Deal on New Satellites", *Guardian Newspapers*, 19 January, 2009. http://www.ngrguardiannews.com/news/article02/indexn2_html?pdate=270109&ptitle=Nigeria,%20China%20seal%20deal%20on%20new%20satellites
31) Peter B. de Selding, "African Bandwidth Drought Showing Signs of Reversal", *Space News*, 25 September, 2009.
32) "Towards a United Nations Space Policy", A/AC.105/L.278. この文書を解説した論文として，Ciro Arèvalo-Yepes, Annette Froelich, Peter Martinez, Nicolas Peter and Kazuto Suzuki, "The Need for a United Nations Space Policy", *Space Policy*, vol. 26, no. 1, February 2010, pp. 3-8がある。
33) UNOSATに関してはhttp://www.unitar.org/unosat/を参照。

第8章　グローバル・コモンズとしての宇宙
　　　──宇宙空間のガバナンス

宇宙開発の大前提

　以上の章では，宇宙開発がどのような意図と目的で展開され，どのような経緯を経て宇宙開発が展開されてきたのかを，国家と地域を軸にして見てきた．ここから明らかになったのは，宇宙開発は「ハードパワー」を追求するだけでなく，「ソフトパワー」向上の手段としても用いられ，それが結果として「社会インフラ」としての役割をも果たしつつある，ということである．国家や地域は，それぞれ宇宙開発にかかわる意図や目的を異にし，宇宙開発を通じて国際政治に影響を及ぼし，国境を越えて宇宙システムを利用しようとしているが，その大前提となるのは，宇宙空間が安定して持続的に利用可能であるということである．宇宙空間は空気もなければ，重力もなく，宇宙線と呼ばれる放射線にさらされ，高温の太陽熱にさらされるかと思えば，太陽が陰ると極低温にさらされる，という過酷な空間である．そのような空間に人工物を打ち上げ，利用するということになれば，さまざまなリスクに直面することになる．しかも，宇宙空間に到達するためには多大なエネルギーとコストが必要であり，そのため，一度宇宙空間に打ち上げられた人工物が故障した場合などは，それを救済，修理するということが極めて困難な空間でもある．

　しかし，問題はそれだけではない．人類が宇宙空間を利用し始めてから50年が経ち，その間人間が持ち込んださまざまな「異物」によって，宇宙空間は使いづらい空間になりつつある．これまで，宇宙に衛星や宇宙船を打ち上げ，それを利用することだけを考えてきた結果，地球周辺の軌道上にはロケットの残骸や機能しなくなった衛星，そして衛星の破片など，さまざまな物体が周回している．地球軌道上にある物体は，いずれ地球の重力に引きつけられ，大気圏に突入して摩擦熱で焼却されてしまうが，軌道によっては数百年もの間，地球の周りを回り続けるような状況にもなっている．これらの「異物」は宇宙デ

ブリ(ごみ)と呼ばれ，高度350-1,400 kmの軌道であれば，秒速7-8 kmのスピードで地球を周回している．このデブリが衛星に衝突すれば，当然のことながら，衛星は損壊するか，機能停止せざるをえない状況となり，多額の費用をかけて開発し，打ち上げた衛星が利用できなくなるという問題が生じる．

　宇宙システムが「社会インフラ」としての役割を高めれば高めていくほど，そのリスクの大きさが問題となる．宇宙システムが「社会インフラ」として利用され，さまざまな経済活動や社会関係が宇宙システムに依存するようになればなるほど，宇宙システムが利用できなくなったときのリスクは大きい．国家として，地域として，そしてビジネスとして宇宙システムを利用していくにあたって，宇宙空間に多数のデブリが存在しているということは，宇宙空間を持続的に利用するうえでの障害となっている．

「有限」の宇宙空間

　ここで一つ疑問がわいてくるであろう．宇宙空間は無限の広がりがあり，多少のごみが散らかっていようとも，それらが衝突する可能性は低く，それほど大きな問題にはならないのではないか，という疑問である．しかし，残念ながら「人間が利用する」宇宙空間はかなり限定的である．序章でも述べたが，人間が利用する宇宙空間は地球軌道の中にあり，地球の引力が働く空間である．中でも問題となるのが，赤道上36,000 kmにしか存在しない，静止軌道である．これは地球の自転と軌道上の物体が同じスピードで回るため，地球から見ると静止しているように見える特殊な軌道である(実際は衛星も秒速3 kmほどのスピードで移動している)．この軌道は通信衛星など，地球上の一点から常に見える状態にあることが求められる衛星が利用する．「社会インフラ」としての宇宙システムの需要が伸びていけば，当然ながら，この軌道を利用する国や企業が増え，その結果，衛星同士が干渉したり，衝突したりする危険性が高まる．

　もう一つ問題となるのが，低軌道である．この軌道には，地球観測衛星／偵察衛星など多くの衛星が周回している．これは地表から350-1,400 kmという比較的狭い範囲の軌道であるため，ここに多数の衛星が打ち上げられると，衛星間の相対的な距離が短くなってしまう．それだけでなく，この空間にはロケットの残骸などの宇宙デブリが多く，さらに，多くの衛星が北極と南極を結ぶ

極軌道を周回しているため，常に北極ないしは南極の上空では多数の衛星が行き交うような状態にある．低軌道の物体は約90分で地球を一周してしまうため，低軌道の衛星は45分ごとに混み合う北極ないしは南極の上空を飛んでいることになり，しかも，地球観測衛星などは画像を撮影するためにしばしば軌道を変更するため，他の衛星やデブリに衝突する確率が一層高くなる．

このように，「人間が利用する」宇宙空間においては，さまざまな問題があり，安定して持続的に利用することが困難になりつつある．地球上とは異なり，「人間が利用する」宇宙空間においては，すべての物体が常に移動しているため，ある特定の空間を実効的に支配することは困難であり，主権国家によって分割された空間管理による秩序の維持，という地球上でのガバナンスの方法をとることはできない．つまり，国家が自国の領域内に責任をもち，その秩序を安定させることで国際秩序を維持する，という仕組みをとることができないのである．言い換えれば，宇宙空間は真の意味での「グローバル・コモンズ（グローバルな共有地[1])」であり，宇宙空間を利用するすべての国や企業・個人が「グローバル・コモンズ」に依存している状況の中で，ある特定の国家のみがその管理に責任を負うのではなく，宇宙空間を利用する者すべてが責任をもたなければならないのである．

とはいえ，宇宙空間ははるかかなたにあり，そこで何が起こっているかを直接目にすることは難しい．また，各国や企業が運用している衛星の中には軍事的な目的で利用されているものも多く，それらの衛星はどの軌道を周回しているのかという情報を開示していない．現在，軌道上を回る物体は，10 cm以上の大きさのものであればレーダーなどで探知することが可能であるが，それを下回るサイズの物体（それでも衛星に衝突すれば大きなダメージとなる）の探知は困難であるため，「人間が利用する」宇宙空間の物体をすべて把握することは極めて難しい．したがって，「グローバル・コモンズ」としての宇宙空間を持続的に利用するためには，それを利用する主体がすべての情報を開示するとともに，地球軌道上を周回する物体を可能な限り多く探知する能力をグローバルに共有することが必要となってくる．つまり，一言でいえば，「グローバル・コモンズ」である宇宙空間の，グローバルなガバナンスの仕組みが必要となっているのである．

第Ⅱ部　グローバル・ガバナンスと宇宙技術

本章では，そうした問題に対して，国際社会がどのようなルールを設け，それがどのように展開されてきたかを検討することで，人類に「宇宙空間のガバナンス」が可能なのか，そしてそのガバナンスのメカニズムはどのようなものであるべきなのかを議論してみたい．

1　静止軌道のガバナンス

宇宙利用を進めるにあたって，当初から問題となったのは，「有限」である静止軌道の利用であった．すでに述べたように，静止軌道とは，赤道上空という極めて限られた軌道であり，そこに打ち上げられる衛星は，電波の干渉や太陽風，地球の重力の偏りなどを受けて軌道が変更されるといったことも含め，衛星同士の距離をとる必要があることから，静止軌道の利用が始まった1960年代には経度で2分以上の間隔をあけることが定められていたが，現在では，電波の干渉がなければそれよりも近い軌道ポジション(軌道上の位置．通常，地球上の経度に合わせて割り当てられる)での運用も認められるようになってきている．現在，商業的に打ち上げられた衛星だけでも300を超え，軍事的な利用目的の衛星も含めると，全部で430機近くの衛星がひしめくように並んでいる[2]．静止軌道に配置される衛星の多くは，通信衛星や放送衛星といった，地球上の一点ないしは複数点を固定的に結ぶ用途で用いられる場合が多いが，それ以外にも，ミサイル発射を探知する早期警戒衛星や，GPSが発する測位信号を補正する航行支援衛星，雲の動きなどを観測する気象衛星などが配置されている．そのため，地球上の人間活動が活発な地域(主として陸地)の経度上に衛星が集中し，太平洋や大西洋といった人間活動が希薄な地域の上空には衛星が少ないという偏在が生まれる．宇宙システムが「社会インフラ」として利用されることが多くなってくればくるほど，静止軌道の利用に対する需要が高まり，この軌道におけるガバナンスが重要な問題となるのである．また，余談ではあるが，しばしばハリウッド映画などで，地球上の一点を偵察衛星が常時監視しているというシーンが見られるが，静止軌道に偵察衛星のような分解能の高いセンサーをもつ衛星を配置するとなれば，かなり巨大な望遠鏡を搭載しなければならず，現実的ではない．偵察衛星は極軌道(中でも太陽光の入射角が常に一定である

太陽同期軌道)を使うのが一般的であり,地球を約90分で一周するため,地球上の一点を常に観測することは不可能である.

周波数の割当と「ペーパー衛星」問題

その際,軌道ポジション以上に重要な意味をもってくるのが,周波数の割当である.宇宙空間にある衛星と地球上の施設とは電波によって通信しなければならないが,複数の衛星が同じ周波数帯を使えば,当然ながら電波の干渉が起きるため,電波が利用できなくなる.そのため,衛星の周波数を割り当てる仕組みが必要となってくる.また,軌道ポジションによっては電波干渉が起こらないため(地球の裏側に配置された衛星であれば電波干渉は起こらない),軌道ポジションと周波数の割当を同時に調整する必要が出てくる.それを行う場として国際電気通信連合(ITU)がある.ITUでは,各国の郵政当局(日本の場合,総務省)が周波数の利用を申請し,複数の衛星が同じ周波数の利用を希望する場合,各国代表による調整が行われ,軌道ポジションと周波数が割り当てられる.ここでの原則は「先着優先原則(first come, first serve)」であり,すでに占有されている軌道ポジションや周波数帯に割って入ることはできない.しかし,軌道調整をしたり,送信出力を低下させたり,特定の地域に通信ビームを絞ったりすることで,干渉を避けることは可能であり,他国の割当のリースを受けるなど,さまざまな形での調整が行われる[3].「先着優先原則」があるため,ITUにおける軌道ポジションと周波数の割当は宇宙開発に早期から関与してきた先進国に有利なように思われるが,実際はその限りではない.ITUは国際機関として,すべての国に平等な権利を保障することを前提としているため,途上国にも平等に軌道ポジションと周波数を利用する権利が与えられている.実際,トンガなどは衛星を打ち上げる予定はないのだが,軌道上ポジションと周波数の割当をもっており,それを有償で企業などに貸し出す「ビジネス」を行っている[4].ところが,こうしたルールが確立されていることを逆手にとった問題も生じている.それが「ペーパー衛星」と呼ばれる問題である.

ペーパー衛星とは,打ち上げる予定がないにもかかわらず,軌道ポジションと周波数の割当を確保するために提出される衛星プロジェクトを指し,大量の「ペーパー衛星」の申請がなされている.ITUには,処理されていない割当希

望の申請がすでに3,000件近くたまっており，さらに毎年400-500件の申請があると言われている．これは「社会インフラ」としての宇宙システムの有用性が認知され，現時点で衛星を開発・打ち上げる計画がない場合でも，将来的な利用のために割当を確保しておきたいという意図の表れと見てよいであろう．しかし，このような規模での申請の増加は，ITUの調整にかかるコストと時間を莫大なものにし，解決不能な状況になっている．そのため，1990年代の終わりから，ペーパー衛星の問題を解決すべくITU内で議論が続けられており，申請する際の手続き料を徴収する(一件当たり500万円)という案が出されているが，これには途上国が平等な割当の原理に反するとして反発しているだけでなく，先進国の衛星事業者もコストの増大につながるとして否定的な見解を示している．1998年のITU総会において傾斜的申請料(途上国・民間業者など，条件ごとに異なる申請料)の導入が決定されたが，それはペーパー衛星の申請を減らす抑止効果をもたらすには至っていない．そのため，申請料を遅延した場合や，周波数割当決定後の一定期間内に衛星を打ち上げて利用を始めない場合，割り当てられた周波数を取り上げ，別の業者に移譲するといった措置がとられるようになった[5]．

ボゴタ宣言

静止軌道のガバナンスには，このようなペーパー衛星の問題のほかにも厄介な問題が存在している．それは1976年にエクアドル，コロンビア，ブラジル，コンゴ，ザイール(現コンゴ民主共和国)，ウガンダ，ケニアとインドネシアによって発せられた「ボゴタ宣言[6]」である．これら8カ国はすべて赤道上にある国家であり，自国の上空にある静止軌道は，自国の領域(領空)の延長であり，そこに法的な管轄権が及ぶことを宣言したのである．これまで，空がどこで終わり，どこから宇宙が始まるのか，ということについて明確な規定がなかったため，大気圏が終わり，地球の引力から離れることができる，地球から100 kmあたりを境として宇宙が始まると考えられていたが，法的に明確な規定はなかった．そのため，これらの国々は静止軌道を自国に賦存する「天然資源」と定義し，それを「保有」する国家の管轄権が存在する，と主張しており，静止軌道の利用に関しては，その「領空」に当たる部分は，これらの赤道上の

国家に便益があるべきだとの立場を示している．これに対し，ボゴタ宣言国以外の国々は，宇宙空間を実効的に支配することができない以上，そこには管轄権が及ばないとして真っ向から対立しており，40年近く国連宇宙空間平和利用委員会（UNCOPUOS）で争っているが，未だに決着がついていない．現実には，ボゴタ宣言国の主張が十分に認められていないため，静止軌道を利用している国々が何らかの経済的便益をこれら8カ国に提供する義務があるわけではない．

　ボゴタ宣言は，宇宙空間利用に関する法的整備が不十分であるという間隙を衝いたこと，1970年代の「資源ナショナリズム」が興隆している時期であったこと，また，これらの国々は当時宇宙開発利用について，関与できる能力をほとんどもっていなかったことなど，さまざまな条件が重なった結果，出された宣言である．しかし現在では，コロンビアやインドネシアは地域協力の枠組みを通じて宇宙利用を積極的に進め，「ボゴタ宣言」との整合性についての主張を控えていることもあり，「ボゴタ宣言」の法的効果はともかく，実質的な意味合いは薄らいできている．2000年以降，ボゴタ宣言国の自己主張の場であった，UNCOPUOSの静止軌道への公平アクセスに関する作業部会が開かれなくなったことで，「ボゴタ宣言」をめぐる法的な論争も事実上止まっている．

　このように，静止軌道をめぐるガバナンスは，宇宙開発が始まった当初から問題となっていたこともあり，比較的安定したルールと手続きが整備され，大きな問題がないように見える．しかしペーパー衛星や「ボゴタ宣言」のように，制度のゆがみを衝いた，国家のエゴと利益が前面に出てくる問題も抱えており，必ずしも盤石な状態ではない．しかも，宇宙システムが「社会インフラ」として用いられ，宇宙の商業化が進むと，先進国と途上国といった固定的な図式が変化するとともに，商業的なアクターが参入することで，国家と企業との関係も複雑な状況になっていく．その結果，ペーパー衛星の主役であった途上国だけでなく，民間企業もペーパー衛星のアクターになっていくことで，軌道ポジションと周波数の割当申請が爆発的に増大している．静止軌道の社会的・経済的価値の高さやその希少性から，ガバナンスの必要性の認識は広く共有されており，今後も現実的・実務的に問題を解決していくことになるであろう．

2 地球観測のガバナンス

偵察衛星と「平和利用」

　第Ⅰ部で述べてきたように，地球観測衛星はもともと偵察衛星として開発された技術を基にしている．また，偵察衛星同様，地球観測衛星も，国家の領域とは無関係に地球上を周回し，地球上のあらゆる地点を撮像することができる．これまで，他国の領域を無断で領空内から撮影することは，国境侵犯として撃墜の対象であると考えられていた．米ソ冷戦時代にも，高高度からの偵察を行うU2偵察機が撃墜され，米ソの緊張が高まるといった問題が起こっていたように，軍事的緊張の高いところでは，他国が上空から自国を撮影するということは安全保障上，重大な問題であった．しかし，偵察衛星／地球観測衛星は撃墜することが困難であるのと同時に，衛星が領域の上を通過したとしても，本当に衛星が通ったかどうかを確認することも困難であった（今日では，衛星の軌道はかなりの程度捕捉することができるが）．そのため，米ソを中心とする宇宙開発国は，偵察衛星／地球観測衛星が自国の領域の上を通過することに対し，何らかのルールを設け，自国の安全保障にとって不都合な情報（たとえば軍事基地の場所や規模など）を撮像されることを避けつつ，自国の偵察衛星／地球観測衛星が他国の画像を撮影できるような国際的取り決めを作ろうとした．

　この問題が初めて取り上げられたのは，1960年代の宇宙条約の起草時の議論においてである．1957年のスプートニク打ち上げをきっかけに，宇宙活動全体に関する国際的なルールを設定すべく，宇宙条約の起草が議論された．当初，アメリカはロケット／ミサイル技術の立ち遅れから，ソ連に対して，宇宙における活動は「専ら平和的目的(exclusively peaceful purpose)」でなければならず，軍事的なミサイルの飛行禁止を主張していた[7]．しかし，ソ連よりもアメリカが先に偵察衛星プログラムを成功させると，今度は逆にソ連が宇宙は「平和利用」されるべきであり，軍事的な情報収集は平和に反するとして偵察衛星による情報収集の禁止を主張した[8]．これに対しアメリカは，自衛権の範囲内の軍事利用であれば，国連憲章にも認められているとしてソ連の主張を退けた．と同時に，ソ連も自ら偵察衛星の打ち上げに成功し，宇宙からの情報収

集活動を始めたため，この問題についての米ソの立場が一致することとなり，宇宙空間からの情報収集は「平和的目的」に反するものではないとされ，他国の領域上を衛星が通過し，撮像することも認められるようになった[9]．

「リモートセンシングに関する原則」

このように，各国が軍事目的で撮像することが認められ，米ソともにそれを止めることはしなかったが，アメリカがランドサット衛星の画像を外国に頒布するようになると，新たな問題が起こるようになった．偵察衛星の画像であれば，その衛星を保有している国だけが画像を見ることが前提となっており，それが第三国に流出することは考えにくかったが，民生衛星であるランドサットの画像が無制限に流出するようになれば，敵性国家が画像を入手するといった新たな安全保障上のリスクが生まれかねない，と懸念されるようになったのである．そこで，1970年代の後半から，地球観測衛星の画像を第三国に移転する場合は，撮像された国の同意をとる必要があるとの提案をソ連とフランスが共同で行った．また，このソ連とフランスの共同提案を踏まえ，途上国は，衛星が上空を通過し，撮像する場合も，被撮像国の同意を得る必要があると主張するようになった．これらの提案に対し，アメリカは，情報の自由な流通を妨げることは望ましいものではなく，画像の頒布に制限を設けるべきではないと主張した[10]．興味深いのは，すでに軍事的情報は偵察衛星で撮像されているという前提が共有されており，米ソとも安全保障の問題を前面に掲げて議論したのではなく，途上国が地球観測衛星によって自国の資源を探査され，そのデータが第三国に流出するのを恐れたことが議論の焦点となった，ということである．これは，1970年代の後半は「資源ナショナリズム」の絶頂期であり，途上国はいずれも，自国の資源が他国によって搾取されることに敏感であったことを物語っている．

その結果，1986年の国連総会で「リモートセンシングに関する原則」が採択された．ここでは，軍事的な偵察衛星による撮像の問題は一切触れられず，天然資源の管理と土地利用に限った民生の地球観測衛星による活動のみに関する15の原則が定められた．その主眼は，地球観測が「経済的，社会的又は科学的及び技術的発展の程度に関わりなく，特に開発途上国の必要を考慮して，

すべての国の利益のために行われる」という原則に基づき，同意がなくとも画像を撮影し，そのデータを頒布することが認められるようになった．その代わり，途上国への地球観測データの解析技術支援や，撮影した画像やデータを被撮像国が入手できるといった取り決めがなされた[11]．また，環境問題や災害対策に地球観測を活用し，地球観測のデータを人類の資産として活用する方向性も打ち出された．

この「リモートセンシングに関する原則」によって，地球観測の活動が自由に行えるようになり，それが商業的な地球観測データ提供事業に法的根拠を与えるようになっただけでなく，「すべての国の利益」が地球観測活動の規範となっていったことが，第7章で論じた地域協力という結果につながった．その点で，この原則が枠組みとなった地球観測のガバナンスの仕組みは，その後の宇宙開発の在り方に大きく影響したと言えよう．

3　軌道上のガバナンス

大規模に増加しているデブリ

宇宙空間のガバナンスを大きく揺るがす事件となったのは，第4章でも述べた，中国による対衛星攻撃(ASAT)実験であった．これにより，大量の宇宙デブリが発生した．このASATで発生したデブリは，確認できているだけでも3,000個を超えており，レーダーなどでは確認できない1 cm以上のものを含めると，10万個近くのデブリが地表から300~4,000 kmの軌道上に発生したと推測されている[12]．すでに述べたように，デブリの大量発生は，軌道上にあるさまざまな衛星や国際宇宙ステーションなどの構造物にとって極めて大きなリスクとなり，宇宙システムを「社会インフラ」として利用するすべての国や団体にとって大きな脅威となる．中国(人民解放軍)は，自らの戦略的・政治的エゴによってASAT実験を行ったことは間違いないが，デブリは巡り巡って，中国が「社会インフラ」として利用する衛星や，中国がラテンアメリカ，アフリカ諸国に提供する衛星にも影響する可能性があり，自分で自分の首を絞めるような結果を招いている．

さらに2009年には，アメリカの商業通信衛星であるイリジウム33号機とロ

第8章　グローバル・コモンズとしての宇宙

シアのコスモス2251号機(退役済みだが軌道に残っていた)がシベリア上空の低軌道上で衝突し，衛星同士の衝突としては最初の事故が起こり，さらにデブリを大量発生させた．この事故の原因は，ロシアのコスモス衛星がすでにコントロールできない状態にあったにもかかわらず，その軌道がイリジウム衛星との衝突コースに入っていることがきちんと把握されておらず，両者が互いに回避行動をとれなかったことであった．しかし原因は何であれ，確認されているだけでも1,500個以上のデブリが発生しており，小規模なデブリは数万個の水準になっていると推測される．この事故は，中国のASAT実験とは異なり，意図的なものではなく，きちんと衛星の軌道が確認され，イリジウムとロシアの間で調整がとれていれば避けられるケースであった．しかし，宇宙システムの「社会インフラ」としての利用が進んで，低軌道が過密化しているにもかかわらず，軌道を調整する仕組みができていなかったことによって，この事故は起こった．このように，デブリの脅威が広く認識されているにもかかわらず，なぜ有効な対策がとられないのであろうか．本節では軌道上のガバナンスという観点から，検討していきたい．

デブリ抑制に向けての取り組み

　軌道上のガバナンスを確立するうえでまず重要となるのは，これ以上デブリを発生させないことである．すでに宇宙空間には無数のデブリが存在しており，それが宇宙利用の大きな脅威になっているのであるから，新たなデブリの発生は，その脅威を増大させることになる．確かに中国のASAT実験によってデブリが急増したが，実はそれ以前からデブリの問題は宇宙空間の持続的な利用を脅かすものと考えられていた．軌道上に置き去りにされたロケットや，軌道投入に失敗した衛星やその破片などがデブリとして存在しており，また寿命を終えた衛星もデブリとなって軌道上に残ってしまうという問題があった．そのため，寿命を終える直前の衛星は，低軌道であれば燃料を使って軌道から離れ，大気圏に突入して焼却することや，静止軌道の場合は「墓場軌道(graveyard orbit)」に軌道変更して他の衛星の妨げにならないようにするという「紳士協定」が存在していた．また，UNCOPUOSでは，1990年代の半ばからデブリが「社会システム」である衛星システムに悪影響を与えているとの認識が高まり，

2003年には宇宙機関間スペースデブリ調整委員会[13]（Inter-Agency Space Debris Coordination Committee; IADC）がデブリの低減策を提案し，それを基礎として2007年に「宇宙デブリ低減ガイドライン（Space Debris Mitigation Guidelines）」をUNCOPUOSで採択した[14]．

このガイドラインが採択された背景には，同年1月の中国によるASAT実験に対して，何らかの対応をとらなければならないという国際的なコンセンサスがあったことは間違いないが，UNCOPUOSが中国のASAT実験に反応する形でいきなり採択したわけではなく，2003年からIADCなどで議論されてきたという背景があったことに留意しておく必要があるだろう．このガイドラインでは，①デブリが発生するようなミッションを設計しないこと，②偶発的な分離や破片の発生を避けること，③偶発的な衝突を避けること，④意図的な破壊を避けること，⑤ロケットのミッション終了後にデブリ化しないこと，⑥衛星のミッション終了後のデブリ化を防ぐこと，⑦静止軌道上のミッション終了後，軌道から離脱することが定められた．このガイドラインは，これまでの「紳士協定」を明文化したとともに，中国のASAT実験のような行為も「回避（avoid）」する対象として掲げられた．このデブリ低減ガイドラインは，中国のASAT実験を受け，UNCOPUOS本会議のジェラール・ブラシェ（Gérard Brachet）議長のイニシアチブの下，国連として明確な立場を出す必要性に駆られ，採択の日程を前倒しする形で早急にまとめられた．そのため，中国を名指しで非難するような表現は避けられ，また，ASAT実験だけを取り上げるのではなく，あくまでも従来から進められていたデブリ低減対策という文脈の中にASAT実験の問題が埋め込まれた形となった．しかも，これはUNCOPUOSのコンセンサスで採択されたとはいえ，法的拘束力をもたないガイドラインとして採択されている．つまり，国際社会はデブリを増やしてはならないという総論には合意しているが，国家の安全保障上の障害となる可能性のある，拘束力のあるルールは合意することが難しいという認識に立っていると言えよう[15]．

もう一つ，デブリを増加させないための措置として議論されているのが「宇宙航行管制（Space Traffic Management; STM）」である．この概念は1990年代の後半に議論の萌芽があったが，体系立った形で論じられるようになったのは，国際宇宙アカデミー（International Academy of Astronautics）から2006年に出さ

れた報告書，Cosmic Study on Space Traffic Management であった[16]．宇宙航行管制とは，物理的干渉（衛星同士の衝突など）および周波数の干渉を受けることなく，宇宙空間への安全なアクセスと宇宙空間での安全な活動，そして宇宙空間から地球に安全に帰還するための技術的・規制的な仕組みを指す．それを実現するために，宇宙状況監視（後述）を徹底し，どこに衛星が周回しているかを把握し，軌道上への打ち上げや軌道上でのマヌーバー（衛星の動作）に関する情報を共有し，打ち上げ時や軌道上の航行ルールを定め，国際機関によって衛星の航行管理を行う，という野心的な考え方である．コスモス衛星とイリジウム衛星の衝突に見られるように，宇宙空間における航行管制ができなければ，いずれ衝突事故が多発し，デブリの発生は避けることができない．したがって，このようなルールと組織を設け，地球上で航空管制をするように，宇宙空間でも航行管制をすべきであると，この報告書は主張する．しかし，後述するように，衛星がどの軌道を選択し，その情報を開示すべきかどうかは安全保障の問題にかかわっており，各国の主権に属する問題として考えられている．現状では，国際組織を設けて，衛星の航行管理をするどころか，衛星がどこを周回しているのかを把握する宇宙状況監視すらままならない．そのため，宇宙航行管理の考え方は未だに十分な実現性を備えているとは言いがたい．

デブリの除去と回避

このように，デブリの発生に関しては，一定のガイドラインを設けて，その低減を図ろうとしているが，それだけでは現存するデブリによって発生する問題は解決できない．次に問題になるのは，デブリがグローバル・コモンズである宇宙空間における脅威だとすれば，なぜデブリを除去できないのか，ということである．軌道上を周回するデブリは，言うなれば，宇宙に散らばったごみであり，それを回収ないしは大気圏に突入させて焼却してしまうのが，最も手っ取り早い解決である．しかし，それを実施するためのコストがあまりにも高く，その効果が極めて低いことが大きな障害となり，今日の状況では，デブリの回収や除去は難しいと言わざるをえない．また，デブリ発生の責任は誰にあるのか，そのデブリを除去するコストを誰が担うのか，といった問題は全く解決しておらず，積極的にそのコストを引き受けようとする国家があるわけでも

ない.現在でも,レーザー光線を当ててデブリを無害な場所に移動させる案や[17],網やひも状のテザーをもつ宇宙機を打ち上げ,それでデブリを回収するEDDE(Electro Dynamic Debris Eliminator)という案などが出されている[18].また,アメリカの軍事研究機関である国防高等研究計画局(DARPA)は,2009年にデブリ回収・除去に関する研究課題を設定し,この研究に関する研究補助金への公募を開始した[19].ただ,デブリを回収・除去する能力は,同時に他国の衛星を破壊し,無力化する能力に転用することもできるため,DARPAのプロジェクトには二面性があることにも留意する必要があるだろう.このように,デブリの除去に関しては,まだコンセプトの段階でしかなく,具体的なプログラムとして動き出しているわけではない.しかし,今後の宇宙開発における一大テーマとして位置づけられつつあり,近い将来,技術的にも費用的にも政治的にも実現可能なプログラムが出てくる可能性もあるだろう.ただし当面は,デブリの回収・除去を現実的な解決策と見ることは困難であろう.

　デブリが回収・除去できないのであれば,次にとりうる選択肢はデブリを回避することである.その際,重要になるのが宇宙状況監視(Space Situational Awareness; SSA)である.SSAとは,宇宙環境(太陽風などの宇宙気象や地球近傍小惑星の接近など)の理解と宇宙空間の人工物の追跡を通して,宇宙空間の状況を監視することである.ここで重要なのは,これらの物体の位置や状況を知るだけでなく,人工物(衛星)がどのような能力をもっているのかを把握し,その運用者がどのような意図と目的をもってそれらを動かしているかを理解することである.それらを分析したうえで,自らが運用する宇宙システムにどのようなリスクがあるのか,またそのリスクを回避するための手段はどのようなものになるのかを判断することができる.SSAは,宇宙システムに大きく依存しているアメリカ軍が,自らの軍事宇宙システムを保護することを目的として始めたものであり,宇宙監視ネットワーク(Space Surveillance Network; SSN)と呼ばれるレーダーや光学の監視局を世界各地に配置し,全天球を監視することを目指している.また,デブリを監視する衛星(Space Based Surveillance Satellites; SBSS)の打ち上げも始まり,アメリカ軍はデブリに関する情報を誰よりも多くもつようになっている.とはいえ,アメリカのSSNは地域的な偏りがあり,特に南半球でのカバレッジが低いため,2010年にオーストラリアと協定を結び,

監視局を置くことが決められた．しかし，それでもまだ十分なカバレッジがないため，アメリカ軍はSSAの国際協力を進める方針を固めている．また，ロシアも宇宙監視の能力はもっているが，主としてロシア上空の状況を監視するネットワークに止まっている．最近では，欧州でもフランスとドイツを中心にSSAの重要性への認識が高まっており，アメリカとの協力も進んでいる．アメリカのSSNは10 cm級のデブリまで監視する能力をもっており，活動中の衛星だけでなく，サイズの大きなデブリに関しては，それを把握し，カタログ化している．このカタログは軌道要素(Two Line Elements; TLE)と呼ばれ，一般に公開されているが，その精度は低く，かなりの誤差が出るため，TLEだけに依存してデブリを回避することは難しい．しかし，現状ではTLEしかデブリの衝突可能性を計算する情報がないため，多くの宇宙活動国がTLEに依存している．ちなみにアメリカ軍(正確には北米航空宇宙防衛司令部＝NORAD)は，より正確なカタログをもっており，関係国にデブリの接近情報などを提供しているが，これはあくまでもアメリカの自発的な行為であり，協定等に基づいた取り決めではないため，アメリカは通報義務があるとは見なされていない．

アメリカの覇権と各国の対応

では，なぜアメリカは正確なカタログをもっているにもかかわらず，それを公開しないのか．それは情報公開することで，アメリカの運用する軍事衛星の情報が白日の下にさらされることとなり，アメリカの安全保障に支障をきたすと考えられているからである．軍事衛星の軌道が明らかになってしまえば，それを撃墜することも容易になるし，なによりも，偵察衛星が自国の上空を通過する時間帯がわかってしまえば，その時間だけカモフラージュを展開する等，偽装工作が可能になるからである．また，デブリの軌道計算は膨大な人員とコンピュータ能力を必要とするため，NORADは国際宇宙ステーション，スペースシャトル，アメリカの軍事衛星システムの三つに接近するデブリの計算を最優先にしており，それ以外の物体については，監視をしていても軌道計算までしていないという状況にある．これがイリジウム衛星とコスモス衛星の衝突につながったとして，NORADにおいても，監視と軌道計算の対象を広げる方向で修正が加えられていると伝えられているが，それがどの範囲まで広がる

のかは定かではない[20]。

　このように，アメリカが宇宙空間の覇権国家として，「ハードパワー」のみならず，「ソフトパワー」として宇宙状況監視を進め，軌道情報を提供している．しかし，その情報提供が十分ではないということから，アメリカに依存せず自らの宇宙システムは自らで保護しなければならないとしてSSAに関心を高めているのが欧州である．欧州においては，フランスとドイツが深宇宙レーダーを保有しており，それを用いてフランスの宇宙機関であるCNESとドイツの宇宙機関であるDLRが一定程度の監視を行っていた．しかし「社会インフラ」としての宇宙システムの役割が高まるにつれ，独自のSSAを進めることが2000年代半ばから検討され，2008年の欧州宇宙機関(ESA)閣僚理事会と2010年のESA-EU合同理事会において，欧州が共同でSSAを進めるとの方針が明確となり，2019年までに地上と宇宙から監視できるようなネットワークを構築することを目指している[21]．欧州の場合，アメリカと若干異なるのは，あくまでも欧州の宇宙システムの保護を目的としており，全天球をカバーすることを想定していないこと，また，太陽風などの宇宙気象(Space Weather)への関心が高く，科学的な研究というニュアンスも含んでいるという点である．とはいえ，アメリカも欧州におけるSSAの関心の高まりを好意的に見ており，軌道上のガバナンスの主導権を米欧で協調して作り上げていく流れができあがっている点は重要な意味をもつであろう．なお，日本も岡山県の上齋原町にレーダー観測施設，同じく岡山県の美星町に光学観測施設をもっているが，主として地球近傍小惑星(Near Earth Objects; NEO)の観測が目的であり，宇宙航空研究開発機構(JAXA)ではなくNPO法人の日本スペースガード協会という国立天文台と関係の深い団体が運営主体となっている[22]．宇宙システムを保護するために，軍や宇宙機関が主体となっている米欧とは大きな違いがあるが，それは，日本における宇宙開発が技術開発を中心としており，宇宙システムを「社会インフラ」として使うという発想が乏しく，軍事的な目的でも利用してこなかったため，「守るべき対象」として認識されていなかったからにほかならない．グローバル・コモンズとしての宇宙空間のガバナンスを考えるうえで，日本の宇宙開発が他の国々と異なる形で発展してきたことで，日本がグローバル・ガバナンス体制の構築に関与できていないのは興味深い点である．

第8章 グローバル・コモンズとしての宇宙

民間からの提案

また，民間からもSSAに関する提言がなされている．宇宙空間の長期的持続性を実現することを目的としているSWF(Secure World Foundation)というシンクタンクは，民生SSA(civil SSA)という概念を提案し，アメリカ政府やUNCOPUOSで発表しており，一定の存在感を見せている．この民生SSAは，NORADがもつ情報から，宇宙における人工物の目的や能力，機能といった情報を取り除き，純粋に物体の位置と軌道，そしてその物体の運用主体の連絡先といった限られたデータだけを一般に公開するというものである[23]．これは，軍事衛星であるかどうかを判別せず，純粋に物理的な位置だけを明確にし，衝突の可能性がある場合に連絡を取り合うようにする仕組みであり，さらに，インテルサットやGeoEyeといった衛星運用会社と協力し，彼らの衛星管理データを突き合わせることで，より正確なデータを獲得することができると期待されている．というのも，すでに民間企業同士のネットワークとしてCSSI(Center for Space Standards and Innovation)と呼ばれる組織が立ち上がっており，静止軌道衛星のデータも含めて，民間組織の運用する衛星の軌道データを集約し，それに基づいた衝突予測分析を行っている[24]．このCSSIのデータを発展させ，NORADのTLEカタログの精度を上げたデータ(かつ衛星の属性などを排除したもの)と組み合わせることで，民生SSAが成立し，それが衝突を避け，デブリの発生を防ぎ，持続的な宇宙利用を可能にすると構想されている．

このように，デブリを発生させないためのグローバルなコンセンサスができつつあるが，それでも，グローバルなガバナンスが成立しているとは言いがたい現状がある．その最大の理由は，アメリカのみならず，多くの宇宙開発国が自らの安全保障能力を高めるため，可能な限りデータを出さないようにするという姿勢が強いままだからである．この問題は，民生SSAといった新たな方法で乗り越えることができるかもしれない．しかし，中国がASAT実験を行った動機に見られるように，宇宙システムが安全保障上，極めて重要なシステムとなりつつあり，武力紛争に至るような国家間の対立が激化した場合，衛星破壊への誘惑が常につきまとっている．そのため，技術的に問題を解決することは困難であり，政治的な合意を形成し，宇宙空間を持続的に利用するためのガバナンスの仕組みを作ることが求められているのである．

4　宇宙の「兵器化(weaponization)」は止められるのか

　では，いかにして安全保障上の目的で衛星を破壊するような行為を止めることができるのであろうか．これまで論じてきたように，宇宙開発は軍事的な目的に伴って発展してきた面があるが，今日，通信，偵察，測位など，宇宙システムを利用して軍事的な能力を高めることがより一層重要となっている．特にアメリカは宇宙システムへの依存度を高めているが，現代的な兵器を活用する国々においても，宇宙の軍事利用は当然のようになってきている．さらに宇宙システムが，「社会インフラ」として利用されるようになってくれば，そのインフラを破壊することで，相手の経済，社会に影響を与えることが可能になり，有事の際に衛星を破壊することへの誘惑が生じることは否定できない．

ASATに対する規制

　衛星への攻撃は，2007年の中国のASAT実験で一挙に注目を浴びることとなったが，実は冷戦時代にも，アメリカとソ連はそれぞれASAT実験を行っている．青木節子によれば，「ソ連は1970年に3機，1971年に6機，1976年および1977年に各7機，1978年に1機，1979年に2機，1980年および1981年に各3機，1982年に2機」のASAT実験を行い，アメリカは「1985年および1986年に各2機」のASATを行ったとされる[25]．一般にASATは，移動性宇宙物体(キラー衛星)，宇宙地雷，地上配備のミサイルなどによって衛星を物理的に破壊するほか，指向性エネルギー兵器や地上からのレーザー攻撃，電磁波による攻撃，ジャミング，衛星センサーの目くらましなど，さまざまな方法で衛星の能力を奪い，その機能を停止させることを目的としている[26]．これらの攻撃は必ずしもデブリを生み出すものばかりではないが，いずれにしても，有事の際に衛星を破壊することが技術的に可能であることを示唆している．

　こうしたASATは，現時点では国際法上，違法とされていない．宇宙空間のガバナンスの基礎となる宇宙条約では，その第4条で平和的利用についての定義がなされ，以下のように規定されている．

第8章　グローバル・コモンズとしての宇宙

　　条約の当事国は，核兵器及び他の種類の大量破壊兵器を運ぶ物体を地球を回る軌道に乗せないこと，これらの兵器を天体に設置しないこと並びに他のいかなる方法によってもこれらの兵器を宇宙空間に配置しないことを約束する．
　　月その他の天体は，もっぱら平和目的のために，条約のすべての当事国によって利用されるものとする．天体上においては，軍事基地，軍事施設及び防備施設の設置，あらゆる型の兵器の実験並びに軍事演習の実施は，禁止する．科学的研究その他の平和的目的のために軍の要員を使用することは，禁止しない．月その他の天体の平和的探査のために必要なすべての装備又は施設を使用することも，また，禁止しない[27]．

　ここで明らかになるのは，月などの天体における軍事的な活動は否定されているが，宇宙空間(軌道上)には大量破壊兵器を配置することは禁じられていても，通常兵器を配置することは禁じられていないことである．また，宇宙条約では直接言及されていないが，宇宙システムにはその運用主体の主権が宇宙空間にも及ぶため，他国が地球上から宇宙システムを攻撃することは，自国の主権に対する侵害とされうる．つまり，他国によってASATが行われた場合，自衛権を発動することができる，という解釈となる[28]．しかしこうした解釈は，ASATを抑止する効果が一定程度あるとしても，ASATそのものを禁止することにはならないため，たとえばかつて米ソが行い，2007年に中国が行ったように，自国の衛星を破壊することは違法にはならない．

国連軍縮会議での議論
　近年このような状況に対して，法的規制をかける動きが見られるようになっている．国連の軍縮会議(CD)では，「宇宙空間における軍備競争の防止(PAROS)」と呼ばれるアドホック委員会が設置されており，1980年代から宇宙空間の軍事利用に関する議論がなされてきた．近年，ここで活発に活動してきたのが，ロシアと中国であった．その背景として，2001年に就任したブッシュ米大統領が推し進めたミサイル防衛システムの配備と，それに伴うABM(Anti-Ballistic Missile)条約の廃止がある．冷戦期の1972年に発効したABM条約は，米ソが

互いの大陸間弾道弾を撃墜することを禁じる条約であり，これによって「相互確証破壊(MAD)」を有効にせしめる仕組みであった．しかし，冷戦が終焉したことでMADに基づく核抑止が必ずしも重要な安全保障の措置でなくなったこと，また，ミサイル技術の拡散により，北朝鮮やイランなど，当時のアメリカが「悪の枢軸」と見なしていた国々でも核・ミサイル技術が進展していると考えられていたことから，ブッシュ大統領はミサイル防衛システムを実効的に配備する計画を進め，その一環としてABM条約から離脱し，大陸間弾道弾の撃墜を可能にしようとしていた．これに対し，ロシアはアメリカのABM条約の離脱をしぶしぶながら認める一方，宇宙空間におけるミサイル防衛システムの配備を制限することを法制化し，アメリカのミサイル防衛の効果を減じようとしたのである．アメリカよりもミサイルと核弾頭の保有数が少ない中国も，アメリカのミサイル防衛システムへの懸念を強めており，ロシアに同調した．

中国は，すでに2000年に「宇宙空間における軍備競争防止問題に関する中国の立場と提案」，2001年には「宇宙空間における兵器化(weaponization)防止条約の要点に関する構想」を提出しており，ロシアとともに2002年に，「宇宙空間への兵器配備および宇宙空間物体に対する武力による威嚇または武力の行使防止に関する将来の国際協定のための要素」と題する作業文書を提出している[29]．これらの文書では，通常兵器も含めた兵器を宇宙空間および天体上に配備せず，宇宙空間の物体に対して武力行使・武力による威嚇はしないことが提案された．以上に基づき，中国とロシアは2008年，「宇宙空間への兵器配置および宇宙空間物体に対する武力による威嚇または武力の行使の防止に関する条約(Prevention of Placement of Weapons in Outer Space, the Threat or Use of Force Against Outer Space Objects Treaty; PPWT)」案を国連軍縮会議に提出した．2007年の中国によるASAT実験の直後ということもあり，このPPWTは国際的な注目を集めた．しかし，中国はこれまでも軍縮会議において宇宙の兵器化を禁ずる提案を行っており，その意味でPPWTは，唐突に出されたわけでも，中国の立場を正当化するために出されたわけでもない．ただ，この条約案を見てみると，中国の立場を否定するものでもないことは明らかである．というのもPPWTは，ASAT兵器を「宇宙空間に配備する」ことを禁ずるものであり，地球上からの攻撃を禁じているわけではないからである．そのため，仮

にPPWTが成立した場合でも，地上から発射されるミサイルによるASATを禁止しているわけではない．さらにPPWTでは，自衛権の行使としてのASATを否定しているわけではないため，地球上での紛争の延長として衛星破壊を行う可能性はある．

「宇宙空間における兵器」の定義をめぐる問題

さらに大きな問題は，「宇宙空間における兵器」とは何か，という定義の問題である．宇宙デブリのところでも論じたが，他国の宇宙システムの機能を奪うことを目的とするのであれば，兵器でなくてもデブリを衛星に衝突させるだけでその目的は達成される．民生目的と偽って衛星を操作し，他国の衛星に衝突させることも可能であり，いかなる人工物も兵器となりうるのである．PPWTは，宇宙空間における兵器を「いかなる物理的原理に基づくものであれ，宇宙空間，地球上，および地球大気圏内の物体の通常の機能を破壊し，損害を与え，または妨害するために，もしくは人間あるいは人間の生存に不可欠な生物圏の構成要素を壊滅させ，または損害を与えるために，特別に製造または転換され，宇宙空間に配置された(place)あらゆる装置[30]」と定義しているが，この定義からは民生目的の衛星は排除されるため，形式的な要件だけで宇宙の兵器化を防ぐことはできないと考えられる[31]．

このように，中国とロシアが提案したPPWTは，条約という形で宇宙の兵器化を制限する法的枠組みを構築しようとしているが，条約である限り，定義の問題やさまざまな抜け穴が問題となる．こうした問題は，宇宙システムが「軍民両用技術」によって成り立っており，民生利用と軍事的利用の区別が極めて難しいという技術の性格による部分と，中国とロシアがアメリカのミサイル防衛システムの配備阻止を主目的としてこうした提案を行っているという，政治的な意図によって禁止の対象が狭められていることに起因していると言えよう．

EUの「行動規範」

中国とロシアのPPWTが条約という「ハードロー(明確に定義され，厳格に適用される法)」であるのに対し，EUは「行動規範(Code of Conduct)」と呼ばれ

る提案を行い,「ソフトロー(罰則などを伴わない合意形成に基づく秩序化)」による宇宙の兵器化を制限する方向性を模索している. 2007年の中国による衛星破壊とデブリの大量発生を受け,当時UNCOPUOSの議長を務め,宇宙デブリ低減ガイドラインの策定にイニシアチブを発揮したジェラール・ブラシェは,宇宙活動の長期持続性(long-term sustainability)を提唱し,自らが主導したデブリ低減ガイドラインをモデルに,宇宙空間における「交通規則(Rule of the Road)」を作り,各国が模範とすべき「ベストプラクティス・ガイドライン」を2013年までに策定することを提案した. これを踏まえ,ブラシェは宇宙の兵器化に関する議論にも言及することを求めたが,UNCOPUOSは宇宙の平和利用の問題に限定され,安全保障にかかわる議論は行わないことが原則になっていることもあり,ブラシェのイニシアチブを支援するフランスと,それに同調するいくつかのEU加盟国が,EUとして国連軍縮会議に問題提起をすることとなった. 2007年には,国連総会第一委員会でEUの議長国であったポルトガルが「行動規範」の概略を説明し[32], 2008年にフランスが主導する形でEU加盟国間の意見の調整が行われ,同年末にEUの閣僚理事会で採択された. 現在,この行動規範に賛同するEU域外の国々を集め,事実上の(*de facto*)宇宙活動ルールとして定着させる努力が続けられている.

　この「行動規範」は,意図的な宇宙物体の破壊を禁止しつつも,「安全上(on safety)の」緊急事態においてはそれを許容し,自衛権の発動についても明示的に禁じているわけではない. ただ,この「安全上」という表現は,「安全保障上(on security)」とは異なっており,注意が必要である. 欧州においては,「安全保障」は狭い意味での軍事的な問題に限らず,環境問題や自然災害なども含めた「生命財産にかかわるリスクの低減」を意味するが,「安全」は「生命財産に危害が加えられる恐れがない状態」を指す[33]. そのため,「安全上の」という限定がつけられた緊急事態として認定される状況は極めて限られており,宇宙システムが明確に危険にさらされている状態など,その解釈の幅は狭く,「国家安全保障」を名目とした軍事戦略的観点からの宇宙物体の破壊を含めないと考えるべきであろう.

　また「行動規範」では,デブリの低減措置に関して国際的なルールを設けるというよりは,各国の国内法制度の整備を通じて各国の行動を抑制しようとし

ている．さらに，宇宙監視能力をもつ国家は，影響を受ける可能性のある主体に対して，可能な限り通報することが求められている．これは，従来各国ごとに自国の宇宙システムを保護する手段として用いられてきたSSAを，グローバルな公共財として活用することを求めたものであり，各国の都合や判断を尊重しつつも，公共性の高い運用を目指していると言える．加えてこの「行動規範」は，これまで国連で議論されてきた「透明性・信頼醸成措置(Transparency and Confidence-Building Measures; TCBM)」が不可欠であるとの立場をとっている．TCBMとは，第一に，各国がこの「行動規範」に従って行動するという政治的意思を明確にすることであり，第二に，「行動規範」が設定する行動基準に従っているかどうかを検証することであり，第三に，「行動規範」に合致しない行動に対する社会的制裁(国際的孤立など)を行うメカニズムを指す[34]．

「行動規範」に対する各国の反応

このように，EUの「行動規範」は「ソフトロー」としてのアプローチをとりながら，相対的に明確なルール作りを目指しており，各国の政策的・戦略的相違を尊重しながらも，グローバル・コモンズとしての宇宙空間のガバナンスを少しでも実現していくために，さまざまな工夫がなされている．この「行動規範」が国際的なスタンダードとして受け入れられるかどうかは，とりわけ宇宙開発の大国である，アメリカ，ロシア，中国がこれをどう受け止め，規範に沿った行動をとるかどうかにかかっている．その点で，すでにPPWTを提出し，宇宙の兵器化を制限しようとしているロシアと中国は，「行動規範」に関しても，部分的には理解を示しつつも，依然としてPPWTによる国際的なルール作りを主張しており，EUとの溝はまだ深いと言わざるをえないが，対話を拒む状況ではない．アメリカは，ブッシュ政権時代の2006年に国家宇宙政策を発表し，そこでは，「合衆国の宇宙へのアクセスや利用を禁止ないし制限するいかなる法的なレジームや規制にも反対する．提案されている軍備管理協定や規制は，合衆国が国家利益のために行う宇宙での研究，開発，試験，オペレーションその他の活動を妨げるものであってはならない[35]」と，明確に国際的なルール作りに反対していた．しかし，オバマ政権になって発せられた，2010年の宇宙政策では，「合衆国は安全で責任ある宇宙での活動を推進する国

内・国際措置,宇宙物体の衝突回避の情報収集・共有の改善,死活的な宇宙システムの保護,軌道上のデブリ低減措置の強化を通じた宇宙の安定性の強化を目指す[36]」と,全く異なる姿勢を見せるようになった.アメリカはロシア・中国が提案する PPWT に対しては,その定義上の問題などについて現在でも疑問をもっており,消極的な姿勢を変えていないが,EU の「行動規範」については前向きに検討する姿勢を見せ,現在,政府内での調整が続いている.

まとめ

　グローバル・コモンズとしての宇宙空間のガバナンスは,静止軌道においても,地球観測においても,また宇宙空間の長期的持続性に関する問題についても,「人類の共有地」である宇宙空間に,宇宙活動を行う各国の経済的利害,安全保障上の利害が持ち込まれることで,両者をどう調整するのか,ということが焦点となっていた.ここでの検討から明らかになったことは,この調整を行うメカニズムは「ハードロー」に基づくものにはなりにくい,という点である.宇宙開発の黎明期には,米ソという突出した能力をもった国々がルールの基本を作り,冷戦による両者の信頼関係の欠如から,厳格な定義と行為の規定を行う「ハードロー」としての宇宙ガバナンスのメカニズムが作られてきた.1967 年の宇宙条約を皮切りに,宇宙飛行士の救助を定めた 1968 年の宇宙救助返還協定,宇宙物体によって引き起こされる損害に対し,国家が賠償責任をもつ 1972 年の宇宙損害責任条約,そして宇宙空間に打ち上げられた物体の登録に関する 1976 年の宇宙物体登録条約と,次々と宇宙空間のガバナンスを司る「ハードロー」としての条約・協定ができあがった.しかし,宇宙開発に日本や欧州,中国などが参入してくるようになると,宇宙空間は「米ソのコモンズ」ではなく,「グローバル・コモンズ」という性格を強くもつようになり,各国の利害と「人類の共有地」としての宇宙の在り方との摩擦が激しくなっていく.

　その代表例が月協定であろう.月協定は名称こそ「月」だが,月を含むすべての天体を指すものであり,そこでは月の平和利用や科学の進歩への貢献,月の環境保全(地球からの微生物などによる汚染の回避)などが定められている.最も

重要で，かつ各国の利害と抵触するのは，第11条の月の領有に関する問題である．ここでは月およびその天然資源は人類の共有財産であり，国家主権の主張，使用，占拠もしくは他のいかなる手段によっても国家の占有にならない，とされている．また，月の天然資源が開発可能になった場合には，国際レジームを設立し，天然資源の秩序ある開発と合理的な管理，公平な分配をすることが定められている[37]．「グローバル・コモンズ」としての月(天体)を考えれば，この協定は，まさに人類の共有財産としての月を管理するという考え方に貫かれているが，2011年現在でこの月協定を批准している国は，オーストラリア，オーストリア，ベルギー，チリ，カザフスタン，レバノン，メキシコ，モロッコ，オランダ，パキスタン，ペルー，フィリピン，ウルグアイの13カ国，署名のみをしている国は，フランス，グアテマラ，インド，ルーマニアの4カ国しかない．一見してわかるように，アメリカやロシア，中国，日本といった主要な宇宙開発国は含まれておらず，宇宙開発国では，わずかにフランスとインドが署名しているにすぎない．そのため，月協定は1984年に発効しつつも，死文化していると考えられ，実効的な法的枠組みとは見られていない．この月協定が示しているのは，加盟国の利害とグローバル・コモンズの管理を一致させることは困難であるということであり，「ハードロー」によるガバナンスのアプローチは，月協定を最後に避けられるようになった．

　その結果，宇宙のガバナンスのルール作りは，国連の場での宣言やガイドライン作りが中心となるようになった．本章で論じた「リモートセンシングに関する原則」や「宇宙デブリ低減ガイドライン」のように，ソフトローのアプローチが一般的となり，各国の利害の相違を一定程度含みながらも，緩やかにルール作りを進め，国際的な規範を作り出すことで，宇宙空間のガバナンスを成立させていこうとする流れとなっている．この観点からすると，宇宙の兵器化を禁じようとするロシア・中国提案のPPWTは，宇宙ガバナンスの流れに反したものとなっており，各国の合意を得るのは難しい(一部には，合意できないのを承知で自国の行為の正当化のために提案しているとの議論もある)．

　しかし，2007年の中国のASAT実験や2009年のイリジウム衛星とコスモス衛星の衝突が明らかにしたように，グローバル・コモンズとしての宇宙空間の利用者と利用規模が増大するにつれ，何らかの秩序形成メカニズムがなけれ

ば,文字通り人類全体にとっての損失が増えていく可能性が高い.これまでの議論で見てきたように,宇宙開発は「社会インフラ」としての性格を強め,地球上の人間の政治・経済・社会・文化・軍事活動が宇宙システムに大きく依存するようになってきており,宇宙空間のガバナンスを求める圧力も高まっている.そうした中で,EUの「行動規範」は,ソフトローとしてのアプローチに基づきながら,宇宙空間のガバナンスの基礎を提供していると評価することができる.また,オバマ政権の登場により,アメリカの政策転換が起こる一方,中国が2007年のASAT実験を「後悔」しているとの報道もなされており[38],宇宙開発国間の相違が縮まる傾向が見られる.宇宙空間のガバナンスの仕組みが確立するまでにはまだ多くの時間がかかるだろうが,その萌芽は見え始めていると考えてもよいのかもしれない.

注

1) グローバル・コモンズに関する議論は近年急速に増えているが,さしあたり Abraham M. Denmark and James Mulvenon (eds.), *Contested Commons: The Future of American Power in a Multipolar World*, Center for a New American Security, 2010 がよくまとまっている.
2) 静止軌道上の衛星一覧に関しては,Satellite Signal 社が提供している "List of Satellites in Geostationary Orbit" を参照した (http://www.satsig.net/sslist.htm). 軍事利用されている衛星も掲載されているが,ここに掲載されているものがすべてとは限らない.
3) 青木節子『日本の宇宙戦略』慶應義塾大学出版会,2006年,特に第3章.
4) Fernand Verger, Isabelle Sourbès-Verger, and Raymond Ghirardi, *The Cambridge Encyclopedia of Space: Missions, Applications and Exploration*, Cambridge University Press, 2003, esp. Chapter 10.
5) Henry Wong, "The Paper 'Satellite' Chase: The ITU Prepares for Its Final Exam in Resolution 18", *Journal of Air Law and Commerce*, vol. 63, no. 4, 1998, pp. 849–882.
6) Declaration of the First Meeting of Equatorial Countries, December 3, 1976.
7) Ivan A. Vlasic, "The Legal Aspects of Peaceful and Non-Peaceful Uses of Outer Space", in Bhupendra Jasani (ed.), *Peaceful and Non-Peaceful Uses of Outer Space : Problems of Definition for the Prevention of Arms Race*, Taylor & Francis, 1991, pp. 37-40.
8) United States Arms Control and Disarmament Agency, *Documents on Disarma-*

ment 1962, Government Printing Office, 1963.
9) 青木節子『宇宙の軍事利用を規律する国際法の現状と課題』慶應義塾大学総合政策学ワーキングペーパーシリーズ，No. 67，2005年4月.
10) S. Neil Hosenball, "Legislative History Project on the UN Principles of Remote Sensing", in Joanne Irene Gabrinowicz (ed.), *The UN Principles Relating to Remote Sensing of the Earth from Space: A Legislative History—Interviews of Members of the United States Delegation*, The National Remote Sensing and Space Law Center at the University of Mississippi School of Law, The University of Mississippi, 2002.
11) Principles Relating to Remote Sensing of the Earth from Space, A/RES/41/65, 3 December, 1986.
12) T. S. Kelso, "Analysis of the 2007 Chinese ASAT Test and the Impact of Its Debris on the Space Environment", Proceedings of 2007 AMOS Conference, pp. 321-330. また，ASAT実験によるデブリの状況についてはhttp://celestrak.com/events/asat.aspでアップデートされている.
13) IADCは1983年に設立された各国宇宙機関による自発的なデブリに関する協議・情報交換を行う機関．加盟国はイタリア(ASI)，フランス(CNES)，中国(CNSA)，ドイツ(DLR)，欧州(ESA)，インド(ISRO)，日本(JAXA)，アメリカ(NASA)，ウクライナ(NSAU)，ロシア(Roscosmos)，イギリス(UKSA)の11機関.
14) Report of the Committee on the Peaceful Uses of Outer Space, General Assembly Official Records, Sixty-second Session Supplement No. 20 (A/62/20), 2007. http://www.oosa.unvienna.org/pdf/gadocs/A_62_20E.pdf
15) 青木は，逆にルールの拘束性はマイナーな問題であり，ルールの変更可能性を維持するソフトローであることに有用性があると論じている．合意形成を優先するとすれば，その通りである．しかし，合意形成を優先することで，各国の行動の自由を一定程度認めざるをえない状況になっていることも，また確かであろう．青木『日本の宇宙戦略』第6章.
16) この報告書はhttp://iaaweb.org/iaa/Studies/spacetraffic.pdfで閲覧可能.
17) Jonathan W. Campbell, "Laser Orbital Debris Removal and Asteroid Deflection", *Occasional Paper*, no. 20, Center for Strategy and Technology, Air University, December 2000.
18) Jerome Pearson, Eugene Levin, John Oldson, and Joseph Carroll, "Electro Dynamic Debris Eliminator (EDDE): Design, Operation, and Ground Support", Proceedings of Advanced Maui Optical and Space Surveillance Technologies Conference, 14-17 Sep, Maui, HI., September 2010.
19) DARPA Orbital Debris Removal (ODR), Solicitation Number: DARPA-SN-09-68.

https://www.fbo.gov/index?s=opportunity&mode=form&id=a55fd6e5721284ee7df2068d2b300b5f&tab=core&_cview=0
20) Michael A. Earl, "The Iridium 33-Cosmos 2251 Collision: Creating Liability Awareness for Space Property/Contemplating the Future of Space Surveillance", *Canadian Satellite Tracking and Orbit Research*, May 2009.
21) Resolution on the Role of Space in Delivering Europe's Global Objectives, ESA/C-M/CCVI/Res. 1 (Final), 26 November, 2008. http://esamultimedia.esa.int/docs/MinisterialCouncil/MC2008Resolutions_English.pdf および 7th Space Council Resolution, "Global Challenges: Taking Full Benefit of European Space Systems", Brussels, 25 November, 2010. http://download.esa.int/docs/7th_Space_Council_resolution.pdf
22) 日本スペースガード協会に関しては http://www.spaceguard.or.jp/ja/index.html を参照.
23) The Testimony of Secure World Foundation (Ray Williamson), House Committee on Science and Technology, Subcommittee on Space and Aeronautics Hearing, "Keeping the Space Environment Safe for Civil and Commercial Users", 28 April, 2009. http://democrats.science.house.gov/Media/file/Commdocs/hearings/2009/Space/28apr/Additional_Documents_Submitted_for_the_Record.pdf
24) CSSI は SOCRATES と呼ばれる衛星衝突分析のツールを提供しており, 衛星運用者に幅広く利用されている. SOCRATES については http://celestrak.com/SOCRATES/ を参照.
25) 青木節子「南極・宇宙・海底での規制」, 黒沢満編『軍縮問題入門』東信堂, 1999年, 187頁.
26) Laura Grego, *A History of Anti-Satellite (ASAT) Programs*, Union of Concerned Scientists, October 20, 2003. http://www.ucsusa.org/nuclear_weapons_and_global_security/space_weapons/technical_issues/a-history-of-anti-satellite.html
27) 宇宙条約の日本語訳の全文は, http://www.jaxa.jp/library/space_law/chapter_1/1-2-2-5_j.html で閲覧することができる.
28) この点に関しては, 青木『日本の宇宙戦略』第4章を参照.
29) 日本国際問題研究所軍縮・不拡散促進センター『宇宙空間における軍備管理問題』(平成19年度外務省委託研究) 2008年3月.
30) この訳は佐藤雅彦・戸﨑洋史「宇宙の軍備管理, 透明性・信頼醸成向上に関する既存の提案」, 日本国際問題研究所軍縮・不拡散促進センター『新たな宇宙環境と軍備管理を含めた宇宙利用の規制——新たなアプローチと枠組みの可能性』(平成21年度外務省委託研究, 2010年3月, 85頁)に従った.
31) Wolfgang Rathgeber and Nina-Louisa Remuss, *Space Security: A Formative*

Role and Principled Identity for Europe, ESPI Report, no. 16, January 2009.
32) Transparency and Confidence-building Measures in Outer Space Activities, A/62/114/Add.1, 17 September, 2007.
33) この解釈はブラシェ元 UNCOPUOS 議長が強く主張するところであり，筆者も，異なる機会に何度もこの説明を聞く機会があった．
34) Jana Robinson, "The Role of Transparency and Confidence-Building Measures in Advancing Space Security", *ESPI Report*, no. 28, September 2010.
35) White House, U. S. National Space Policy, August 31, 2006.
36) White House, National Space Policy of the United States of America, 28 June, 2010.
37) 月協定の日本語訳の全文は，http://moonstation.jp/ja/qanda/materials/moon_treaty_full.html で閲覧することができる．
38) Frank Morring, Jr. and Amy Butler, "China Appears to Regret Asat Test", *Aviation Week and Space Technology*(電子版), May 12, 2008. ただし，この記事は中国の政策担当者の証言にではなく，アメリカ国内の中国ウォッチャーによる見解に基づくものであることに注意．

終章　宇宙開発は国際政治に何をもたらすか
　　　　──グローバル化時代の宇宙開発

「ハードパワー」から「社会インフラ」へ

　20世紀，より正確には第二次世界大戦後に始まった宇宙開発は，冷戦という国際政治の構造の中で，米ソが「ハードパワー」を競う形でミサイル開発を強力に推し進め，「偶発的」とも言えるような状況で，ミサイルをロケットに転換し，衛星を打ち上げたことがきっかけで「米ソ宇宙競争」へと突入した．もともと衛星の打ち上げに対しては米ソとも政治的な関心は低かったが，予期しない形でグローバルな反響を得ることで，宇宙開発がもつ国際政治上の影響力の強さが明らかとなった．さらに，第3章で論じたように，ソ連における宇宙開発が，政治的な野心と国内政治の論理によって有人宇宙飛行へと技術開発の焦点を移し，アメリカもそれに反応したことで，「宇宙開発＝有人宇宙飛行」で成功することが国際政治上のパワーの証明と見られるようになった．米ソは冷戦のコンテキストの中で「米ソ宇宙競争」を繰り広げ，やがて有人宇宙飛行から月面着陸競争へと「ゲームのルール」が変化した．

　それに伴って，宇宙開発が国際政治の競争の舞台であると同時に，「人類の未来」や「将来の夢」というニュアンスをもつようになり，月面着陸に成功したアメリカは宇宙開発を通じたリーダーシップという「ソフトパワー」を手に入れた．また，ソ連も月面競争から長期有人滞在へと「ゲームのルール」を変えることで，「ソフトパワー」を手にしようとした．しかし現実的な問題として，多大なコストがかかる有人宇宙飛行は，それを維持し続けることが困難であり，「ハードパワー」ないしは「社会インフラ」としての便益を十分にもたらさず，あくまでも国家の技術力を誇示し，国民に向けて社会統合の象徴や国家威信の表象としての「ソフトパワー」しかもたらさなかったため，財政的な状況が悪化すると，その継続が困難となる事業でもあった．その結果アポロ計画は17号で終了し，ソ連崩壊後は，ミール宇宙ステーションは継続できなく

終章　宇宙開発は国際政治に……

なり，ブッシュ大統領の月・火星への探査計画は頓挫することとなった．しかし，有人宇宙事業に隠れる格好にはなっているが，米ソ(後にロシア)とも，軍事的な宇宙利用も他国とは比較できないほどの規模で発展させ，それが通信，気象，地球観測，測位などの衛星システムの技術を発展させ，「社会インフラ」としての宇宙システムの基礎となる技術を生み出していった．

多様化していく宇宙開発

その間，日本や欧州など，第二陣となる宇宙開発国が参入するようになり，特に欧州が，宇宙開発を「ハードパワー」や「ソフトパワー」としてではなく，宇宙システムの商業化を通じて，欧州域外の国々にも宇宙へのアクセスと宇宙システムの保有・運用，そして地球観測衛星データの取得などを可能にしたことで，宇宙システムが「社会インフラ」として提供されるようになった．逆に日本は，技術開発に特化した宇宙開発を進め，その技術が成熟していったにもかかわらず，キャッチアップに代わる新たな政策的方向性が打ち出せないまま「公共事業としての宇宙開発」が進められていたが，2008年の宇宙基本法の制定によって新たな政策の方向性を打ち出し，「社会インフラ」としての宇宙システムという位置づけへとシフトしている．

これに対し，第三集団として宇宙開発に参入した中国は，自身の経済成長に比例する形で「ハードパワー」としての宇宙開発を進めつつ，自らの宇宙技術をアジア太平洋地域におけるリーダーシップや資源外交のツールとして活用するという新しい宇宙開発の側面を発展させた．他方，同じく第三集団に位置づけられるインドは，宇宙開発の初期段階から，途上国の宇宙開発を標榜し，「社会インフラ」としての宇宙システムの構築を推し進めてきた．近年に入ると，「社会インフラ」としての側面がある程度成熟したことから，インドは宇宙探査や有人宇宙飛行，軍事的な宇宙利用といった方面に野心を見せている．

このように，宇宙システムが「ハードパワー」「ソフトパワー」から「社会インフラ」へと性格を変えていったことで，技術力と資金力をもつ大国だけが独占的に行うことができる宇宙開発ではなく，(多少の資金力があれば)国家であれ，企業であれ，個人であれ，「コモディティ化」した宇宙システムを保有し，運用し，利用することができるようになってきている．そこから，各国の主権

を超えて地域で宇宙システムを保有・運用し，各国の地上インフラに代わるシステムとして利用するという方向性が示されている．本書では，こうした地域協力の例としてラテンアメリカやアフリカを検討してきたが，かつて「ボゴタ宣言」で静止軌道上にまで主権が及ぶと主張していたコロンビアが，ラテンアメリカ地域において，共同で衛星を打ち上げ，運用して社会インフラとして宇宙システムを利用することを主導している点から見ても，宇宙システムが「社会インフラ」化したことで，国家と宇宙開発の関係は大きく変わりつつあることが見てとれる．

「ハードパワー」としての宇宙システムがもつ意味の変化

　しかし，それでも宇宙開発は「ハードパワー」の源泉であることは間違いない．アメリカにおける「軍事上の革命(RMA)」の進展や，中国における軍の近代化は，宇宙技術の進展なしには実現しえないものであり，宇宙技術をもつ国が国際政治における軍事的優位性をもつことは否定することはできない．重要な点は，冷戦期のように，宇宙開発自体が軍事的能力の向上に直結するような状況ではない，ということである．冷戦期の宇宙開発は，ミサイル開発や敵国内の偵察といった軍事的能力に直結しており，宇宙技術の発展そのものが脅威となっていた．現在でも，イランや北朝鮮のように，そうした軍事的能力の向上に直結するような技術開発を「平和な宇宙開発」という名目で進めている国もあるが，アメリカや中国は，すでにそうした段階を脱しており，宇宙開発と「ハードパワー」の関係は変化している．それはつまり，宇宙技術は軍事的能力を支えるインフラとして重要なものではあるが，それ自身が軍事力の向上に直接結びつくわけではないということである．すでにアメリカ軍は，商業的な地球観測データ提供企業から得たデータを用いており，商業的な通信サービスも利用している．中国も軍事目的で宇宙開発を進めるというよりは，「社会インフラ」として整備した衛星を軍も民間も利用しており，軍事的な宇宙開発は対衛星攻撃(ASAT)技術など，一部の技術分野に限られている．つまり，各国が軍事的な目的で宇宙開発を行うのは，その宇宙システムを軍が独占的に利用し，軍が求めるスペック(仕様)に合わせて作ることができるからであり，それがなければ軍事的な行動が不可能となる，というわけではない．現代にお

終章　宇宙開発は国際政治に……

ける宇宙開発と「ハードパワー」の関係は，あくまでも軍が自律的に行動するためのインフラとして位置づけられており，宇宙システムを利用した方が効果的であるが，不可欠とは言い切れない，というものになっている．

このような観点から現代の宇宙開発を見ていくと，各国の宇宙開発における政策上の選択肢がいくつかあることがわかってくる．本章では，現代の宇宙開発国がどのような政策軸をめぐって政策の選択をしていくのかを分析し，各国の宇宙開発が，国際政治との関係の中で，どのような判断をするのかを理解するための枠組みを提供したい．

1　21世紀の宇宙政策をめぐる政策軸

有人宇宙事業 vs. 財政的制約

20世紀の宇宙開発，冷戦期の宇宙開発において，有人宇宙事業は疑いなく，宇宙開発の中心的なテーマであり，1961年のガガーリンによる人類初の宇宙飛行以来，宇宙開発の「ゲームのルール」として認識されてきた．しかし冷戦が終わると，アメリカにおいても，欧州においても，もちろんソ連(ロシア)においても，有人宇宙事業は極めてコストが高いにもかかわらず，そこから得られる直接的な経済的・技術的・科学的・軍事的便益は限られているという認識が高まり，財政的な制約と，有人宇宙事業が「ソフトパワー」として間接的に提供する便益とのバランスの中で，有人宇宙事業の是非が決められてきた．2000年代に入ると，中国が大国としての地位を得る手段の一つとして有人宇宙事業に参入してくるようになったことで，有人宇宙事業が再度宇宙開発の中心的なテーマとして浮上したかのように見えた．特に2004年に出された「ブッシュ・ビジョン」によって，アメリカが中国との「宇宙競争」を再開し，月・火星に向けて有人宇宙事業を進めることへの期待が高まった[1]．しかし，「ブッシュ・ビジョン」は議会の支持を十分に得ることはできず，アメリカは，国際宇宙ステーションの運用停止や，スペースシャトルの退役という形で資金を捻出し，月面基地建設の予算を確保するという綱渡りのような政策を出さざるをえなくなった[2]．しかも，2008年のリーマン・ショック以降，厳しい財政状況に陥ったオバマ政権は，「ブッシュ・ビジョン」を実現するためのコンス

タレーションと呼ばれる計画を中止し，事実上，月・火星への有人宇宙事業をあきらめた[3]．

　他方，有人宇宙事業がもたらしてきた「ソフトパワー」にも陰りが見え始めている．宇宙開発は現在でも新聞の一面を飾り，博物館の宇宙展やロケットの打ち上げ見学も人気がある．しかし，すでに多くの宇宙飛行士が宇宙滞在を経験し，ロシアのソユーズロケットを使って，大富豪が宇宙旅行をするような時代となり，また，ヴァージン・ギャラクティックという会社が商業的な弾道飛行旅行(数分間だけ無重力状態を経験できる，疑似宇宙旅行サービス)を政府の資金援助を受けずに始めようとしている[4]．つまり，宇宙に行くこと自体が珍しくなくなり，有人宇宙事業への「慣れ」が生まれ始めている．日本の有人宇宙事業を見ても，社会的な注目を集めるために，俳句を募集したり，宇宙飛行士とビデオ会議をしたりするなど，かなりの努力をしているが，宇宙に日本人飛行士がいること自体珍しくなくなってくると，次第にニュースとしての価値も低くなってくる．さらに，1986年のチャレンジャー号，2003年のコロンビア号の事故のように，有人宇宙事業が抱えるリスクは大きく，成功して当たり前，失敗すれば大ニュースといった状況になると，ネガティブな意味での「ソフトパワー」，つまり失敗ばかりが報道されることで，宇宙開発の問題点の方が目立ってしまう可能性もある．このような状況の中で，有人宇宙事業自体が，宇宙機関や宇宙産業の既得権益を守り，雇用や予算を維持するための「公共事業としての有人宇宙事業」という性格も帯びるようになり，「何のために有人宇宙飛行を行うのか」ということが問われるようになってきている．

　むしろ，有人宇宙事業よりもはるかにコストが低い，無人探査機による惑星探査やサンプルリターンなどが社会的な注目を集め，「ソフトパワー」として活用される例が数多くある．古くは1959年に月の裏側を撮影したルナ3号，1977年に打ち上げられた木星・土星探査機のヴォイジャー2号，1986年に各国が協力して打ち上げたハレー彗星の探査機群，1990年に打ち上げられ，満身創痍となりながらも，宇宙の遥か彼方の画像を届けているハッブル宇宙望遠鏡，2004年に火星の詳細な画像とデータを送ってきた2機のローバー，そして2010年に小惑星イトカワからのサンプルリターンに成功した日本の「はやぶさ」など，「人類初」の偉業を成し遂げた無人探査事業は数多い．こうした

終章　宇宙開発は国際政治に……

事業は宇宙科学への貢献として行われ，そこで収集したデータは国家に属するというよりは，人類共有の財産として公開されており，その分，世界的にその国の活動が知られるだけでなく，その国の技術力や国家としての魅力が増すという効果も得られる．つまり，無人探査も「ソフトパワー」としての効果を大いに発揮するのである．

　しかし，ここで注意しなければいけないのは，無人探査機すべてが「ソフトパワー」となりうるか，という問題である．有人宇宙事業でもそうであったように，無人探査機においても，一種の「慣れ」が起こると，「ソフトパワー」としての効果は薄らいでいく．2010年に宇宙ブームとも言える国民的熱狂を巻き起こした「はやぶさ」は，数々のトラブルを乗り越え，人類初の偉業を成し遂げたことで，国内的にも国際的にも高く評価されるプロジェクトであったが，その後継機が同じような注目と評価を得ることを期待するのは難しく，その「ソフトパワー」は低下する傾向にあると言えよう．平たく言ってしまえば，宇宙開発で「二匹目のドジョウ」を狙っても，うまくいく確率は低いということである．

　また，2008年のリーマン・ショック以降の世界を見ると，宇宙開発の先進国と言われた国々は軒並み経済的な危機に見舞われ，それに対応するために多額の財政出動を余儀なくされ，国家財政に大きなストレスとなっている．それは，部分的にギリシャやアイルランドで発生した財政破綻の危機となって現れているが，宇宙開発の先進国であるアメリカや欧州，日本においても財政的な制約はより強まっており，そうした中で宇宙予算を確保することが困難になっている．つまり現在，冷戦が終焉した直後よりも厳しい財政環境の中で宇宙開発を行っていかなければならない状況にある．ただ，中国やインドなど，グローバルな経済危機の状況にあっても高度な経済成長を続けている新興国には，同じ条件は当てはまらない．さらに，これら新興国は大国として国際的に認知されるためにも，有人宇宙事業などに積極的に取り組んでいく可能性がある．中国の場合，それがすでに実現しつつあるが，インドにおいても有人宇宙プログラムが検討されているところを見ると，これは中国に限った問題ではないと考えるべきであろう．つまり，これからの国際政治の環境の中で，宇宙開発，特に有人宇宙事業は，一方で新興国の「大国の仲間入り」を象徴する役割を果

たす一方，先進国においては，有人宇宙事業が財政的に困難になりながらも，より廉価で「ソフトパワー」を維持できる宇宙科学プログラムに積極的になっていく，という流れが生まれてくるのではないだろうか．

効率性 vs. 自律性

現代の宇宙開発における第二の政策軸は，効率性と自律性をめぐる問題である．宇宙システムは「社会インフラ」として利用可能であり，すでに多くの商業的なサービスが提供されている．資金力や技術力，工業力に乏しい多くの途上国は，こうした宇宙システムを独自に開発することなく，商業的にアクセス可能なサービスを調達する，ないしは，商業的に衛星を調達し，自ら保有・運用して，地上のインフラへの投資よりも効率的に社会インフラを整えることが可能になっている．また，資金力や技術力がある国々においても，特定の分野にその資源を投入し，他の分野は外国の衛星やサービスを調達することで効果的に政策を履行するといったことが行われている．たとえば，オーストラリアは独自の宇宙開発を行う能力がありながら，自らロケットや衛星を開発することはほとんどない[5]．欧州においても，サッチャー時代のイギリスでは，商業的に利益が上がる分野だけに特化するとして，通信や地球観測衛星分野に力を集中し，有人宇宙飛行をはじめとする，その他の宇宙開発分野には一切出資しないといったこともあった．また，カナダは合成開口レーダーを搭載した地球観測衛星と宇宙ステーションにも付属しているロボットアームに特化した宇宙開発を行っており，その他の分野は外国に依存している．

しかし，そうした効率性の追求は，当然ながら自国にとって不可欠なインフラを他国に依存することになり，もしそのインフラを提供する国家との関係が悪化した場合，自国の社会インフラが機能しなくなり，混乱が発生するというリスクを伴う．その好例がGPSであろう．GPSはアメリカの軍事測位衛星であるが，民生用の信号も発しているため，現在では受信機さえあれば誰でもGPSを利用することができる．すでにカーナビや携帯ナビのみならず，国際的な金融決済にまでGPSが使われるようになっているが，ひとたび有事の状況になると，GPSの信号が劣化したり，停波したりする可能性がある[6]．そうなった場合，社会的混乱が起こることは必至であり，そのリスクは受容可能な

終章　宇宙開発は国際政治に……

水準を超えていると判断する国が多くなってきた．それゆえ，ロシア，欧州，中国，インドなどがGPSとは異なる自律的な測位衛星システムを整備しようとしている．また，測位衛星とともに，宇宙開発にとって決定的重要性をもつのがロケットである．欧州が1960年代に通信衛星を打ち上げようとした際，通信衛星の独占が崩れることを嫌ってアメリカが欧州の衛星の打ち上げを拒否したため，欧州の通信衛星ビジネスの立ち上げは大幅に遅れることとなった．これを教訓に，フランスは自律的なロケットをもち，宇宙へのアクセスを確保する重要性を認識し，アリアンロケットの開発にイニシアチブを発揮していった．

このように，効率性を追求することによるリスクと，自律的な能力を保有するためのコストはトレードオフの関係にあり，宇宙開発を行う国々は，どこまで効率性を追求し，どこまで自律的な能力を保持するのか，というバランスをとらなければならない．そこで参考になるのが，欧州における「非依存[7]（non-dependence）」という考え方である．

「非依存」とは，グローバルな市場で，その技術やサービスを入手できるソースが複数ある場合は市場から調達するが，そのソースが一つしかない場合，自律的な能力を開発し，独自の宇宙システムを保有・運用することで，その一つのソースに依存しなくて済むようにすることを意味する．フランスが1960年代の経験からアリアンロケットの開発に至ったのも，当時，西側諸国でロケットを打ち上げる能力をもっていたのはアメリカだけであり（ソ連のロケットは存在していたが，西欧の国々はソ連のロケットにアクセスすることはほぼ不可能だった．当時のドゴール大統領はアメリカへの依存を低めるために仏ソ宇宙協力を進めたが，打ち上げサービスを得ることはできなかった），そのサービスを提供できるソースは一つだけだったからであった．また，欧州は現在ガリレオ計画を推し進め，独自の測位衛星システムを整備しているが，これも，グローバルに利用可能な測位衛星システムはアメリカのGPSしかなかったからである．このように「非依存」とは，やみくもに自律的な能力を獲得しようとするのではなく，商業的に調達可能なものは極力市場を通じて調達することで効率性を高めつつ，一つのソースに依存することは避ける，という発想である．

ただし，ここで一つ大きく条件が異なるものがある．それは安全保障に関連

する宇宙システムである．安全保障に活用される宇宙システムは，他国に依存するリスクが通常の「社会インフラ」としての宇宙システムよりもはるかに高い．そのため，仮に複数のソースがあるとしても，自らが保有・運用する宇宙システムを求めることになる．また，他国にその能力やオペレーションの内容を知られないようにするためにも，自国が宇宙システムを保有・運用する必要性があると考えられている．安全保障分野においては，費用対効果の分析が極めて困難であり（どのくらい費用をかければ，どのくらい平和を得られるのか，という関係が成立していない），それゆえに効率性の概念が設定できないため，安全保障分野における宇宙システムの議論は，自律性をどの程度までもつべきなのかという戦略的判断に基づいて行われる．しかし，ここでも興味深いケースを提供してくれるのが欧州である．欧州においては MUSIS (Multinational Space-based Imaging System) と呼ばれる，フランス，ドイツ，イタリアが保有する軍事偵察衛星を，お互いに融通して運用することができる仕組みが成立している．スペインやギリシャ，ベルギーといった国々も，衛星は保有していないが，応分の資金負担をすることで MUSIS を通じて仏独伊の偵察衛星を操作することができる．ここで重要な点は，他国の軍事衛星の画像を取得するだけでなく，その衛星を任意に軌道移動させ，撮像地点を指示する（「タスキングをかける」と言う）ことができる点である．外国の衛星であっても自国のもののように自由に扱える仕組みとなっており，各国の情報収集能力を格段に向上させる効果をもっている．

　これは，多数の偵察衛星を保有するよりは，必要なときに他国の衛星を借用して画像を取得するというもので，効率的に偵察衛星のカバレッジを広げることができる，という点で効率性を重視した仕組みである．本来なら，自国の軍事偵察衛星を他国が操作するなど想定できないことであるが，欧州のように統合が進み，安全保障分野においても各国が共通の利害をもち，相互に信頼関係が築き上げられている場合，こうしたことも可能となることを示唆している．

ハードパワー vs. 社会インフラ

　宇宙開発を論じるにあたって，しばしばそれが軍事目的なのか，それとも平

終章　宇宙開発は国際政治に……

和目的なのかということが問題になる．日本においては，1969年の国会決議によって「平和利用原則」が確立し，軍事目的での宇宙開発は一切行わないという形で宇宙開発が進んだが，この問題は日本だけでなく，国際社会においても常に問題となってきた．1967年に発効した宇宙条約でも，第4条で「平和的利用」がうたわれ，ESA憲章でも「専ら平和的目的」という設定がなされている．また，近年ロケット技術を進めているイランや北朝鮮においても，その真意はともかく，宇宙開発は「平和目的」で行われていることを主張している．

　このように，宇宙開発は「平和目的」で行われることが国際社会における規範となっているが，しかし，その「平和目的」は常に同じ意味で用いられるわけではなく，さまざまな解釈が可能となっている．日本では，第6章で論じたように「非軍事(non-military)」を意味し，防衛当局が金も口も手も出さない，と解釈されてきたが，2008年の宇宙基本法によって，その解釈は修正されることとなった．宇宙条約については，第8章で見たとおり，宇宙空間における軍事目的での通信や偵察といった利用は「平和的利用」と矛盾しない，という解釈になっている．また欧州宇宙機関(ESA)においては，中立国などへの配慮から，日本同様，防衛当局は関与しないという原則となっており，それは現在でも一定程度継承されているが，欧州における「平和」の概念は，平和構築や平和維持といった活動にまで及ぶため，宇宙システムを利用した平和維持などの活動で軍が宇宙システムを利用することはむしろ積極的に認められている．さらに，イランや北朝鮮が唱える「平和目的」は極めて疑わしいものであり，軍事的な技術開発を偽装するものとして考えるのが一般的となっている．

　こうした，「平和目的」や「平和利用」についての解釈の幅が生まれるのは，とりもなおさず，宇宙システムが軍民両用技術であり，技術だけでは軍事目的なのか，平和目的なのかが明確に区別できないからである．軍事目的の宇宙システムは一定程度のスペックの差異は認められるが，基本的な技術に違いはない．したがって，宇宙システムを軍事的に利用するのか，平和の目的のみに利用するのかは，その利用者の意図と目的に決定的に依存する．言い方を換えれば，宇宙システムを軍事目的で利用するのか，平和目的のみで利用するのか，ということはすべて地上で決まる問題であり，宇宙の問題ではなく，地上の政

治の問題なのである.

　この点で興味深いのは，アメリカが行っているITARと呼ばれる輸出管理であろう．これは第2章，第4章で論じたとおり，宇宙システムの輸出が他国の軍事能力を強化する恐れがあるとして，軍事目的なのか，平和目的なのかにかかわらず，また，同盟国・友好国への輸出なのか，そうでない国への輸出なのかを区別することなく，一様に宇宙システムの輸出を厳しく審査することを指している．これは，利用者の意図を最終的に確認することが困難であるため，利用者が誰であれ，どのような意図であれ，すべて同様に管理するという発想に基づいている．宇宙システムが軍民両用性をもつ以上，すべての技術移転と輸出を管理するというアメリカの認識の表れである．

　こうした軍民両用性を踏まえると，現代の宇宙開発における「ハードパワー」と「社会インフラ」の差異はなくなりつつある，ということが結論として言えるであろう．「ハードパワー」としての宇宙システムとは，狭く解釈すれば，宇宙システムを用いて軍事的な優位性を確立しようとする意図を前提とするが，これは宇宙システムを保有・運用・利用する主体が軍であるということ以外，他の「社会インフラ」との違いがないからである．ゆえに宇宙開発の政治的決定を行うにあたって，その技術を軍事的に利用するのかどうかということは，防衛当局がどういう意図をもって関与しているのか，という意図によって判断するしかない．この点で興味深いのが，日本における「一般化原則」である．これは防衛当局が一般的に商業市場で調達しうるサービスを「利用」することは認めつつも，宇宙システムの「保有・運用」は認めない考え方であった（なお，これも宇宙基本法によって解釈の変更が加えられている）．つまり，主体として防衛当局は関与しつつも，保有・運用を認めないということで，「社会インフラ」を利用しつつも，「ハードパワー」は獲得しない，という姿勢を示したのである．

　もう一つの興味深い事例が，欧州における「官民連携」である．第2章で論じたようにイギリスの軍事通信衛星であるSKYNETは，「官民連携」の一形態であるPFIによって製造・打ち上げ・保有・運用されており，イギリスの国防省は17年（当初15年だったが，2010年に2年契約延長）という長期契約に基づいて，一定の利用料を支払うことで，その衛星を優先的に利用することができ

る．これは，軍事宇宙システムでありながら，その運用主体は民間企業であり，利用契約の形で防衛当局が関与している状態である．この事例は，すでに「社会インフラ」と「ハードパワー」の垣根がなくなっており，宇宙開発において，「社会インフラ」が「ハードパワー」を提供する状態になってきていることを意味している．同様のことは，形態は異なるが，アメリカにおける地球観測データ提供企業と防衛当局との間にも見られる．自らが開発・打ち上げ・保有・運用している衛星によって取得したデータを商業的に頒布する事業を行っている民間企業が，自由にビジネスを行いつつ，その主たる顧客がアメリカの防衛当局であり，有事の際には，アメリカの国防総省が，イラク，アフガニスタンといった戦闘地域の画像をすべて買い取るという形で企業の活動をコントロールしている．ここでも「社会インフラ」としてデータを提供する企業を使って，「ハードパワー」を獲得するという状態が起きている．

ソフトパワー vs. 社会インフラ

　宇宙開発はこれまで多くの人の関心を引き付け，国際政治においても国家の資金力，技術力，工業力を示すものとして使われてきた．また，宇宙開発そのものがもつ，未知への探求心や，人間社会よりもはるかに大きなものに挑戦するといった壮大なスケールと，それを達成するまでの難しさなど，宇宙開発には小さな子供から大人までを夢中にさせる魅力がある．2010年の「はやぶさ」をめぐるメディアの報道やインターネット上の言論空間を見ても，その熱狂ぶりは改めて説明するまでもないであろう．このような「ソフトパワー」としての宇宙開発は，国内社会の統合や国際社会へのアピールとして抜群の効果を生み出してきた．そしてそれは，当然ながら政治的な関心を引き付ける強力な手段でもあった．

　宇宙開発は多額の費用がかかる事業であり，また，「市場の失敗」が起こる分野であるだけに，民間企業や個人が参入することは事実上不可能であった．それゆえ，多くの場合，宇宙開発は国家の財政的なコミットメントによって実現してきた．それはいかなる国，特に民主主義国において，政治的な支持を必要とするということを意味している．有人宇宙事業のように，社会的・国際的な注目を集める政策については，政治家も関心を強く示す傾向があり，有人宇

宙事業の成功が国家の技術力や対外的なプレゼンス(存在感)を高める効果をもつため,政治家はこうした「ソフトパワー」を増加させるプログラムについては支持しやすいと考えられる.しかし他方で,通信や気象衛星,地球観測衛星,測位衛星といった,社会インフラとなる技術的なプログラムに関しては,その効果が直接的に現れるわけではなく,極めて「地味」なプログラムであるため,政治家の関心を得ることは困難である.しかも,これらのプログラムの費用は有人宇宙事業ほどではないとはいえ,プログラム単体としての費用は高く,それを正当化するための政治的な言説を展開することは困難である.財政的な余裕がある,高度成長期にある国家(中国やインド)であれば,有人宇宙事業も社会インフラとなる宇宙システムの開発も同時に行うことができるが,低成長期にある国家(アメリカ,欧州,日本)においては,限られた財政資源の中ですべてを行うことは極めて困難となるため,政治家はいずれかを選択するか,すべてのプログラムを縮小するといった判断を迫られることとなる.

しかし,この「ソフトパワー」と「社会インフラ」のバランスも,各国の社会的・政治的ニーズによって大きく異なる.たとえば,欧州やインドにおいては,「派手」な有人宇宙事業よりも,「地味」な社会インフラを構築するための宇宙開発という考え方が定着しており,それ自体が社会的な支持を得られるような環境がある.逆にアメリカにおいて宇宙開発の中心となるのは「派手」な有人宇宙事業であり,それが国内政治においても,国際政治においても最重要な問題と捉えられている.しかしアメリカの場合,軍の現実的な要求から,社会インフラの基礎となる技術は着々と開発されていき,世界的に見ても高い水準を保っている.これは,当然アメリカの宇宙予算が諸外国と比べても圧倒的に多いため,有人宇宙事業と社会インフラ事業を同時に進めることができる,という条件があるからだが,それと同時に,アメリカには,「安全保障」をキーワードとして社会インフラを構築する言説が正当化されやすい,という側面も示している[8].グローバルに軍隊を展開し,世界中のさまざまな紛争や国際政治に関心をもつアメリカは,それだけグローバルに展開する宇宙システムを必要としているのである.逆に,自衛隊の海外派遣に制約があり,グローバルな軍事的・政治的関心がそれほど高くない日本の場合,「安全保障」をキーワードにして社会インフラを構築するのは困難であった.そのため,1969年の

終章　宇宙開発は国際政治に……

平和利用原則を定めた決議を変更しようとする政治的な動きが出てこず，2008年の宇宙基本法制定まで「非軍事」の姿勢を維持し続けることができたのである．

このように，「ソフトパワー」と「社会インフラ」もトレードオフの関係にあるが，ここで重要になってくるのは，どのような言説を用いて各国の宇宙開発政策を動かすのか，という政治的選択の問題であり，それが社会的に許容されるかどうか，という社会的・文化的問題なのである．

国家利益 vs. グローバルな利益

現代の宇宙開発の政策軸の最後として挙げられるのは，国家利益とグローバルな利益の問題である．通常，国家予算によって実施される宇宙開発は，国民から集めた税金によってファイナンスされており，それを他国のために使うという政策判断には国民の支持や合意が得られにくい．ゆえに，宇宙開発は自国のために行うという論理が前面に出る傾向にある．これはESAにおける「地理的均衡配分原則」にも見られる．欧州が共同でプログラムを進めるにしても，そのプログラムへの出資額に応じて，出資国に拠点を置く企業に契約を分配するという「地理的均衡配分原則」は，一言でいえば，自国で集めた税金で他国の産業を維持するようなことになってはならず，自国の産業のために使うという発想に基づいている．また，ESAに限らず，中国とブラジルのCBERSや国際宇宙ステーションのような二国間，多国間の協力プログラムにおいても，「No Exchange of Fundsの原則」と呼ばれる，自国の担当分に関しては自国が資金を確保するという原則が適用されている．これはつまり，国際協力プログラムであっても，他国に現金を渡すような仕組みはとらないという意味であり，ここでも自国の税金を他国に譲渡することを否定する仕組みがとられている．この唯一の例外とも言えるのが，宇宙ステーションへの人員・物資輸送のため，アメリカがロシアに資金提供をしてソユーズを利用する，というケースであろう．しかしこれは，スペースシャトルのコロンビア号の事故により，アメリカが宇宙ステーションへの輸送にシャトルを使えなくなったという特殊な事情が背景にあり，一般的な原則として適用されることはない．

このように，宇宙開発における国際協力，地域協力が進んだとしても，基本

的にそれは国家の税金を使って行う事業であり，それゆえ，国家の利益に資するものでなければならない，という考え方が原則となる．しかし，第8章で見たように，宇宙空間に国境はなく，宇宙はまさに「人類の共有地」として機能しており，宇宙システムが提供するサービスは一国の範囲を大きく超えることとなる．そのため，宇宙システムを開発し，運用し，利用することはグローバルな利益になるとの認識が高まってきている．国際災害チャーターやアジア，ラテンアメリカ，アフリカにおける地域協力を通じた，通信や地球観測データの共有ネットワーク，また，欧州におけるMUSISのほか，国家の枠組みを超えたインフラのネットワークができている．アメリカやロシア，中国，インドといった国土の広い国々であれば，一国向けのサービスを提供するための宇宙システムの構築は正当化しうるであろう．また欧州の場合，一国の国土は狭いものの，複数の国家にまたがったサービスを提供するため，地上系のインフラよりも，「社会インフラ」として宇宙システムを活用することの合理性が見出される．逆に日本など，国土の規模が小さな国においては，地上系のインフラが十分整っているため，宇宙システムを「社会インフラ」として活用する場合，国内の需要はそれほど高くない．したがって，アジア太平洋地域の共通インフラとして日本の宇宙システムを活用することは十分考えられる．そうなると，日本の場合，国家利益とグローバルな（ないしは地域の）利益は重複すると考えることができよう（実際そのような理解が浸透するようになるには，2000年代後半のアジア太平洋地域宇宙機関会議（APRSAF）の再活性化や宇宙基本法の成立を待たなければならなかった）．また，衛星は地球上を周回するのであり，大国であっても，宇宙システムの利用を自国に限定する必然性はない．したがって，日本に限らず，多くの国で国家利益とグローバルな利益が重複すると言える．

　現代の宇宙開発において，各国は自国の利益のために投資をし，技術開発を行い，宇宙システムを運用する．しかし，宇宙システムは元来グローバルなシステムであり，それを活用することでグローバルな利益を実現することも可能である．軍事利用と民生利用の格差がないのと同様に，国家利益のための宇宙利用とグローバルな利益のための宇宙利用に，技術的な差はない．重要なことは，それをどう運用し，宇宙システムから得られるデータやサービスをどのように使うのか，という問題である．各国が自らの利益のために打ち上げ，保有

終章　宇宙開発は国際政治に……

し，運用している宇宙システムは，当然ながら各国が独占的・排他的に使うことが認められている．しかし，宇宙システムが「社会インフラ」として使われるようになればなるほど，狭隘な国家利益だけを宇宙開発の原動力にすることは，国際的な損失であるだけでなく，実質的な機会費用の喪失と言うことができる．つまり，国家利益のために保有・運用している宇宙システムであっても，グローバルな利益を同時に提供することができるのであり，それがさらなる「ソフトパワー」として機能するからである．その好例はGPSであろう．アメリカは，自国の軍事システムであるGPSを民生用にも開放することで，アメリカのみならず全世界で多大な便益を生み出し，GPSの信号を提供することでグローバルな影響力を確保することができたのである．このように，国家利益とグローバルな利益は相反するものではなく，その使い方次第では，両方の利益を実現していくことができると言えよう．

2　グローバル化時代の宇宙開発

「社会インフラ」のオーナーシップとその責任

　ここまで，宇宙開発を政策的に判断するにあたって必要となる五つの政策軸について論じてきた．これら五つの軸をどうバランスさせ，どこに政策の重心を置くのかは，各国の事情によって異なってくるであろう．しかし，大きなトレンドとして，宇宙開発がグローバルな「社会インフラ」として果たす役割が高くなり，かつてのように，宇宙開発を通じて，一国の技術力を誇示したり，他国と競争してその優位性を誇ったりすることの意味は薄れてきている．そうした中で，今後の宇宙開発をめぐる国際政治において重要性が高まってくるのは，グローバルな「社会インフラ」を誰が保有し，運用するのか，ということになるのではないだろうか．グローバルな「社会インフラ」のオーナーシップを得ることは，そのインフラに多くの国が依存すればするほど，政治的な影響力の増大につながるからである．これまでも国際公共財を覇権国家が提供することで，その覇権的地位を維持し，他国に対する影響力（たとえば覇権国家の意にそぐわない国家に対して国際公共財の提供を停止するなど）を行使するということは知られているが[9]，宇宙空間においては，それが顕著に現れるのである．

しかし、それは同時に国際公共財を提供する覇権国家を拘束することにもなる。宇宙システムが提供するさまざまなサービスが社会に深く入り込み、不可欠なものとなっていけば、覇権国家といえども簡単にそのサービスを停止することはできなくなっていく。しかも、宇宙開発が「コモディティ化」していったことで、覇権国家だけが独占的に宇宙システムとそのサービスを提供できるわけではなく、もし、覇権国家がその都合だけで宇宙システムをコントロールするようなことになれば、他の国や企業が提供する、より安定した宇宙システムを使うようになるだろう。つまり、宇宙システムは国際公共財であり、かつ覇権国家が独占的に提供するものではなくなってきているため、宇宙開発国同士が利用者を獲得するための競争を展開するような状況になっているのである。いまや、宇宙開発国は、自国のシステムをグローバル・スタンダードにするべく、互いに競争しているのである[10]。

その際、重要になってくるのは、宇宙システムを開発し、打ち上げる能力だけではない。国際公共財としての宇宙システムを提供する国は、その宇宙システムだけでなく、それを使うためのノウハウ、ソフトウェア、地上における受信機や地上局の整備といったパッケージを提供することが大事になってくる。というのも、「社会インフラ」としての宇宙システムは、最終的な利用者がいなければ意味のないものになってしまうが、宇宙システムを「社会インフラ」として利用するニーズが最も高い途上国においては、そのインフラを使いこなすノウハウそのものが欠如していることが多いからである。したがって、宇宙システムというハードウェアをただ提供するだけでなく、最終利用者が使いやすいようにインターフェイスを整え、付加価値をつけたサービスを提供できるような仕組みも整備していく必要がある。こうした付加価値のあるサービスを、宇宙システムとパッケージにすることによって、そのシステムへの需要が高まり、ユーザーが増えていけば、その宇宙システムがデファクト・スタンダード（事実上の標準）となっていくのである。

宇宙開発の転換期としての現在

このような観点から見れば、グローバル化時代の宇宙開発は、ただ単に技術開発を進め、よりよい宇宙システムを提供するだけでは不十分であり、ソフト

終章　宇宙開発は国際政治に……

ウェアやノウハウ，地上における付加価値をどれだけ高められるかが宇宙開発政策の是非を決める問題となってくるであろう．これは「より大きく，より早く，より重たい」システムを作り，技術の進歩そのものが目的であった20世紀の宇宙開発とは大きく異なるものである．グローバル化時代の宇宙開発では，壮大なロマンや新たな技術開発への挑戦といったニュアンスは減り，いかに信頼性が高く，廉価で，付加価値の高い製品を作るのか，ということが宇宙開発の能力を左右するものとなるだろう．宇宙開発にあこがれる人にとってはつまらない話に聞こえるだろうが，人類が初めて宇宙に飛び出してから50年たった今日，宇宙開発の在り方も，そろそろ変わらなければいけない時期に来ているのである．

注
1) White House (Office of the Press Secretary), "President Bush Announces New Vision for Space Exploration Program", NASA Headquarters, Washington, D.C., 14 January, 2004.
2) 「ブッシュ・ビジョン」の予算計画は http://history.nasa.gov/sepbudgetchart.pdf で閲覧することができる．
3) White House (Office of the Press Secretary), "Remarks by the President on Space Exploration in the 21st Century", John F. Kennedy Space Center, Merritt Island, Florida, 15 April, 2010.
4) 1990年代に弾道飛行旅行を政府の資金を使わずに成功させた団体に対して，賞金を贈るというX-Prizeという事業があり，これに応募したスケールド・コンポジット社が開発したSpaceShipOneという弾道飛行宇宙船を，イギリスのリチャード・ブランソン率いるヴァージン・グループが買収し，ヴァージン・ギャラクティックが設立された．この事業は弾道飛行であるため，厳密な意味では宇宙飛行とは言い切れないが，「市場の失敗」の典型例である宇宙開発において，初めて民間資金によって収益を生み出す事業として期待が寄せられている．ヴァージン・ギャラクティックについては http://www.virgingalactic.com/ を参照．
5) オーストラリアではイノベーション・産業・科学研究省 (Department of Innovation, Industry, Science and Research) に宇宙政策課 (Space Policy Unit) を設置し，政府各省や政府機関の宇宙利用を調整し，集約する業務を行っているが，自ら研究開発を行うようなことはしておらず，利用に特化した先進国の代表例と言える．オーストラリアの宇宙政策については，http://www.space.gov.au/SpacePolicyUnit/Pages/default.aspx などを参照のこと．

6) アメリカは GPS を停止せず,国際公共財として提供する政策方針を出しているが (U. S. Space-Based PNT Policy, http://www.pnt.gov/policy/),紛争時などは Regional Denial of Services という地域的に GPS 信号を劣化させる方針をとっている.
7) 「非依存」概念に基づいて欧州委員会,ESA,欧州防衛機関(EDA)が行った,欧州が「非依存」となるために必要な技術開発の調査が公表されている.EC-ESA-EDA Joint Task Force, *European Non-Dependence on Critical Space Technologies: EC-ESA-EDA List of Urgent Actions for 2009*, 6 March, 2009. http://ec.europa.eu/enterprise/policies/space/files/research/jtf_critical_technologies_list_en.pdf
8) 1990 年代後半から発達した国際政治理論の一つに安全保障化(securitization)という分析概念がある.これは政策をめぐる議論を展開する際に,「安全保障」をキーワードとして政策の正当化を図ろうとする言説を展開する過程を分析する概念であり,「安全保障」の名の下に,「環境安全保障」や「食糧安全保障」など,さまざまな政策的課題が「安全保障化」されていく過程を分析することができる.Securitization の理論的枠組みについては Barry Buzan, Ole Waever, and Jaap de Wilde, *Security: A New Framework for Analysis*, Lynne Rienner Publishers, 1998 を参照.
9) この問題は,1980 年代に国際政治経済学の主流となった覇権安定論と呼ばれる理論的潮流の中で多く議論された.代表的なものとして Robert Gilpin, *The Political Economy of International Relations*, Princeton University Press, 1987 などがある.
10) グローバル・スタンダードをめぐる国際競争を描いたものは多いが,さしあたり,拙稿「グローバル市場における権力関係――「規制帝国」の闘争」(加藤哲郎・国廣敏文編『グローバル化時代の政治学』法律文化社,2008 年,133-159 頁)を参照.

宇宙開発略年表

年	主な出来事	国・地域・組織
1903	・ツォルコフスキーによる初のロケット理論『反作用利用装置による宇宙探検』発行	ロシア
1933	・反動推進研究グループ(GIRD)，ソ連初の液体燃料ロケットを打ち上げ	ソ連
1942	・A4 ロケットによる初の人工物の宇宙空間(地表から 100 km)への到達	ドイツ
1944	・V2 ロケットによる大量爆撃開始	ドイツ
1945	・第二次世界大戦終了とともに，ドイツ人技術者たちが米ソなどに移住	ドイツ
1955	・銭学森，中国に帰国	中国
	・ペンシルロケット発射成功	日本
1957	・国際地球観測年(IGY)	国連
	・スプートニク 1 号(初の人工衛星)打ち上げ	ソ連
	・スプートニク 2 号(初の生物(犬))打ち上げ	ソ連
1958	・エクスプローラー 1 号(初の人工衛星)打ち上げ	アメリカ
	・国家航空宇宙局(NASA)発足	アメリカ
	・581 計画(衛星開発)と 1059 計画(ロケット開発)始まる	中国
1959	・ルナ 1 号打ち上げ(初の惑星探査)	ソ連
	・ディスカヴァラー 1 号(初の極軌道衛星)打ち上げ	アメリカ
	・エクスプローラー 6 号打ち上げ(初の地球画像撮影)	アメリカ
	・トランジット 1B 号(初の測位衛星)打ち上げ	アメリカ
	・初の対衛星攻撃(ASAT)実験(エクスプローラー 6 号を標的．衛星の 6 km 脇を通過)	アメリカ
	・ルナ 3 号による月の裏側の撮影	ソ連
	・国連総会決議により国連宇宙空間平和利用委員会(UNCOPUOS)設立	国連
1960	・タイロス 1 号による初の気象データ取得	アメリカ
	・エコー 1 号(初の受動型通信衛星)打ち上げ	アメリカ
	・KH-1 号(初の偵察衛星)打ち上げ	アメリカ
	・スプートニク 5 号帰還(初の動植物の宇宙からの帰還)	ソ連
1961	・ガガーリンによる初の有人宇宙軌道飛行	ソ連
	・シェパードによるアメリカ初の有人弾道飛行	アメリカ
1962	・グレンによるアメリカ初の有人宇宙軌道飛行	アメリカ
	・テルスター 1 号(初の能動型通信衛星)打ち上げ	アメリカ
	・ゼニット(ソ連初の偵察衛星)打ち上げ	ソ連
	・OSO-1 号(初の太陽観測衛星)打ち上げ	アメリカ
	・ケネディによるライス大学での演説(10 年以内に月に人類を送り	アメリカ

宇宙開発略年表

年	主な出来事	国・地域・組織
	込む）	
	・アリエル1号打ち上げ(米ソ以外が運用する初の衛星．製造・打ち上げはアメリカ)	イギリス
	・アルエット1号打ち上げ(初の米ソ以外で製造された衛星打ち上げ．打ち上げロケットはアメリカ)	カナダ
	・リレー1号(初の放送中継衛星)打ち上げ	アメリカ
1963	・テレシコワによる初の女性有人宇宙軌道飛行	ソ連
1964	・シンコム3号(初の静止軌道を使った通信衛星)打ち上げ	アメリカ
	・欧州宇宙研究機関(ESRO)発足	欧州
	・欧州ロケット開発機関(ELDO)発足	欧州
	・国際衛星通信機構(インテルサット)設立	国際機関
1965	・レオーニフによる初の宇宙遊泳	ソ連
	・モルニア(ソ連初の通信衛星)打ち上げ	ソ連
	・インテルサット1号(初の商業通信衛星)打ち上げ	アメリカ
	・アステリクス(米ソ以外で開発された初の衛星)打ち上げ	フランス
	・651計画会議(衛星開発に関する42日間のマラソン会議)	中国
1966	・ルナ9号打ち上げ(初の月への軟着陸)	ソ連
	・ヴェネラ6号打ち上げ(初の金星探査)	ソ連
	・ジェミニ8号による初のランデブー・ドッキング成功	アメリカ
	・コロリョフ死去	ソ連
1967	・シンフォニー衛星開発開始(アメリカが商業利用での打ち上げ拒否)	欧州
	・DSCS1号(初の軍事通信衛星)打ち上げ	アメリカ
	・宇宙条約発効	国連
1968	・アポロ8号による月面越しの地球の写真撮影	アメリカ
	・宇宙救助返還協定発効	国連
1969	・ソユーズ4号と5号による有人ランデブー・ドッキングと乗員交換	ソ連
	・アポロ11号による人類初の月面着陸	アメリカ
	・インド宇宙研究機関(ISRO)発足	インド
	・宇宙開発事業団(NASDA)発足	日本
	・宇宙の平和利用原則決議	日本
1970	・初のASAT実験成功	ソ連
	・「おおすみ」打ち上げ(日本初の衛星打ち上げ．世界で4番目．米ソ以外のロケットで初の衛星打ち上げ)	日本
	・東方紅1号打ち上げ(中国初の衛星打ち上げ．世界で5番目)	中国
	・ヴェネラ7号打ち上げ(初の金星軟着陸)	ソ連
1971	・サリュート1号(初の宇宙ステーション)打ち上げ	ソ連
	・マルス3号打ち上げ(初の火星軟着陸)	ソ連
1972	・パイオニア10号打ち上げ(1983年に太陽系外に出た初の探査機)	アメリカ
	・ランドサット1号(初の民生地球観測衛星)打ち上げ	アメリカ
	・宇宙損害責任条約発効	国連

宇宙開発略年表

年	主な出来事	国・地域・組織
1973	・アポロ 17 号打ち上げ(アポロ計画最後の飛行)	アメリカ
	・インド宇宙省発足	インド
	・スペースラブ開発開始	欧州
	・スカイラブ 1 号打ち上げ(アメリカ初の有人宇宙滞在)	アメリカ
1974	・アルマズ計画初の成功	ソ連
1975	・アポロ-ソユーズ・テスト計画の成功	アメリカ・ソ連
	・アリアバーター(インド初の衛星)打ち上げ	インド
	・欧州宇宙機関(ESA)発足	欧州
	・返回式衛星(FSW)打ち上げ	中国
	・N-I ロケットによる「きく」1 号(NASDA 初の技術試験衛星)打ち上げ	日本
1976	・ボゴタ宣言	コロンビア他
	・宇宙物体登録条約発効	国連
1977	・ユーテルサット(初の地域商業衛星通信機構)設立	欧州
1978	・SPOT 衛星(フランスの民生地球観測衛星)開発開始	欧州
	・GPS 衛星打ち上げ(1993 年完成)	アメリカ
1979	・月協定採択(1984 年に発効したが, 事実上死文化)	国連
	・アリアン 1 号初打ち上げ	欧州
	・SLV 初打ち上げ	インド
1981	・スペースシャトル初打ち上げ	アメリカ
1982	・INSAT-1A 号打ち上げ(インド初の通信衛星. 打ち上げロケットはアメリカ)	インド
1983	・戦略防衛構想(SDI)発表	アメリカ
1984	・宇宙ステーション計画発表	アメリカ
	・陸域地球観測商業法成立	アメリカ
	・東方紅 2 号(中国初の通信衛星)打ち上げ	中国
	・シャルマがインド人初の宇宙飛行(ソユーズによる打ち上げ)	インド
1985	・アメリカ初の ASAT 実験成功	アメリカ
	・ハレー彗星探査の国際協力	アメリカ・ソ連・日本・欧州
	・「一般化原則」表明	日本
	・SSTL(イギリスのサレー大学発のベンチャー企業)発足	欧州
1986	・チャレンジャー号爆発	アメリカ
	・ミール宇宙ステーション打ち上げ(1996 年完成, 2001 年運用終了)	ソ連
	・リモートセンシングに関する原則採択	国連
	・863 計画(中国の科学技術高度化計画)開始	中国
1987	・ハーグ ESA 閣僚会議(宇宙ステーションへの参加決定)	欧州
	・長征ロケットの初の商業的打ち上げ	中国
1988	・米中ロケット打ち上げ割当合意	アメリカ・中国
	・ブラン(ソ連のスペースシャトル)打ち上げ(以降打ち上げなし)	ソ連
	・IRS-1A 号(インド初の地球観測衛星)打ち上げ	インド

宇宙開発略年表

年	主な出来事	国・地域・組織
1990	・CBERS(中国とブラジルの共同開発地球観測衛星)打ち上げ	中国・ラテンアメリカ
	・ハッブル宇宙望遠鏡打ち上げ	アメリカ
	・日米衛星調達合意	日本・アメリカ
	・秋山豊寛による初の商業宇宙飛行	日本・ソ連
	・第1回アメリカ大陸宇宙会議(CEA)	ラテンアメリカ
1992	・陸域地球観測政策法	アメリカ
	・毛利衛による宇宙飛行	日本
	・アントリクス(商業宇宙利用推進会社)発足	インド
1993	・ロシア・ウクライナと米国のロケット打ち上げ割当合意	アメリカ・ロシア・ウクライナ
1994	・第1回アジア太平洋地域宇宙機関会議(APRSAF)	日本
	・アジア太平洋宇宙技術・応用多国間協力機構(AP-MCSTA)発足	中国
	・PSLV打ち上げ	インド
	・大統領令23号(地球観測衛星データの商業的頒布推進)	アメリカ
	・ブラジル宇宙機関発足	ラテンアメリカ
1995	・トゥールーズESA閣僚理事会(有人シャトルの中止など、宇宙ステーション参加プロジェクトの縮減決定)	欧州
1997	・火星探査車(ローバー)打ち上げ	アメリカ
1998	・民間低軌道通信衛星システムであるイリジウムのサービス開始	アメリカ
	・国際宇宙ステーション組み立て開始(2011年完成予定)	米・欧・日・カナダ
	・第1回ESA-EU合同理事会	欧州
	・テポドン打ち上げに伴う情報収集衛星の導入決定	日本
1999	・コックス報告書(宇宙関連技術の輸出管理強化)	アメリカ
	・国連宇宙会議(UNISPACE III)開催	国連
	・国際災害チャーター発足	欧州・アメリカ・日本・カナダ・中国・インド
2000	・EADS(欧州各国の宇宙企業の統合会社)発足	欧州
	・イリジウムの破綻とサービス停止	アメリカ
	・中国宇宙白書(中国初の対外向け宇宙政策文書)発表	中国
2001	・チトーによる商業宇宙滞在	ロシア
	・イリジウムの再建とサービス再開	アメリカ
2003	・三機関が統合し、宇宙航空研究開発機構(JAXA)発足	日本
	・コロンビア号再突入失敗	アメリカ
	・楊利偉による中国初の有人宇宙飛行(世界で3番目)	中国
	・ESA-EU枠組み協定	欧州
2004	・宇宙探査ビジョン(ブッシュ・ビジョン)発表	アメリカ
	・スペースシップワンによる民間宇宙弾道飛行	アメリカ
	・Edusat打ち上げ	インド
	・第1回持続的発展のための宇宙科学技術に関するアフリカリー	アフリカ

宇宙開発略年表

年	主な出来事	国・地域・組織
2005	ダー会議(ALC)	
	・「はやぶさ」による小惑星でのサンプル採取(2010年帰還)	日本
	・中国とナイジェリアとの衛星協力合意	中国・アフリカ
	・中国とベネズエラとの衛星協力合意	中国・ラテンアメリカ
2006	・アジア太平洋宇宙協力機構(APSCO)発足	中国
	・ロシア中長期宇宙計画策定(強いロシアの復活)	ロシア
	・国連災害対策及び緊急対応宇宙情報プラットフォーム(UN-SPIDER)発足	国連
2007	・中国によるASAT実験	中国
	・宇宙デブリ低減ガイドライン採択	国連
	・SKYNET-5(初のPFIによる軍事通信衛星)打ち上げ	欧州
	・GMESとアフリカに関するリスボン宣言	欧州・アフリカ
	・日本の月探査衛星「かぐや」打ち上げ	日本
	・中国の月探査衛星嫦娥1号打ち上げ	中国
2008	・チャンドラヤーン1号(月探査衛星)打ち上げ	インド
	・PSLVによる10機の衛星同時打ち上げ(史上最多の衛星同時打ち上げ)	インド
	・宇宙空間への兵器配置および宇宙空間物体に対する武力による威嚇または武力の行使の防止に関する条約(PPWT)提案	中国・ロシア
	・EU行動規範採択	欧州
	・宇宙基本法成立	日本
	・翟志剛による中国初の宇宙遊泳	中国
2009	・イリジウム衛星とコスモス衛星の衝突	アメリカ・ロシア
	・STARプロジェクト(APRSAFでの小型衛星共同開発プロジェクト)発足	日本
	・メキシコ宇宙機関発足	ラテンアメリカ
	・南アフリカのサンバンディラ衛星(アフリカ初の自主開発衛星)打ち上げ	アフリカ
	・国連宇宙政策文書発表	国連
2010	・オバマによるフロリダでの演説(月面基地などの計画の中止)	アメリカ
	・国家宇宙政策発表	アメリカ
	・南アフリカ国立宇宙機関発足	アフリカ
2011	・スペースシャトル運用停止	アメリカ
	・天宮1号(軌道上実験モジュール)打ち上げ	中国
	・宇宙白書発表	中国
2012	・民間宇宙船による初の宇宙ステーション・ドッキング	アメリカ
	・女性飛行士による初の有人宇宙飛行，天宮1号とのドッキング	中国
	・JAXA法改正，内閣府に宇宙戦略室設置	日本
	・銀河3号打ち上げ	北朝鮮
2013	・羅老号(KSLV-1)打ち上げ	韓国

あとがき

　しばしば，テレビや新聞で宇宙開発に関するニュースが報じられる際，無条件で「日本の技術力」が称賛され，宇宙開発は「夢がある」から頑張ってほしいとエールが送られ，「無限に広がる宇宙への挑戦」の大切さが論じられる．こうした報道に接するたびに，どうにもぬぐい去れない違和感を覚え，居心地の悪い気分になる．さらに，普段は批判的な論調で知られる有識者と言われる人々でさえ，報道と同じトーンで宇宙開発を語っているのを聞くと，気味悪さすら感じることがある．

　他方，宇宙開発を進めると「GPSのような衛星で自分の居場所を常に監視される」とか「軍事的に利用することが目的で，民生利用は単なるカモフラージュにすぎない」といった意見を聞くこともある．技術の発展に対するある種の不安や慎重さから来る意見と考えられるが，しばしば宇宙開発で圧倒的な存在感を見せるアメリカへの反発であったり，「軍産複合体」論に基づく批判のための批判とも思えるような，乱暴な議論もしばしば見受けられる．筆者もその策定にかかわった宇宙基本法の中に，「安全保障」の文字が入るだけで感情的とも言える批判が巻き起こったことに，ある種の戦慄を覚えたこともあった．

　さらに，諸外国における宇宙開発に関しては，NASAや中国の動きなど，目につく出来事の情報は流れるけれども，アメリカや中国が何を目指して宇宙開発を行っているのか，なぜスペースシャトルは退役し，なぜ中国は有人宇宙事業に乗り出し，なぜアリアンロケットは商業的に成功したのか，という分析となると，メディアだけでなく，宇宙開発コミュニティの中の人たちにもきちんと理解されていない状況がある．文科省や経産省，宇宙産業，JAXAにおいてでさえ，自らの組織的利益のバイアスがかかっているせいか，諸外国の宇宙開発を都合のよいように解釈する傾向が強い．

　本書で筆者は，このような宇宙開発に関する偏った理解が一般に流通している状況に対し，異なる視座から議論を提起し，宇宙開発国の政策意図と目的を歴史的に明らかにし，そうして発達した技術が地域協力やグローバル・コモン

あとがき

ズのガバナンスへと展開してきたことを論じ，宇宙開発は政治的・歴史的・財政的コンテキストの中でしか進みえないこと，そして，そうしたコンテキストの中で理解されるべきであると主張することを意図した．また，宇宙システムがもつ「越境性」が国際政治の在り方に少なからぬ影響を与えてきたこと，さらに，各国の宇宙開発が技術の成熟とともに国際的な協調・調整を必要としてきていることを示唆することを目指した．この狙いが成功したかどうかは読者の判断に委ねるしかないが，少なくとも，「はやぶさ」の帰還をきっかけに湧き上がっている「宇宙ブーム」に乗じたさまざまな議論とは異なる議論を提示することで，これからの宇宙開発の在り方を考えるきっかけくらいにはなったのではないかと自負している．

　政治学者として宇宙開発の勉強をしていると言うと，しばしば「宇宙が好きなんですか」とか「理系のバックグラウンドがあるのですか」と質問される．宇宙そのものに対して，個人的にそれほど興味があるわけでも，宇宙に憧れているわけでもなく，理系としての教育は全く受けていない．そう答えると，決まって「じゃあ，なぜ宇宙開発を勉強しているのですか」と聞かれる．筆者が宇宙開発に関心をもったのは，意図せざる結果であった．もともと，国際政治学を勉強する学生として，グローバル化時代における国家の在り方に関心があり，その一つの事例として欧州統合に関心をもっていた．とりわけ1980年代の単一欧州議定書や単一市場形成のプロジェクトに関心を深めていく中で，「技術力の向上による国際競争力の強化」がキーワードとして浮かんできた．そこで，欧州の科学技術政策を勉強する中で，統合が進んでいるにもかかわらず，欧州各国が権限を維持している分野として出てきたのが，EUとは異なる政府間機構であるESAを中心とする宇宙開発であった．このような成り行きで，欧州の宇宙開発政策をイギリスの大学に提出した博士論文のテーマとしたことで，いつの間にか「宇宙開発を勉強している政治学者」という一風変わったアイデンティティをもつに至り，欧州だけでなく，日本やアメリカをはじめとして世界の宇宙政策の勉強をすることとなった．しかし研究者としては，グローバリゼーションや欧州統合を専門としたいという意識がなくなったわけではない．したがって，宇宙開発に過剰な情熱を抱くことも，不必要に恐れることも，特定の利益を代弁することもなく，可能な限り価値判断を排除しながら

あとがき

政治学的に分析を進めていくことが筆者自身の役割だと自任している.

　本書は基本的に全編書き下ろしであるが，第6章は「構成主義的政策決定過程分析としての「政策論理」」(小野耕二編『構成主義的政治理論と比較政治』ミネルヴァ書房，2009年，245-275頁)に大幅な加筆修正を加えたものである.
　多くの方々のご支援なくしては，本書は執筆することができなかった.筆者を研究者の道に導いてくださった田口富久治教授には，ご自身の教員生活の最後の学生でありながら，研究分野も研究スタイルも全く違う筆者に研究者としての基礎を叩き込んでいただいた.ヘレン・ウォレス教授には，欧州統合をリアルな現実に基づいて分析する研究者としての誠実さを教えられた.また，ウォレス教授とともに真摯なアドバイスをいただいたピーター・ホームズ教授，ジョン・ピーターソン教授，アラン・コーソン教授の鋭くも温かいコメントから政治経済学的思考の在り方を学ばせていただいた.他にも，宇宙開発のイロハも知らない筆者に辛抱強く付き合い，議論を重ねることを許してくださったイザベル・スーベス＝ヴェルジェ研究員やグザヴィエ・パスコ研究員，国際会議などで発表の機会を与えてくださったジョン・ログスドン教授やレイ・ウィリアムソン教授，ジェラール・ブラシェ元UNCOPUOS議長など，欧米の宇宙政策研究者との交流は多くのインスピレーションを与えてくれた.さらに，日米欧の宇宙機関，宇宙産業，中央官庁の職員や政治家の方々(短く言えば宇宙開発コミュニティの方々)からは，多大な情報と見識を学ばせていただいた.その数があまりに多いため，一人ひとりお名前を挙げるのは差し控えさせていただくが，こうした方々との出会いがなければ，本書を書き上げることは不可能であっただろう.
　北海道大学公共政策大学院および法学研究科では，本書の執筆のきっかけを作っていただいた中村研一教授，研究に関する議論でも他愛ない日常会話でも刺激を与えてくれる遠藤乾教授，また，佐々木隆生，山口二郎，宮本太郎，宮脇淳，山崎幹根，空井護，吉田徹，林成蔚先生をはじめとする，研究者としても個人としても魅力にあふれ，驚異的な学術的生産性を誇る同僚から多大な刺激を受け，本書を執筆する励みとした.改めて感謝したい.
　本書は日本学術振興会の2008-10年度科学研究費補助金(若手研究(B))「構成

あとがき

主義的政策分析による国際宇宙プログラムの分析」(課題番号：20730113)の成果であり，北海道大学公共政策大学院から「低炭素社会形成のための教育プログラム作成プロジェクト」による出版助成を得た．また，岩波書店の藤田紀子氏には，本書が出版にたどり着けるよう，多大な努力をしていただいた．心から感謝したい．

最後に，本書を，研究者としての就職状況が厳しい中，「歩く不良債権」になりかねない息子を，それでも支えてくれた父・彰と母・佑子に捧げる．

2011年2月

鈴木一人

■岩波オンデマンドブックス■

宇宙開発と国際政治

```
2011 年 3 月30日   第 1 刷発行
2013 年 3 月 5 日   第 3 刷発行
2016 年 4 月12日   オンデマンド版発行
```

著 者　　鈴木一人
　　　　　すずき かずと

発行者　　岡 本　厚

発行所　　株式会社 岩波書店
　　　　　〒101-8002 東京都千代田区一ツ橋 2-5-5
　　　　　電話案内　03-5210-4000
　　　　　http://www.iwanami.co.jp/

印刷／製本・法令印刷

© Kazuto Suzuki 2016
ISBN 978-4-00-730393-7　　Printed in Japan